Handbücher für die praktische
naturwissenschaftliche Arbeit

Hartmut Dietle

Das Mikroskop in der Schule

Handhabung, Beobachtungen, Experimente

Ein Arbeitsbuch
für Lehrer und Schüler

Kosmos · Gesellschaft der Naturfreunde
Franckh'sche Verlagshandlung · Stuttgart

Umschlag von Edgar Dambacher unter Verwendung eines Lieder-Mikrodias.
Das Bild zeigt den Zentralzylinder aus der Wurzel des Maiglöckchens.
Mit 182 Abbildungen, davon 28 Zeichnungen von Hans Hermann Kropf und 4 Zeichnungen von Heidemarie Thiele nach Vorlagen des Verfassers.

2. Auflage, 6.—9. Tausend
Franckh'sche Verlagshandlung, W. Keller & Co., Stuttgart / 1975
Alle Rechte, insbesondere das Recht der Vervielfältigung, Verbreitung und Übersetzung, vorbehalten. Kein Teil des Werkes darf in irgendeiner Form (durch Photokopie, Mikrofilm oder ein anderes Verfahren) ohne schriftliche Genehmigung des Verlages reproduziert oder unter Verwendung elektronischer Systeme verarbeitet, vervielfältigt oder verbreitet werden
© 1975, Franckh'sche Verlagshandlung, W. Keller & Co., Stuttgart
LH 14-Fi / ISBN 3-440-04125-5 / Printed in Germany / Imprimé en Allemagne
Gesamtherstellung: Konrad Triltsch, Graphischer Betrieb, Würzburg

Das Mikroskop in der Schule

I. Vergrößerungs- und Auflösungsvermögen des menschlichen Auges	9
1. Perspektivische Vergrößerung	9
2. Das Auflösungsvermögen des menschlichen Auges	10
3. Die Lupe	12
4. Die Grenzen des Vergrößerungsbereichs einer Lupe	14
5. Das Mikroskop	14
6. Das Mikroskopierzubehör	15
II. Das erste mikroskopische Präparat: Ein Häutchen der Küchenzwiebel	19
1. Die Herstellung des Präparates	19
2. Das Zwiebelhäutchenpräparat unter der Lupe	20
III. Einführung in die mikroskopische Technik	21
1. Das Einstellen des mikroskopischen Präparats	23
2. Und wenn kein richtiges Bild erscheint?	24
3. Wie das Mikroskop funktioniert	24
4. Das Prinzip des Okulars	25
5. Warum Objektive so teuer sind	26
IV. Zellen als Bausteine der Lebewesen	29
A. Die pflanzliche Zelle	29
1. Färbung des Zwiebelhäutchens	29
2. Noch einmal das ungefärbte Zwiebelhäutchen	30
3. Wir mikroskopieren ein Moosblättchen	32
4. Die Schraubenalge Spirogyra	33
5. Robert Hooke entdeckte die Zelle	35
B. Die tierische Zelle	37
1. Einfache Darstellungsmethode von Leberzellen	38
2. Epithelzellen der menschlichen Mundschleimhaut	39
3. Die einfache Organisationsform der Amöbe	40
V. Lehrermikroskop, Mikroprojektion, Mikrofotografie, Biologie-Fachräume	43
1. Das Lehrermikroskop — Anforderungen an das Gerät	43
2. Mikroprojektionseinrichtung	46
3. Mikrofotografie	49
4. Mikrokinematografie	52
5. Biologie-Fachräume	54
VI. Numerische Apertur, mikroskopisches Messen, Gesichtsfeld	58
1. Was bedeutet der Begriff „numerische Apertur"?	58
2. Die Auflösungsgrenze	60
3. Diatomeen-Testplatte zur Prüfung der numerischen Apertur	61
4. Die leere Vergrößerung	63
5. Die förderliche Vergrößerung	63
6. Pleurosigma auf dem Bildschirm	64

    7. Der Gebrauch der Blende 65
    8. Mikroskopisches Messen 66
    9. Das Gesichtsfeld des Mikroskops 69

VII. Baustoffe der Organismen 71
    1. Die Proteine (Eiweißstoffe) 71
    2. Die Kohlenhydrate 72
    3. Die Lipide 75
    4. Die Nucleinsäuren 76
    5. Vitamine 79

VIII. Pflanzenphysiologische Untersuchungen 81
    1. Das Phänomen der Plasmaströmung 81
    2. Verlagerung und Wiederherstellung der normalen Chloroplastenanordnung 84
    3. Das osmotische Verhalten der Zellen 85
    4. Der Plasmolysevorgang 88
    5. Warum stehen Pflanzen aufrecht? 96
    6. Der Transport von Wasser 98
    7. Der Transport organischer Moleküle 107
    8. Euglena sucht das Licht auf 110
    9. Wie das Pflanzenblatt gebaut ist 113
  10. Kristalle und Sekretbehälter 117

IX. Untersuchungen an Pilzen 119
    1. Champignonzucht in der Tüte 120
    2. Schimmel auf Nahrungsmitteln 122
    3. Bau und Leistung der Hefepilze 125
    4. Enzym-Grundversuch mit Urease 127

X. Kristalle als Hobby 130
    1. Herstellung der Präparate 130
    2. Kristalle unter dem Polarisationsmikroskop 131

XI. Haare, Wolle, Fasern 134

XII. Gewässerbiologie 136
    1. Der See als Lebensgemeinschaft von Organismen 136
    2. Produzenten, Konsumenten, Destruenten 138
    3. Eutrophierung — und was damit gemeint ist 140
    4. Chemische Untersuchung von Flußwasser und Abwasser . 141
    5. Biologische Wasseranalyse: Das Saprobiensystem 143
    6. Die biologische Selbstreinigung der Flüsse 152
    7. Wie wird Abwasser gereinigt? 154

XIII. Leben im Wassertropfen 158
    1. Das Trompetentierchen 158
    2. Das Pantoffeltierchen (Paramecium caudatum) 159
    3. Vom Einzeller zum Vielzeller: Volvox 163
    4. Hydra — ein interessantes Tier 165
    5. Der Wasserfloh (Daphnia pulex) 171
    6. Wir züchten Salinenkrebschen (Artemia salina) 172

      7. Studien an Mückenlarven 174
      8. Rädertiere (Rotatorien) 177

XIV. **Tierische Gewebe und Organe** 179
      1. Informationen zur histologischen Technik 179
      2. Einfache Untersuchungsmethoden an tierischem Gewebe 181
      3. Gewebearten 182
      4. Organe 186

XV. **Fortpflanzung und Entwicklung** 191
      1. Zellteilung bei Einzellern 192
      2. Der Vegetationskegel von Elodea 193
      3. Ablauf der Mitose bei Pflanze und Tier 194
      4. Präparation von Riesenchromosomen 196
      5. Lehrerversuch: das Zellteilungsgift Colchicin 198
      6. Die Chromosomen des Menschen 199
      7. Farne: Pflanzen ohne Blüten 200
      8. Fortpflanzung bei Blütenpflanzen 203
      9. Befruchtung und Embryonalentwicklung im Tierreich 205

Lösungen der Aufgaben 210

Bezugsquellen für Lebendmaterial 211

Literaturauswahl 212

Zeitschriften 213

Sachregister 214

I. Vergrößerungs- und Auflösungsvermögen des menschlichen Auges

1. Perspektivische Vergrößerung

Kleine Dinge entgleiten leicht unseren Händen und fallen zu Boden. Also müssen wir sie suchen, die kleine Schraubenmutter, eine dünne Nähnadel oder einen winzigen Druckknopf. Für den Beobachter stellt sich die Situation oft komisch dar: der Suchende kriecht meist auf Händen und Füßen, damit er mit den Augen möglichst nahe am Boden ist. Wollen wir einen Gegenstand deutlich erkennen, etwa den Schriftsatz dieser Buchseite, dann bietet sich als einfachstes Mittel die möglichst große Annäherung der Buchstaben an das Auge an. Bei langsamer Annäherung scheinen die Buchstaben ständig zu wachsen, doch wenn sie sich unmittelbar vor dem Auge befinden, werden sie unscharf und verschwimmen.

Wir können ein Objekt nur dann deutlich erkennen, wenn auf der Netzhaut ein genügend großes Bild entsteht. Das Netzhautbild können wir nicht direkt messen; als Maß für die Größe dient der Sehwinkel σ (Bild 1).

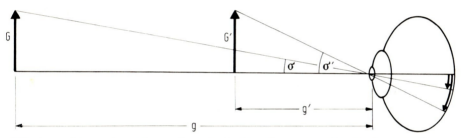

Bild 1. Perspektivische Vergrößerung. Die Größe des Sehwinkels und damit des Netzhautbildes hängt von der Gegenstandsgröße G und der Gegenstandsweite g ab. Der nahe Gegenstand G' wird größer gesehen.

Dieser Sehwinkel hängt einmal von der Größe des Gegenstandes G ab — in der Abbildung dargestellt durch einen Pfeil — und zum anderen von der Gegenstandsweite g. Bild 1 macht deutlich, daß der gleich große Pfeil G' in der kürzeren Gegenstandsweite g' dem Betrachterauge unter einem wesentlich größeren Sehwinkel erscheint. Das Netzhautbild wird also größer, je näher sich der Gegenstand vor dem Auge befindet. Dieses Phänomen bezeichnen wir als perspektivische Vergrößerung.

Wir könnten ohne irgendein optisches Hilfsmittel ein extrem großes Netzhautbild erhalten, indem wir die Gegenstandsweite immer mehr verkürzen, bis sich der Gegenstand unmittelbar vor dem Auge befindet. Bei einer extrem kleinen Gegenstandsweite macht jedoch das Auge nicht mehr mit. Die Akkommodationsfähigkeit des Auges ist begrenzt. Durch Kontraktion des Ziliarmuskels und Erschlaffung der Aufhängebänder krümmt sich die elastische Augenlinse. Daraus resultiert ein Dioptrien-Zuwachs (Bild 2). Dieser Zuwachs reicht jedoch nicht aus, die von ganz nahen Gegenstandspunkten kommenden Lichtbündel auf der Netzhaut zu vereinigen. Bei maximaler Akkommodation kann ein Gegenstand gerade noch scharf gesehen werden, wenn er sich im Nahpunkt vor dem Auge befindet. Unseren Nahpunkt können wir durch einen einfachen Versuch feststellen.

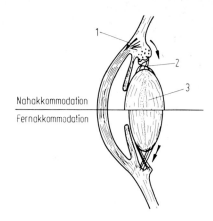

Bild 2. Schematische Darstellung es Akkommodationsvorganges. Nahakkommodation: Die Kontraktion des Ziliarmuskels *1* bewirkt ein Erschlaffen der Aufhängebänder *2*, die elastische Augenlinse *3* gewinnt durch ihre Wölbung an Brechkraft.

Versuch: Ermitteln des Nahpunktes

Die Versuchsperson hält sich das linke Auge zu. Mit dem gestreckten rechten Arm wird ein Stück Millimeterpapier in die Blickrichtung gebracht und langsam so weit dem Auge angenähert, bis das Millimeterraster gerade noch scharf gesehen werden kann. Der Versuchsleiter mißt den Abstand von der Augenpupille zum Millimeterpapier und bekommt so den Nahpunkt der Versuchsperson.

Der Nahpunkt für die einzelnen Versuchspersonen variiert stark. So liegt der Nahpunkt für einen Zehnjährigen bei 8—10 cm, für einen Siebzigjährigen dagegen rückt der Nahpunkt auf 100 cm zurück. Der Nahpunkt eines Beobachters hängt also wesentlich von dessen Alter ab. Mit zunehmendem Alter verliert die Augenlinse immer mehr an Elastizität, die Akkommodationsfähigkeit wird dadurch stark eingeschränkt. Die dauernde Akkommodation auf den Nahpunkt wirkt ermüdend und verursacht Kopfschmerzen. Deshalb wurde bei der Festlegung der deutlichen Sehweite auch der Gesichtspunkt eines bequemen Betrachtens berücksichtigt. Für das durchschnittliche menschliche Auge wurde das Maß für die deutliche Sehweite auf 25 cm festgelegt. Aus der Entfernung von 25 cm können wir Feinarbeiten wie Lesen und Schreiben bequem durchführen. Aus praktischen Gründen wurde deshalb die Entfernung für die deutliche Sehweite auf 25 cm festgelegt. Die deutliche Sehweite wird deshalb auch als Leseentfernung bezeichnet.

2. Das Auflösungsvermögen des menschlichen Auges

Für unser Auge gibt es eine Auflösungsgrenze, d. h. zwei benachbarte Strukturen müssen einen Mindestabstand aufweisen, damit wir sie auch als zwei getrennte Punkte wahrnehmen. Bringen wir uns noch einmal Bild 1 in Erinnerung, dann heißt das folgendes: Es gibt für den Sehwinkel σ einen kritischen Wert. Dieser darf nicht unterschritten werden, da sonst die einzelnen Strukturen des Gegenstandes nicht getrennt aufgelöst werden. „Nicht auflösen" bedeutet, daß die beiden benachbarten Punkte ineinander „verschwimmen" und nur noch als *ein* Punkt wahrgenommen werden. Dieses Verschwimmen ist ein recht alltägliches Phänomen; bewußt erleben wir die Auflösungsgrenze allerdings nur in Ausnahmesituationen. Bei einer Flugreise beispielsweise interessieren wir uns nach dem Start für die unter uns liegende Landschaft. Gewinnt das Flugzeug an Höhe — die Gegenstandsweite wird also größer —, sinkt der Sehwinkel σ für kleine Einzelheiten unter den kritischen Wert, und die Landschaft verschwimmt.

Bei anderen, alltäglichen Beispielen machen wir uns wenig Gedanken über die Auflösungsgrenze des menschlichen Auges. Beim Anblick von Blut sehen wir nicht die mikroskopisch kleinen roten Blutkörperchen, die dem Blut die Farbe verleihen. Was wir als Blütenstaub bezeichnen, ist in Wirklichkeit eine Vielzahl von einzelnen Pollenkörnern. Eine Wiese, aus der Ferne betrachtet, erscheint gelbgrün oder weißgrün.

Bei einem Zeitungsbild stört uns das Raster nicht, und beim Fernsehbild bemerken wir nicht die Zeilen. Die Silberkörnchen in Fotonegativen bleiben uns verborgen. Stellen wir davon ein stark vergrößertes Papierbild im Großformat (30 cm $\times$ 40 cm) her, dann tauchen die Silberkörnchen plötzlich auf, und die Gesichter bekommen „Sommersprossen".

Wie klein darf der Abstand zwischen zwei benachbarten kleinen Teilchen sein, wenn diese noch getrennt wahrgenommen werden sollen?

Wir wollen daraufhin kleine Gegenstände prüfen. Mikroskopische Deckgläschen sind nach Angabe der Herstellerfirma 0,17 mm dick. Mehrere Deckgläschen werden so aufeinandergelegt, daß die Kanten der einzelnen Gläschen bündig miteinander abschließen. Man versuche zu erkennen, aus wie vielen einzelnen Gläschen das gestapelte Bündel besteht. Zum Nachprüfen wird das Bündel abgebaut.

Aus der Physiksammlung besorgt man sich Konstantandraht 0,1 mm und 0,2 mm. Der Konstantandraht von 0,1 mm Dicke ist für unser Auge wahrnehmbar. Legen wir ihn aber auf einen Untergrund, der den gleichen Farbton aufweist wie der Draht, und betrachten aus einem Abstand von 25 cm, dann verschwinden die Kanten des Drahtes teilweise im Untergrund. Die Kanten des 0,2 mm dicken Drahtes dagegen sind durchgehend sichtbar.

Versuch: Bestimmung der Auflösungsgrenze des menschlichen Auges

Bedarf:
Okularmikrometer.

Das Okularmikrometer ist eigentlich für das mikroskopische Messen gedacht (s. S. 66 f.). Für unseren Zweck legen wir das Okularmikrometer auf einen hellen Untergrund und betrachten die Skala-Einteilung (1 cm in 100 Teilstrichen) bei hellem Licht (Zusatzbeleuchtung). Die Skala wird nicht aus dem Abstand der deutlichen Sehweite betrachtet, sondern bei maximaler Akkommodation.

Aufgabe 1:
a. Welche Ziffern können Sie deutlich erkennen?
b. Erkennen Sie zwischen den kleinen Teilstrichen noch *deutlich* einen hellen Zwischenraum, so daß Sie also den Abstand von 0,1 mm auflösen können?
c. Wenn Sie den Abstand 0,1 mm nicht mehr auflösen können, dann betrachten Sie zunächst den Abstand zwischen zwei mittelgroßen Teilstrichen auf der Skala. Welche Einteilung dieser 0,5 mm langen Strecke könnte vorgenommen werden, so daß Sie den Abstand zwischen den einzelnen Teilstrichen noch voll auflösen könnten? Eine Einteilung in drei oder vier Teilstrecken?

Die Versuchsergebnisse zeigen, daß wir im günstigsten Fall zwei Striche gerade dann noch getrennt auflösen können, wenn diese einen Abstand von 0,1 mm haben. Das Auge wird dabei mit seiner höchsten Sehschärfe beansprucht (maximale Akkommodation) und auf die Dauer überanstrengt. Das durchschnittliche Auge kann in einer Entfernung von 25 cm zwei benachbarte Strukturen dann getrennt auflösen, wenn die Distanz zwischen beiden 0,15 mm beträgt.

Wir wollen den Sehwinkel σ für einen 0,15 mm großen Gegenstand berechnen, der sich in der deutlichen Sehweite befindet. Dazu betrachten wir noch einmal Bild 1. Der Gegenstand G ist also 0,15 mm groß, die Gegenstandsweite g beträgt 250 mm. Für die Berechnung des Sehwinkels σ gilt:

$$\tan = \frac{G}{g}$$

$$\tan = \frac{0,15}{250} = 0,0006$$

Das entspricht nach der Logarithmentafel einem Winkel von 2 Bogenminuten. Wir stellen also fest: Zu einem 0,15 mm großen Gegenstand gehört der Sehwinkel 2′.
Damit nun ein bequemes Sehen garantiert wird, verdoppelt man gewöhnlich diesen Wert. Die Distanz für die Auflösungsgrenze zweier benachbarter Strukturen beträgt demnach 0,15—0,30 mm, der dazugehörige Sehwinkel mißt 2—4 Bogenminuten.
Beanspruchen wir das Auge mit seiner höchst erreichbaren Sehschärfe, dann können auch noch zwei Strukturen getrennt aufgelöst werden, die nur 0,1 mm voneinander entfernt sind. Hier beträgt der dazugehörige Sehwinkel gut 1 Bogenminute. Dies stellt nun den kritischen Wert für den Sehwinkel dar. Rücken die beiden benachbarten Strukturen noch näher zusammen, so daß der dazugehörige Sehwinkel kleiner als 1 Bogenminute wird, ist die Auflösungsgrenze des menschlichen Auges unterschritten.
Bei unseren Betrachtungen über das Auflösungsvermögen des menschlichen Auges müssen wir die „körnige" Struktur der Netzhaut berücksichtigen. Das Mosaik der Netzhaut-Sinneszellen ist die entscheidende Instanz für die Auflösungsgrenze. Die Lichtstrahlen, die von zwei eng benachbarten Punkten eines Gegenstandes kommen, müssen auf der Netzhaut zwei Punktbilder ergeben, die einen Mindestabstand von 5 µm * aufweisen. Man nimmt an, daß zwei helle Punkte dann noch getrennt wahrgenommen werden können, wenn ihre Bilder auf zwei Zapfen der Netzhaut treffen, die ihrerseits durch einen unbelichteten Zapfen getrennt sind. Wir können also vereinfacht feststellen: Zwei Punkte werden dann getrennt aufgelöst, wenn das zugehörige Netzhautbild mindestens drei Zapfen erfaßt. Die beiden Punktbilder auf der Netzhaut müssen die Reihenfolge: belichteter Zapfen — unbelichteter Zapfen — belichteter Zapfen aufweisen. In Wirklichkeit ist der Vorgang komplizierter.

3. Die Lupe

Eine Lupe, dicht vor das Auge gehalten, gestattet ein Näherbringen des Gegenstandes. Früher wurden deshalb Lupen auch als Nahsichtgeräte bezeichnet. Wie schon bekannt, bedeutet die Annäherung an das Auge — und somit das Verkleinern der Gegenstandsweite — eine Vergrößerung des Sehwinkels.
Welches Prinzip liegt der Lupe zugrunde?
Mit Hilfe von Bild 3 suchen wir nach einer Erklärung. Der Gegenstand (Pfeil) liegt in der Brennebene der Lupe, die Augenlinse ist auf die Ferne akkommodiert. Der Parallelstrahl a der Lupe wird zum Brennstrahl, der durch den hinteren Brennpunkt F′ der Lupe geht. Damit wir nun eine vereinfachte Bildkonstruktion erhalten, nähern

---

* 1 µm (Mikrometer) = $\frac{1}{1000}$ mm.

wir das Betrachterauge so weit, bis das Zentrum der Augenlinse genau im Brennpunkt F' der Lupe liegt. (In der Praxis können wir den Abstand des Auges zur Lupe beliebig wählen.) In Bild 3 wird nun der Brennstrahl a der Lupe für das Betrachterauge zum Hauptstrahl, der durch das Zentrum der Augenlinse geht und somit unge-

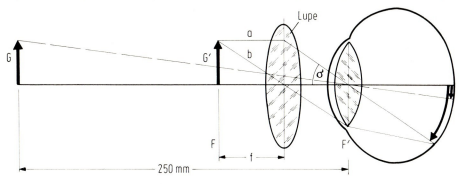

Bild 3. Die Lupe gestattet, einen Gegenstand näher an das Auge zu bringen (Erläuterung im Text).

brochen auf die Netzhaut fällt. Für die weitere Bildkonstruktion wird der Hauptstrahl b der Lupe herangezogen. Das Auge ist auf unendlich eingestellt, parallel eintreffende Strahlen werden also auf der Netzhaut vereinigt. Der Gegenstand erscheint dem Auge unter einem vergrößerten Sehwinkel.

Die „Vergrößerung" einer Lupe wird von den Herstellerfirmen angegeben. Mit 6fach z. B. ist gemeint, daß ein Gegenstand — mit dieser Lupe betrachtet — unter einem 6mal größeren Sehwinkel gesehen wird als bei Betrachtung des gleich großen, diesmal 25 cm entfernten Gegenstandes ohne Lupe. Folglich gilt:

$$\text{Vergrößerung durch die Lupe} = \frac{250 \text{ mm (deutliche Sehweite)}}{f \text{ (Brennweite der Lupe)}}$$

Ein „reelles", also etwa auffangbares Bild entsteht bei der „Lupenvergrößerung" nicht. Da wir mit entspanntem, d. h. auf unendlich eingestelltem Auge durch die Lupe blicken, können wir schließen, daß das Bild auch im Unendlichen liegt.
Welchen Vorteil bringt nun die Vergrößerung des Sehwinkels?
Das Netzhautbild wird bei der Benützung einer Lupe nicht nur 6mal größer, sondern auch 6mal breiter. Es werden also 36mal soviel Netzhautzellen belichtet wie bei der Betrachtung ohne Lupe. Ferner wird die Auflösungsgrenze heraufgesetzt. Als Auflösungsgrenze für das bloße Auge — man nennt es auch das unbewaffnete Auge — haben wir den Wert von 0,15—0,30 mm ermittelt. Bei der Betrachtung durch die Lupe (6fach) werden noch 6mal kleinere Strukturen aufgelöst. Die Grenze für das Auflösungsvermögen beträgt demnach nur noch 0,025—0,05 mm. Die Lupe dient nicht nur der Vergrößerung, sondern auch der Verfeinerung: Sie macht mehr Einzelheiten sichtbar. Auf ein solches optisches Hilfsmittel können wir bei unseren Untersuchungen nicht verzichten, auch nicht beim Mikroskopieren.
Als besonders praktisch erweisen sich im Unterricht die sogenannten Fadenzähler. Sie werden auf das zu untersuchende Objekt gestellt; mit dem Auge geht man so nahe an die Linse heran, bis man das Objekt deutlich und scharf begrenzt erkennen kann.
Wir haben jetzt beide Hände frei und können das Objekt bearbeiten und zeichnen.

4. Die Grenzen des Vergrößerungsbereiches einer Lupe

Warum ist es nicht möglich, mit einer Lupe „Vergrößerungen" bis zu 1000fach zu erreichen? Eine solche „Superlupe" könnte dann das teure Mikroskop ersetzen. Technische und praktische Schwierigkeiten sprechen dagegen.
a. Die Linse müßte extrem stark gekrümmt sein und könnte deshalb nur einen winzigen Durchmesser aufweisen.
b. Wegen der geringen Brennweite der Lupe müßten Objekt und Lupe unmittelbar vor das Auge gehalten werden. Die Bildhelligkeit wird dadurch stark gemindert.
c. Der Randfehler ist bei einer extrem gekrümmten Sammellinse besonders groß (nähere Einzelheiten S. 27). Es könnte deshalb nur der mittlere Teil der Linse verwertet werden.

Wir stellen fest, daß diese „Superlupe" äußerst unpraktisch in der Handhabung wäre und auch unbrauchbare Ergebnisse liefern würde. Die erwähnten Schwierigkeiten lassen sich vermeiden, wenn starke Vergrößerungen über zwei Abbildungsstufen erreicht werden. Beim zusammengesetzten Mikroskop ist dies verwirklicht.

5. Das Mikroskop

Nicht alles, was in Warenhäusern als Mikroskop verkauft wird, verdient auch diesen Namen. Hier wird die Unwissenheit des Käufers ausgenutzt, der auf die angepriesenen enormen Vergrößerungsangaben hereinfällt. Vor über 100 Jahren gab der Zoologe LEUKHARD seinen Zeitgenossen folgenden Rat: „Ich kann bei dieser Gelegenheit nicht unterlassen, dringend vor den sogenannten Trichinenmikroskopen herumziehender Optiker zu warnen, die für zehn Thaler zu kaufen sind."

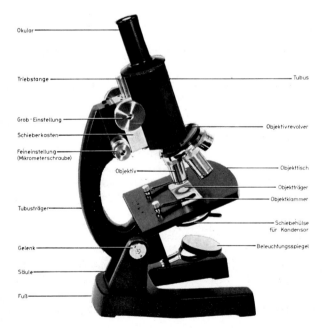

Bild 4. Die Teile eines Mikroskops (Kosmos-Mikroskop Humboldt F).

Diese Warnung hat auch heute nichts von ihrer Aktualität eingebüßt. Wollen wir ordentliche Ergebnisse erzielen, dann benötigen wir ein gutes Markenmikroskop. Gerade bei einem Schülermikroskop muß unbedingt auf Qualität geachtet werden. In Bild 4 wird ein Mikroskop vorgestellt, das sich für das Vorhaben „Mikroskopie in der Schule" eignet.

Aufgabe 2:
a. Suchen Sie mit Hilfe von Bild 4 an Ihrem Schülermikroskop die einzelnen Mikroskopteile auf!
b. Was spricht dafür, den Spiegel durch eine Ansteckleuchte zu ersetzen?

Anforderungen an ein gutes Gerät

Der Kauf eines Mikroskops ist eine teure Angelegenheit. Es lohnt sich deshalb, nach Kriterien für ein gutes Mikroskop zu suchen und einige Punkte zu sammeln, die bei der Anschaffung beachtet werden sollten:

Das Mikroskop muß eine genormte Tubuslänge besitzen (in der Regel 170 oder 160 mm). Okulare und Objektive verschiedener Herstellerfirmen können deshalb nicht miteinander kombiniert werden.

Durch Drehen am Grobtrieb muß sich die Tubushöhe exakt verstellen lassen. Eine Mikrometerschraube als Feintrieb ist wünschenswert.

☐ Das Mikroskop sollte mit einem zweilinsigen Kondensor ausgestattet sein.

☐ Der Objektivrevolver sollte etwa folgende drei Objektive (Achromate) aufweisen:
Eigenvergrößerung: 3× **Numerische Apertur:** 0,08
Eigenvergrößerung: 10× **Numerische Apertur:** 0,25
Eigenvergrößerung: 40× **Numerische Apertur:** 0,65

☐ Als Okular genügt in der Regel ein einziger Typ mit der Eigenvergrößerung 10×.

☐ Empfehlenswert ist eine Ansteckleuchte mit Netzanschluß, die an Stelle des Spiegels verwendet wird.

☐ Für die Aufbewahrung des Mikroskops sollte ein Holzkasten oder zumindest eine Staubschutzhülle angeschafft werden.

☐ Die Hersteller- oder Lieferfirma muß in ihrem Programm Zubehör und Ersatzgeräte führen sowie Kunden- und Reparaturdienste ausführen.

6. Das Mikroskopzubehör

Bevor wir mit dem Mikroskopieren beginnen können, muß noch das notwendige Mikroskopierzubehör zusammengestellt werden. In Bild 5 werden die wichtigsten Arbeitsgeräte vorgestellt, die man für mikroskopische Untersuchungen benötigt. Selbstverständlich brauchen wir für die ersten mikroskopischen Übungen nicht das gesamte abgebildete Zubehör. Mit einigen Arbeitsgeräten wird selten gearbeitet; manche andere, wie z. B. Objektmikrometer oder Polarisationseinrichtung, sind relativ teuer, so daß davon nur wenige Exemplare angeschafft werden können.

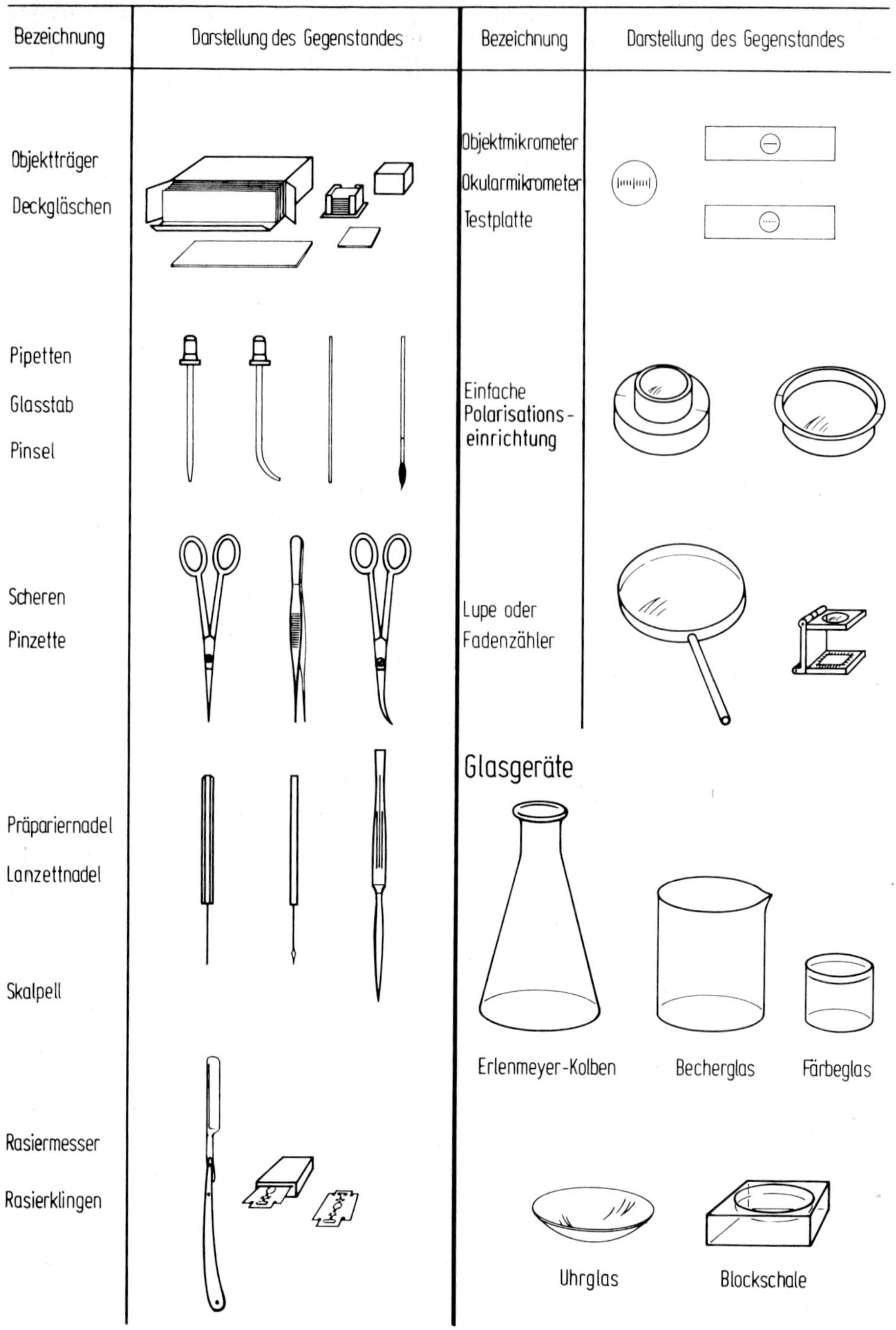

Bezeichnung	Darstellung des Gegenstandes	Bezeichnung	Darstellung des Gegenstandes
Objektträger Deckgläschen		Objektmikrometer Okularmikrometer Testplatte	
Pipetten Glasstab Pinsel		Einfache Polarisations-einrichtung	
Scheren Pinzette		Lupe oder Fadenzähler	
Präpariernadel Lanzettnadel		**Glasgeräte**	
Skalpell		Erlenmeyer-Kolben Becherglas Färbeglas	
Rasiermesser Rasierklingen		Uhrglas Blockschale	

Bild 5. Die wichtigsten Arbeitsgeräte für mikroskopische Untersuchungen.

Wir stellen uns deshalb einen Grundstock zusammen, der die Arbeitsgeräte enthält, die für das Mikroskopieren unbedingt erforderlich sind. Dazu gehören:

Schachtel mit Objektträgern	Präpariernadel
Schachtel mit Deckgläsern	Blockschälchen
Schere	Filtrierpapier
Pinzette	Leinentüchlein
Rasierklingen	Fadenzähler (Lupe)
2 Pipetten	Vaseline
Glasstab	

Diese Arbeitsgeräte werden alle in einem Kästchen aufbewahrt (Bild 6). Der Boden wird mit Zellstoff ausgelegt, die empfindlichen Glas- und Metallgeräte sind dadurch geschützt. Mit dem Leinentüchlein werden sämtliche Geräte eines Kästchens zugedeckt. Jedes Kästchen wird durch eine Nummer gekennzeichnet. Auch das übrige, nicht so häufig benötigte Mikroskopierzubehör von Bild 5 muß griffbereit aufbewahrt werden. Auch dafür eignen sich die Kästchen. Hier ordnen wir aber jeweils die gleichen Arbeitsgeräte in ein Kästchen ein. Sämtliche Kästchen werden in einem Schrank aufbewahrt.

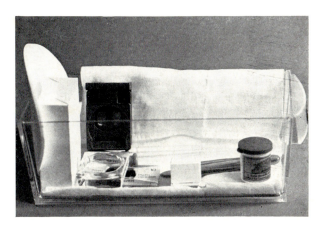

Bild 6. Das Mikroskopierkästchen enthält das notwendige Zubehör.

Jedes Arbeiten mit den Geräten bedeutet Abnützung. Das Mikroskopierzubehör muß deshalb gepflegt werden. Es muß gewartet und von Zeit zu Zeit erneuert werden. Hierzu einige Tips:
Alle Geräte nach dem Gebrauch reinigen und trocknen. Feuchte Geräte dürfen nie in dem Plastikkästchen aufbewahrt werden.
Deckglas- und Objektträgerschachteln gut verschließen, am besten mit Tesaband. Man präge sich ein, wie die Deckglasschachtel zu öffnen ist. Das lästige und unnötige Herausfallen sämtlicher Deckgläser läßt sich vermeiden.
Rasierklingen dürfen nie lose im Mikroskopierkästchen liegen. Sie sollten in der Regel nur einmal benützt werden.
Man prüfe von Zeit zu Zeit mit der Lupe, ob die Pinzette noch spitz ist. Stumpfe Pinzetten werden auf Schmirgelpapier wieder nachgeschliffen. Begonnen wird auf grobkörnigem Papier, in zwei bis drei Stufen geht man auf immer feineres Papier über und wählt schließlich das feinkörnigste Papier. Die Pinzette wird in einem spitzen Winkel über das Schmirgelpapier gezogen. Zunächst bleibt die Pinzette geschlossen, dann wird abwechselnd jede Spitze einzeln geschliffen. Auf dem feinsten

Papier schleift man die Spitzen beider Pinzettenschenkel zu einer Spitze zusammen. Die Spitze der Präpariernadel wird ebenfalls auf Schmirgelpapier nachgeschliffen; dagegen sollten Scheren mit gebogenen Klingen nur vom Fachmann geschliffen werden.

Die Mündungen der Pipetten brechen leicht ab. Deshalb ist es praktisch, wenn man sich Pipetten selbst herstellen kann.

Versuch: Herstellung von Pipetten

Bedarf:
Glasrohre ϕ 8 mm, Ampullenfeilen für Glas (Glasschneider), Butanbrenner, Gummihütchen.

Das Ausgangsmaterial — Glasrohre ϕ 8 mm — ist als kg-Ware billig. Mit einer Ampullenfeile wird ein etwa 20 cm langes Stück angeritzt und anschließend an dieser Stelle abgebrochen. Nun halten wir das Glasrohr an beiden Enden fest und bringen die Mitte des Rohres über die Flamme eines Butanbrenners. Das Glas soll in der Hitze an dieser Stelle angeschmolzen werden; durch ständiges Drehen des Glasrohres wird ein gleichmäßiges Anschmelzen des Glases erzielt.

Den Zeitpunkt, zu dem die erhitzte, rotglühende Glasstelle zu schmelzen beginnt, erkennen wir daran, daß sich das Glasrohr bei jeder Drehung in den Händen leicht durchbiegt. Genau jetzt nimmt man das Glasrohr aus der Flamme heraus und zieht die aufgeschmolzene Stelle unter ständigen Drehbewegungen der Hände auseinander (Bild 7).

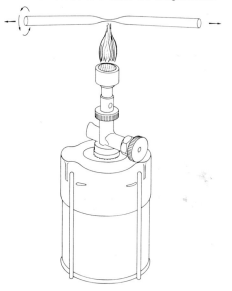

Wollen wir Pipetten mit einer weiten Mundöffnung, wird die angeschmolzene Stelle nur kurz auseinandergezogen. Umgekehrt wird eine engmündige Pipette durch weites Auseinanderziehen erreicht. Die so bearbeitete Glasröhre wird nach dem Erkalten mit einer Ampullenfeile in der Mitte angeritzt und dann auseinandergebrochen: Es sind zwei Pipetten entstanden.

Das hintere, meist scharfkantige Glasende wird in der Flamme abgeschmolzen, ehe das Gummihütchen aufgesetzt wird.

Eine abgewinkelte Pipette ist in manchen Fällen praktischer als eine gerade. Aus einer geraden Pipette läßt sich rasch eine abgewinkelte herstellen:

Man hält die gerade Pipette etwa 5 cm hinter dem Pipettenmund über die Flamme. Allmählich entsteht die gewünschte Biegung, da sich der vordere Teil unter seinem Eigengewicht senkt.

Bild 7. Herstellung von Pipetten (Erläuterung im Text).

Mögliche Fehlerquellen:

Die ersten selbstgefertigten Pipetten fallen meist nicht zur Zufriedenheit aus.

Ursachen für fehlerhafte Pipetten: Asymmetrische Pipetten entstehen, wenn das Glasrohr nicht gleichmäßig gedreht wurde. Nur durch gleichmäßiges Drehen beim Erhitzen und beim Auseinanderziehen liegt der Pipettenmund in der Zentralachse des Glasrohrs.

Wichtig ist, daß die aufgeschmolzene Stelle *außerhalb* der Flamme ausgezogen wird. Das Glas muß allerdings vollständig aufgeschmolzen sein, sonst entstehen Pipetten mit zu weitem Mund, die nicht mehr richtig saugen.

II. Das erste mikroskopische Präparat: Ein Häutchen der Küchenzwiebel

1. Die Herstellung des Präparates

Bedarf:
Küchenzwiebel, Messer, Mikroskopier-Kästchen, Lupe, Mikroskop.

Wir stellen ein mikroskopisches Präparat von einem Zwiebelhäutchen her; die Anleitung dafür entnehmen wir Bild 8. Mit einem Messer wird eine Küchenzwiebel in vier gleich große Teile zerschnitten. Es zeigt sich, daß die Zwiebel aus lauter Schuppen aufgebaut ist. Eine solche Schuppe benötigen wir für die mikroskopische Untersuchung, genauer gesagt, nur ein Häutchen von einer solchen Schuppe. Wichtig ist, daß wir das Häutchen von der richtigen Stelle ablösen.

Die konvexe, gewölbte Seite der Zwiebelschuppe glänzt stark und ist von grünen Streifen durchsetzt. Hier läßt sich kein Häutchen abziehen; diese Seite eignet sich nicht für die mikroskopische Untersuchung. Die konkave, eingehöhlte Seite einer Zwiebelschuppe ist mit einem matten, lose aufsitzenden Häutchen bedeckt. Dieses

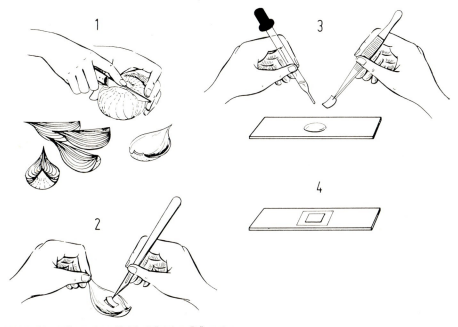

Bild 8. Herstellung eines Zwiebelhäutchen-Präparates.

Häutchen löst sich teilweise von der Schuppe und rollt sich ein. Mit der Rasierklinge stanzen wir in ein solches Häutchen ein etwa 7×7 mm großes Quadrat. Hierfür wählt man am besten eine flache Stelle der Schuppe; das abgezogene Häutchen sollte sich nachher nicht zu stark durchwölben.

Als nächstes müssen wir einen Objektträger für die Aufnahme des Zwiebelhäutchens vorbereiten. Mit der Pipette bringt man einen Wassertropfen auf die Mitte des Objektträgers. Dieser Wassertropfen sollte etwa gleich groß sein wie das zu untersuchende Objekt, in unserem Falle also einen Durchmesser von 7 mm aufweisen. Jetzt wird das vorgestanzte Häutchen von der Schuppe abgezogen. Mit der Pinzette halten wir eine Ecke des Quadrates fest und ziehen nun das Zwiebelhäutchen von der Schuppe ab, genauso wie man ein Wundpflaster von der Haut ablöst. Das Häutchen wird sofort in den Wassertropfen des Objektträgers gelegt, die mattschimmernde Oberfläche wird dabei kaum benetzt.

Nach Auflegen des Deckglases — man setzt es in einem Winkel von 30° auf den Objektträger auf und bedeckt langsam das Zwiebelhäutchen und den Wassertropfen — ist das mikroskopische Präparat fertig. Jetzt zeigt sich auch, ob der Wassertropfen die richtige Größe hatte. War er zu groß, schwimmt das Deckgläschen auf dem Wasser. Mit einem Streifen Filtrierpapier läßt sich das überschüssige Wasser absaugen, und das Deckglas setzt sich fest. Gelingt das nicht, muß ein neues Präparat hergestellt werden.

War der Wassertropfen zu klein, füllt sich der Raum unter dem Deckglas nur unvollständig mit Wasser. Es entstehen Luftblasen, die besonders stören, wenn sie sich am Präparat bilden. Auch hier können wir nachträglich korrigieren. Mit einer dünn ausgezogenen Pipette wird ein kleiner Wassertropfen an den Rand des Deckglases gesetzt. Von dort aus fließt das Wasser durch Kapillarwirkung unter das Deckglas und verdrängt die Luftblasen. Selbstverständlich darf das Wasser nie auf das Deckglas gelangen. Ein solches Präparat ist wertlos.

Wir haben die Herstellung eines Zwiebelhäutchenpräparates in aller Ausführlichkeit besprochen; denn einmal ist es das erste mikroskopische Präparat, das wir selbst hergestellt haben, und zum andern ist das Zwiebelhäutchenpräparat ein Standardobjekt des Mikroskopikers.

2. Das Zwiebelhäutchen unter der Lupe

Wir betrachten das hergestellte Präparat zunächst unter der Lupe. Auch bei sorgfältigstem Arbeiten werden am Zwiebelhäutchen Luftblasen anhaften; ferner enthält es einige dunkle Flecken. Sicher finden wir aber auch eine Präparatstelle, die hell und durchsichtig ist. Hier erkennt man unter der Lupe feine, zarte Strukturen. Wie diese angeordnet sind, halten wir am besten in einer Skizze fest. Was stellen diese Strukturen dar? Diese Frage können wir erst nach einer mikroskopischen Untersuchung beantworten. Zunächst eine kurze, aber unvermeidliche Einführung in die Technik des Mikroskopierens.

III. Einführung in die mikroskopische Technik

Arbeitsplatz

Das Mikroskop wird so auf dem Tisch aufgestellt, daß man bequem sitzen und durch das Okular blicken kann. Das Stativ läßt sich hierfür durch das Mikroskopgelenk neigen. Besitzt das Mikroskop einen Schrägtubus, ist ein bequemes Sitzen von vornherein gewährleistet. Auf dem Arbeitsplatz befinden sich außer dem Mikroskop nur noch das Mikroskopierkästchen und Zeichengeräte.

Lichtquelle

Besitzt das Mikroskop nur einen Spiegel, wird dieser so eingestellt, daß beim Blick durch das Okular das Gesichtsfeld gleichmäßig hell erscheint. Mit dem Spiegel sollen keine direkten Sonnenstrahlen reflektiert werden, sondern das diffuse Tageslicht. Besitzt das Mikroskop einen Kondensor, wird immer mit dem Planspiegel gearbeitet. Eine Ansteckleuchte mit Netzanschluß macht von den herrschenden Lichtverhältnissen unabhängig. Die Lampe wird einfach eingeschaltet, ein eingelegter (befestigter) Blaufilter sorgt für das richtige Licht.

Wohin mit dem Präparat?

Selbstverständlich auf den Objekttisch. Die beiden Tischklemmen (Stahlfedern) hebt man leicht an und setzt sie vorsichtig auf dem Objektträger auf. Dieser wird jetzt festgehalten. Das mikroskopische Objekt — in unserem Fall das Zwiebelhäutchen — muß genau über der Mitte der runden Tischöffnung liegen.

Die richtige Kondensorstellung

Der Kondensor dient der exakten Ausleuchtung des mikroskopischen Präparates. Diese Aufgabe erfüllt er nur dann, wenn er richtig eingestellt ist. Der Kondensor befindet sich in einer Schiebehülse, die unter dem Mikroskoptisch fest angebracht ist. Innerhalb dieser Hülse läßt er sich nach oben und unten verschieben. Die „Kondensorhöhe" ist dann richtig eingestellt, wenn sich der Kondensor in der höchsten Stellung (oberer Anschlag) oder knapp darunter befindet.

Welches Objektiv?

Man beginne die mikroskopische Untersuchung mit dem schwächsten Objektiv (z. B. 3fache Eigenvergrößerung), das am Objektivrevolver angebracht ist. Dieses Suchobjektiv fängt das größtmögliche Objektfeld ein und zeigt im Überblick die günstigen und ungünstigen Präparatstellen. Das Suchobjektiv besitzt eine große Schärfentiefe, es können auch noch relativ dicke Präparate scharf gesehen werden.
Die günstigste Präparatstelle wird in die Mitte des Gesichtsfeldes geschoben. Dann werden der Reihe nach die Objektive mit steigender Eigenvergrößerung in den Strahlengang geschwenkt. Vorsicht, der Abstand zwischen Frontlinse des Objektives und Deckglas des Präparates wird immer kleiner! Mit zunehmender Eigenvergrößerung des Objektivs nimmt die Lichtstärke ab, der Durchmesser des erfaßten Objekt-

feldes wird kleiner und die Schärfentiefe geringer. Es hängt ganz und gar von der Beschaffenheit des mikroskopischen Objekts ab, mit welchen Objektiven gearbeitet werden kann.

Gesamtvergrößerung des Mikroskops

Für die Berechnung der Gesamtvergrößerung des Mikroskops multipliziert man die Eigenvergrößerung des Objektivs mit der Eigenvergrößerung des Okulars. Die Eigenvergrößerungen von Objektiv und Okular sind jeweils als Zahl eingraviert. Es gilt:
$$\text{Gesamtvergrößerung des Mikroskops} = V_{Objektiv} \times V_{Okular}$$

Grobtrieb

Durch Drehen am Grobtrieb läßt sich der Tubus heben und senken. Zuerst wird unter seitlichem Beobachten der Tubus so weit gesenkt, bis sich die Frontlinse des Objektivs dem Deckglas des Präparates auf etwa 5 mm Abstand genähert hat. Erst jetzt blickt man durch das Okular und hebt durch Drehen am Grobtrieb im entgegengesetzten Drehsinn den Tubus so weit an, bis plötzlich das ungefähre mikroskopische Bild auftaucht.

Immer in Betrieb: die Mikrometerschraube

Die Feineinstellung erfolgt nun mit Hilfe der Mikrometerschraube (Feintrieb). Durch die Einstellung des Feintriebes wird lediglich eine Ebene des mikroskopischen Objektes scharf abgebildet, die darunterliegenden Ebenen werden nicht mehr scharf erfaßt. Beim Mikroskopieren wird deshalb die Mikrometerschraube dauernd auf und ab bewegt, damit abwechselnd die verschiedenen Höhenschichten des Präparates scharf abgebildet werden. Dieses Durchmustern der Präparattiefe ist im Prinzip nichts anderes als die Zerlegung des mikroskopischen Objektes in lauter optische Flächenschnitte mit Hilfe der Mikrometerschraube. Den guten Mikroskopiker erkennt man sofort daran, wie er mit der Mikrometerschraube arbeitet.

Wie wird mit der Blende gearbeitet?

Die Kondensorblende dient nicht der Helligkeitsminderung, sondern der richtigen Anpassung des Lichtkegels an das jeweils benutzte Objektiv (s. S. 66). Bei jedem Objektivwechsel muß deshalb auch die Blende verstellt werden. Beim Mikroskopieren wird die Kondensorblende nur so weit geschlossen, daß das mikroskopische Bild gerade noch annehmbare Kontraste zeigt. Im Ausnahmefall — nämlich bei kontrastarmen Präparaten — läßt sich durch Schließen der Kondensorblende eine gewisse Kontraststeigerung erzielen. Sonst gilt die Regel: Nicht zu stark abblenden!

Der Blick durch das Mikroskop

Das vergrößerte mikroskopische Bild wird so betrachtet, als befinde es sich unendlich weit entfernt. Man blicke deshalb mit völlig entspanntem Auge in das Mikroskop, besser: durch das Mikroskop hindurch.
Zur Kontrolle nehme man bei den ersten mikroskopischen Übungen ab und zu das Auge vom Okular weg und blicke durch das Fenster auf einen entfernten Gegenstand. War das Auge entspannt, also auf die Ferne akkommodiert, dann müssen wir den fernen Gegenstand sofort scharf erkennen. Der Abstand von Auge zu Okular ist dann richtig, wenn das Gesichtsfeld möglichst groß und scharf begrenzt erscheint (ausprobieren!). Das andere Auge, mit dem nicht durch das Okular geblickt wird, sollte nicht geschlossen werden.

Wartung und Pflege

Das Mikroskop muß unbedingt vor Staub geschützt werden. Staub am mechanischen Teil wird mit einem Pinsel entfernt. Schmutzstellen an Linsen befeuchtet man mit destilliertem Wasser und reinigt anschließend mit einem Glass-Polish-Papier (im Fotogeschäft besorgen). Frischpräparate hinterlassen oft Wasserspuren auf dem Objekttisch. Mit einem sauberen Leinentuch und destilliertem Wasser wird der Objekttisch gereinigt.

Besonders hartnäckige Schmutzstellen können durch sparsamen Gebrauch von Benzin (nie Alkohol!) gelöst werden.

1. Das Einstellen des mikroskopischen Präparats

Die Mikroskopierleuchte wird eingeschaltet, der Kondensor in seine höchste Stellung gebracht und die Kondensorblende etwa zur Hälfte geschlossen. Nun schwenkt man das schwächste Objektiv in den Strahlengang und befestigt das Zwiebelhäutchenpräparat mit Hilfe der beiden Tischklemmen auf dem Objekttisch. Das zu mikroskopierende Objekt — hier das Zwiebelhäutchen — muß dabei genau über dem Lichtfleck liegen, der in der Frontlinse des Kondensors sichtbar ist. Nun senkt man unter seitlichem Beobachten den Tubus durch Drehen am Grobtrieb so weit, bis der Abstand Objektivfrontlinse—Deckglas nur noch 5 mm beträgt.

Erst jetzt blicken wir ins Mikroskop, betätigen den Grobtrieb im entgegengesetzten Drehsinn, so daß der Tubus angehoben wird. Nun tauchen plötzlich die Strukturen des mikroskopischen Präparates im Gesichtsfeld auf. Wir können sie schärfer abbilden, wenn wir an der Mikrometerschraube — am Feintrieb — spielen.

Das mikroskopische Bild zeigt Kämmerchen, die wie Backsteine aneinanderlagern. Luftblasen und dunkle Flecken, die schon unter der Lupe zu sehen waren, sind jetzt ebenfalls vergrößert sichtbar. Wenn wir den Objektträger auf dem Objekttisch geringfügig verschieben, erkennen wir Präparatstellen mit deutlichen und scharfen Konturen besonders gut. Unser Auge kann nämlich bewegte Strukturen besser erkennen als ruhende.

Eine günstige Stelle des Zwiebelhäutchens wird nun in die Mitte des Gesichtsfeldes gerückt und das nächst stärkere Objektiv (meist 10fache Eigenvergrößerung) in den Strahlengang geschwenkt. Die Kondensorblende wird etwas weiter geöffnet; durch

Bild 9. Zellen des Zwiebelhäutchens.

Drehen an der Mikrometerschraube wird das Präparat scharf eingestellt. Haben wir richtig gearbeitet, muß unser mikroskopisches Bild dem von Bild 9 gleichen.

Uns interessiert, was diese länglichen, teilweise auch sechseckigen Kämmerchen darstellen: Es sind die Zellen, aus denen das Zwiebelhäutchen aufgebaut ist. Deutlich zu erkennen sind allerdings nur die Zellwände. Die Strukturen des Zellinhalts besitzen für die Lichtstrahlen fast den gleichen Brechungsindex wie das Wasser, in dem die Zellen untersucht werden. Der Zellinhalt erscheint uns deshalb kontrastlos. Das Schließen der Kondensorblende nützt wenig, da die Zellen dann runzelig und unansehnlich aussehen (ausprobieren!). Das Steigern der Vergrößerung durch Einschwenken des stärksten Objektivs zeigt zwar stark vergrößerte Zellwände, doch vom Zwiebelhäutchen wird nur noch ein solch kleiner Ausschnitt erfaßt, daß im Gesichtsfeld nicht einmal eine einzige Zelle vollständig erscheint. Belassen wir es deshalb zunächst bei der 100fachen Gesamtvergrößerung und stellen eine Bilanz unserer ersten mikroskopischen Erfahrung auf.

Mikroskopieren bedeutet immer das Aufsuchen einer optimalen Präparatstelle. Durch vorsichtiges Verschieben des Objektträgers auf dem Objekttisch können wir besser erkennen, *wo* eine solche Präparatstelle zu finden ist. Die günstigste Stelle wird in die Mitte des Gesichtsfeldes gerückt. Nach dem Einschwenken des nächst stärkeren Objektivs wird das „ungefähre" Bild schon sichtbar. Die einzelnen Objektive am Revolver sind also aufeinander abgestimmt. Durch weiteres Öffnen der Kondensorblende und Bewegen des Feintriebes innerhalb der markierten Spielraumes wird das Bild scharf gestellt. Das mikroskopische Objekt jeweils entscheidet darüber, ob mit dem stärksten Objektiv gearbeitet werden kann oder nicht. Es geht also nicht darum, die höchst mögliche Gesamtvergrößerung zu erzielen, sondern mit einer solchen Kombination von Objektiv und Okular zu arbeiten, die dem zu mikroskopierenden Objekt angemessen ist.

2. Und wenn kein richtiges Bild erscheint?

Trotz aller Bemühungen kann es vorkommen, daß das mikroskopische Bild nicht „scharf" wird. Wir prüfen zunächst, ob der Fehler am Präparat liegt. Vielleicht haben wir aus Versehen zwei Deckgläschen aufgelegt, oder ist gar Wasser auf das Deckglas gelangt? Als nächstes überzeugen wir uns, ob die Kondensorhöhe stimmt. Ist der Filterhalter nicht richtig eingeschwenkt oder das Objektiv am Revolver nicht vollständig eingerastet, erscheint das Gesichtsfeld oval. In den meisten Fällen liegt das Versagen daran, daß der Feintrieb überdreht wurde. Ein Blick auf die beiden Striche am Triebkasten wird bestätigen, daß der Feintrieb am oberen oder unteren Anschlag angelangt ist. Man dreht jetzt wieder so lange am Feintrieb, bis sich der Markierungspunkt am Stativ zwischen den beiden Markierungen am Schieberkasten befindet. Nun wird das mikroskopische Bild in gewohnter Weise durch den Grobtrieb eingestellt. Zur Scharfeinstellung mit dem Feintrieb haben wir wieder genügend Spielraum.

3. Wie das Mikroskop funktioniert

Bedarf:
Mikroskop mit Ansteckleuchte, gefärbtes Dauerpräparat, Transparentpapier (z. B. Glass-Polish-Papier), Lupe.

Die erste Abbildungsstufe

Ein Dauerpräparat — z. B. ein gefärbter Schnitt — wird so auf den Objekttisch gelegt, daß bei eingeschalteter Ansteckleuchte der Schnitt hell beleuchtet wird. Steht kein Dauerpräparat zur Verfügung, wird ein etwa 2 cm langes menschliches Haar auf einen trockenen Objektträger gebracht und mit einem Deckglas, dessen vier Kanten zuvor mit Vaseline bestrichen wurden, festgelegt.

Nun wird das Okular entfernt und dafür auf den oberen Tubusrand ein quadratisches Stück Transparentpapier (z. B. Glass-Polish-Reinigungspapier) gelegt. Das Klassenzimmer sollte jetzt verdunkelt werden. Wir arbeiten wieder mit dem schwächsten Objektiv und heben durch Drehen am Grobtrieb den Tubus so weit an, bis auf dem Transparentschirmchen das mikroskopische Präparat abgebildet wird. Dieses wird aus dem Abstand der deutlichen Sehweite betrachtet. Wir stellen fest, daß das Objektiv ein vergrößertes Bild vom mikroskopischen Präparat entwirft. Dieses Bild ist umgekehrt und seitenverkehrt. Wir können uns leicht davon überzeugen, indem wir mit einem Filzstift die Ziffer 1 auf einen Objektträger schreiben und mikroskopieren.

Die zweite Abbildungsstufe

Wir betrachten das aufgefangene Bild mit einer Lupe und erzielen dadurch eine Nachvergrößerung. Selbstverständlich könnte man das vom Objektiv entworfene Zwischenbild auf einer fotografischen Platte oder einem Film festhalten und anschließend in der Dunkelkammer ein vergrößertes Papierbild davon herstellen. Diesen Umweg über die Dunkelkammer können wir uns ersparen; denn beim zusammengesetzten Mikroskop wird die Nachvergrößerung des Zwischenbildes durch das Okular erzielt. Setzen wir jetzt wieder das Okular in das Mikroskop ein, erscheint uns das mikroskopische Bild unscharf; erst durch leichtes Anheben des Tubus wird es scharf. Wir können daraus schließen, daß das vom Objektiv entworfene Zwischenbild nicht genau am oberen Tubusrand entsteht, sondern innerhalb des Okulars.

4. Das Prinzip des Okulars

Wir nehmen das Okular aus dem Mikroskop heraus und schrauben die obere Augenlinse und die untere Feldlinse ab. Vom eigentlichen Okular bleibt nur noch eine Hülse übrig, in der die Sehfeldblende eingelassen ist. Die Augenlinse mit eingravierter Vergrößerungsangabe wirkt wie eine Lupe. Legen wir diese direkt auf eine Buchseite, sehen wir die einzelnen Buchstaben nicht größer. Erst wenn wir die Augenlinse so weit anheben, daß die Buchstaben in die Brennweite der Augenlinse gerückt sind, sehen wir sie vergrößert.

Die Brennweite der Augenlinse ermitteln wir dadurch, daß die Augenlinse mit der rechten Hand in die Höhe eines Fensterkreuzes gehalten wird. Mit der linken Hand nähern wir ein Transparentpapier dem hinteren Teil der Lupe so weit, bis das Fensterkreuz scharf abgebildet ist. Man mißt die Brennweite als Abstand Transparentpapier—Linsenmitte. Die Brennweite entspricht genau der Entfernung der eingeschraubten Okularlinse von der Sehfeldblende (ausprobieren!). Folglich liegt das vom Objektiv entworfene Zwischenbild in der Ebene der Sehfeldblende und somit in der Brennweite des Okulars. An diesem Zwischenbild lassen sich Manipulationen ausführen. So kann z. B. auf die Sehfeldblende ein Okularmikrometer aufgelegt werden, so daß Strukturen des Zwischenbildes gemessen werden können.

Die untere Feldlinse des Okulars dient der Vergrößerung des Gesichtsfeldes. Die Randstrahlen, die sonst auf die Tubuswand treffen würden, gelangen nun ebenfalls in die Augenlinse.

Die Vergrößerung durch das Mikroskop wird meist durch die vereinfachte Darstellung des geometrisch-optischen Strahlenverlaufs erklärt. Ziehen Sie die Darstellung in Ihrem Physikbuch heran. Es muß hier erwähnt werden, daß bei der geometrisch-optischen Darstellung des Strahlenganges die Wellennatur des Lichtes nicht berücksichtigt wird.

5. Warum Objektive so teuer sind

Auf den einzelnen Objektiven sind mehrere Zahlen eingraviert. Ein Beispiel: 170/0,17 40/0,65

Diese Zahlen enthalten folgende Informationen: Das Objektiv ist zur Verwendung an Mikroskopen mit einer mechanischen Tubuslänge von 170 mm bestimmt. Die Deckglasdicke des mikroskopischen Präparates muß 0,17 mm betragen. Das Objektiv besitzt eine 40fache Eigenvergrößerung und eine numerische Apertur (abgekürzt n.A.) von 0,65. Die Bedeutung der numerischen Apertur wird in einem späteren Kapitel ausführlich behandelt (s. S. 58 f.).

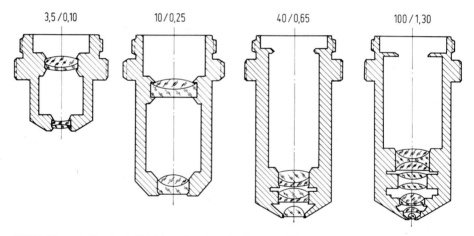

Bild 10. Längsschnitte durch Objektive mit steigender Eigenvergrößerung.

Da Objektive in keinem Fall auseinandergeschraubt werden dürfen, begnügen wir uns mit Bild 10, das Längsschnitte durch verschiedene Objektive zeigt. Wir erkennen, daß ein Objektiv aus einer Kombination von mehreren Linsen besteht und daß die Frontlinse starker Objektive einen kleinen Durchmesser und eine starke Krümmung aufweist. Für eine Korrektur der verschiedenen Bildfehler, die teilweise aus der Beschaffenheit des Lichtes und teilweise aus den Abbildungsfehlern einer Sammellinse resultieren, ist ein solcher Aufwand an Linsen innerhalb eines Objektivs erforderlich. Die Abbildungsfehler werden im normalen Sprachgebrauch auch als Aberration bezeichnet.

Die chromatische Aberration

Das „weiße" Licht ist ein Mischlicht, das sich aus Lichtstrahlen von verschiedener Wellenlänge zusammensetzt. Die Sammellinse — wir können sie uns aus lauter einzelnen Prismen zusammengesetzt denken — zerlegt das „weiße" Licht in die einzelnen Spektralfarben. Dabei werden die kurzwelligen blauen Strahlen stärker gebrochen als die langwelligen roten (Bild 11 a). Der Brennpunkt für Blau liegt näher an der Linse als der Brennpunkt für Rot. Anders ausgedrückt: Eine einzelne Sammellinse entwirft von einem Gegenstand eine ganze Reihe verschiedenfarbiger Bilder. Die chromatische Aberration wird nun dadurch korrigiert, daß die Sammellinse mit einer Zerstreuungslinse mit entgegengesetzter chromatischer Aberration verkittet wird (Bild 11 b). Der Brennpunkt für Blau und Rot ist jetzt zusammengelegt.

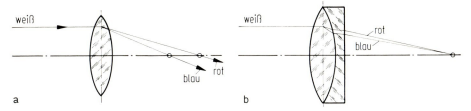

Bild 11. Chromatische Aberration: Der Brennpunkt für Blau liegt näher an der Linse als der Brennpunkt für Rot (a). Die Korrektur wird mit Hilfe einer Zerstreuungslinse erreicht (b).

Die sphärische Aberration

Auch einfarbige Lichtstrahlen, die parallel zur Achse einer Sammellinse einfallen, haben je nach der Einfallshöhe verschiedene Schnittweiten mit der optischen Achse.

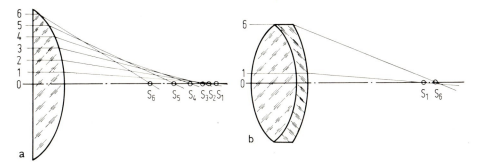

Bild 12. Sphärische Aberration: Parallel zur Achse einfallende Randstrahlen werden stärker gebrochen als Zentralstrahlen (a). Durch Kombination von Sammel- und Zerstreuungslinse erfolgt die Korrektur (b).

Bild 12 a macht deutlich, daß der Lichtstrahl 1, der in der Nähe der optischen Achse die Linse trifft, weniger stark gebrochen wird als etwa der Randstrahl 6. Die Strahlen vereinigen sich auf der optischen Achse nicht in einem Punkt, sondern in vielen hintereinander angeordneten Punkten. Diesen Linsenfehler bezeichnet man als sphärische Aberration. Eine Zerstreuungslinse zeigt gerade den umgekehrten Fall, hier werden die Randstrahlen weniger stark gebrochen als die Zentralstrahlen. Für die Korrektur der sphärischen Aberration bietet sich somit die Kombination Sammellinse/Zerstreuungslinse an (Bild 12 b).

Unsere Objektive: Achromate

Von einem Objektiv erwarten wir, daß es chromatisch für die Farben Blau und Rot korrigiert ist und die sphärische Aberration weitgehend beseitigt ist. Diese Bedingungen werden von Objektiven erfüllt, die von den Herstellerfirmen als „Achromate" bezeichnet werden. Da es heute üblich ist, Kurs- und Schülermikroskope grundsätzlich mit Achromaten auszustatten, werden Achromate nicht mehr besonders gekennzeichnet. Optik-Rechner und Linsenkonstrukteure der Herstellerfirmen entwickeln immer neue Methoden zur Korrektur der Linsenfehler. Ferner erfordert die Herstellung der Objektive einen beträchtlichen Zeitaufwand. Das macht sich natürlich im Preis bemerkbar. Ein Mikroskop, das mit Achromaten ausgerüstet ist, kann deshalb nie zum gleichen Preis verkauft werden wie die billigen Kleinmikroskope in den Warenhäusern. Die Objektive dieser Kleinmikroskope sind nur unvollkommen oder überhaupt nicht korrigiert. Deshalb wird hier das mikroskopische Präparat verzerrt und in den schillerndsten Farben abgebildet.

IV. Zellen als Bausteine der Lebewesen

A. DIE PFLANZLICHE ZELLE

1. Färbung des Zwiebelhäutchens

Bedarf:
Mikroskop, Mikroskopierkästchen, Küchenzwiebel, Färbegläschen, Methylenblau, Neutralrot, Zeichenblock und Zeichengeräte.

Wir stellen wiederum ein Zwiebelhäutchen-Präparat her, geben aber dieses Mal einen Tropfen 0,1%ige Methylenblau-Lösung auf den Objektträger, ehe das Deckgläschen aufgelegt wird. Methylenblau ist ein Farbstoff, der bestimmte Zellbestandteile anfärbt. Die mikroskopische Untersuchung zeigt, daß die Zellen nicht leer sind. Sie zeigen jetzt einen deutlich gefärbten Zellkern (Bild 13). Die Tatsache, daß einzelne Zellteile bestimmte Farbstoffe mit großer Intensität festhalten, wird in der mikroskopischen Färbetechnik geschickt ausgenutzt. Methylenblau ist z. B. ein bewährter Kernfarbstoff.

Der Zellkern liegt meist gut sichtbar in der Mitte der Zelle; manchmal ist er auch an

Bild 13. Zwiebelzellen, Kernfärbung mit Methylenblau.

Bild 14. Zwiebelzellen, Färbung des Zellsaftes mit Neutralrot.

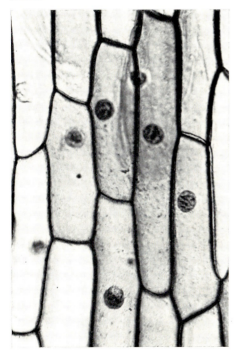

die Zellwand gerückt. In diesem Fall sieht er allerdings nicht mehr kreisrund aus, sondern länglich bis linsenförmig. Warum? Der Zellkern ist ein Körper, der in der Aufsicht kreisförmig, in der seitlichen Ansicht länglich erscheint.
Wie ist nun der Zellkern innerhalb der Zelle untergebracht?
Im mikroskopischen Präparat liegt der Zellkern in einem Raum, der — abgesehen von einigen Partikelchen — leer aussieht. Auch hier können wir durch eine Färbung das Medium sichtbar machen, in dem der Zellkern eingebettet liegt. Man stellt eine stark verdünnte Neutralrot-Lösung (1 : 1000) her und färbt das Zwiebelhäutchen damit 5 bis 10 Minuten in einem Färbegläschen. Anschließend nimmt man das Häutchen mit der Pinzette heraus und spült es in Leitungswasser ab.
Unter dem Mikroskop erkennen wir, daß sich in den einzelnen Zellen scheinbar der gesamte Zellinhalt rot verfärbt hat (Bild 14). In Wahrheit ist nur der sog. Zellsaft gefärbt; er füllt den Zellsaftraum, den man auch Vakuole nennt. Die lebenden Bestandteile der Zelle: Cytoplasma und Zellkern, werden mit dieser Färbemethode nicht dargestellt.
Die Zellen des Zwiebelhäutchens besitzen eine große Vakuole, die fast das ganze Zellvolumen ausmacht. Der Zellsaft ist eine wäßrige Lösung von anorganischen und organischen Stoffen. Pflanzen mit rotblauen Blättern, Blüten oder Früchten enthalten in ihrem Zellsaft den Farbstoff Anthocyan gelöst. Hier kann der Zellsaft direkt, also ohne vorausgegangene Färbung, beobachtet werden. Die Frage, wie der Zellsaft in die Zelle gelangt und welche Funktion er übernimmt, stellen wir zunächst zurück.

2. Noch einmal das ungefärbte Zwiebelhäutchen

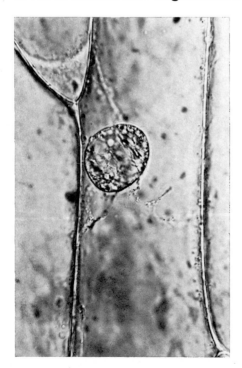

Bild 15. Zellkern einer Zwiebelzelle bei 500facher Vergrößerung. Die Kernmembran und die beiden Kernkörperchen sind deutlich zu erkennen.

Warum beschäftigen wir uns noch einmal mit dem ungefärbten Zwiebelhäutchen? Aus dem einfachen Grund, weil wir nun wissen, wo die einzelnen Zellbestandteile zu suchen sind und das Auge besser dafür geschult ist. Wir sehen jetzt sicher mehr als bei der ersten mikroskopischen Untersuchung.
Unser Augenmerk gilt zunächst der Zellwand; wir studieren sie eingehend bei 400—500facher Vergrößerung und ständigem Nachstellen der Mikrometerschraube. Dabei erkennen wir, daß die Zellwand nicht aus einer einzigen Struktur aufgebaut ist. In der Mitte der Zellwand liegt eine feine, durchgehende Mittellamelle, aus der durch Anlagerung von Zellulose die eigentliche Zellwand hervorgegangen ist. Die Zellwand ist in bestimmten Abständen durch

feine Aussparungen unterbrochen, die als Tüpfel bezeichnet werden; sie stellen Verbindungen zur Nachbarzelle her.

Wir wissen nun, wo der Zellkern zu suchen ist und finden ihn auch im ungefärbten Präparat. Bei starker Vergrößerung wird jetzt der Zellkern mikroskopiert. Die Kernmembran, die als Hülle den Kern vom Zellsaft abgrenzt, ist schön zu erkennen (Bild 15). Ferner entdecken wir im Zellkern zwei kleine, runde Kernkörperchen, die sich deutlich vom übrigen Kerninhalt abheben. Nähere Einzelheiten im Zellkern können wir auch bei intensivem Studium nicht erkennen. Die mikroskopische Untersuchung des Zellkerns verläuft im großen und ganzen enttäuschend. Wir sehen nur sehr wenig vom Zellkern, der doch innerhalb des Stoffwechsels eine wichtige Rolle spielt. Entlang der Zellwand können wir bei genauer Beobachtung einen feinen, „körnigen" Wandsaum entdecken. Es handelt sich hierbei um das **Cytoplasma**, das in einem dünnen Schlauch randständig angeordnet ist. In den Ecken der Zellen ist der Cytoplasmabelag besser zu erkennen als entlang den parallelen Zellwänden.

Wir fassen nun unsere Beobachtungen in einer Zeichnung zusammen.

Das mikroskopische Zeichnen

In dem Buch „Mikroskopie für Jedermann" schreibt STEHLI: „Nur was man gezeichnet hat, hat man wirklich gesehen!" Das Zeichnen der mikroskopischen Objekte ist also sehr zu empfehlen. Voraussetzung ist allerdings, daß genügend Zeit zur Verfügung steht. Deshalb können wir nicht jedes Objekt, das wir mikroskopieren, auch zeichnen. Das mikroskopische Zeichnen erfordert neben Gründlichkeit und Genauigkeit auch Geduld und Übung.

Gezeichnet wird auf Zeichenpapier (DIN A 4) mit Bleistiften. Für die Korrekturen wird ein nichtschmierender Radiergummi benötigt. Wer beim Mikroskopieren beide Augen offenläßt, hat beim mikroskopischen Zeichnen kaum Schwierigkeiten.

Die mikroskopische Zeichnung muß eine korrekte Wiedergabe des mikroskopischen Objektes darstellen. In den meisten Fällen ist es nicht notwendig, das ganze mikroskopische Objekt zu zeichnen, meist genügt ein Ausschnitt: in unserem Fall eine Zelle mit den angrenzenden Zellwänden. Die Auswahl dieses Ausschnittes ist entscheidend: Es muß sich um eine günstige und repräsentative Präparatstelle handeln. Diese wird nun groß gezeichnet. Die Abbildung wird dadurch übersichtlicher, es können auch mehr Einzelheiten untergebracht werden. Ferner ist die Anfertigung von großen Zeichnungen einfacher als die von kleinen. Die Zeichnung muß die Identität mit dem mikroskopischen Objekt erkennen lassen. Der Lehrer muß anhand der Schülerzeichnung erkennen können, welche Präparatstelle gezeichnet wurde. Das eingestellte mikroskopische Präparat darf deshalb während des Zeichnens nicht verschoben werden.

Das Durchmustern des Präparates mit Hilfe der Mikrometerschraube darf erst dann erfolgen, wenn der zuvor eingestellte Schärfenbereich in der Zeichnung endgültig festgehalten ist. Nun wird eine andere Präparatebene scharf eingestellt, und die erst jetzt sichtbar gewordenen Strukturen werden in die Zeichnung eingetragen. Zum Schluß enthält die Zeichnung (Bild 16) alle Zellbestandteile, die wir beim Durchmustern des Präparates erkennen konnten; sie sind alle in der gleichen Ebene dargestellt. So repräsentiert unsere Zeichnung einen optischen Schnitt, in welchen auch die darüber- und die darunterliegenden Ebenen projiziert wurden. Die Zeichnung ist zweidimensional; es werden nur Länge und Breite der Zellen eingezeichnet. Das Zwiebelhäutchen, das wir mit der Pinzette von der Schuppe abgelöst haben, besitzt aber auch eine bestimmte Dicke. Zellen sind also dreidimensionale Gebilde, das Arbeiten mit dem Feintrieb macht es deutlich. Es ist nicht zu empfehlen, den dreidimensionalen Charakter der Zellen durch Schattierungen anzudeuten. Die Zeichnungen werden dadurch unübersichtlicher, ihr Informationswert wird nicht gesteigert.

Eine genaue und eindeutige Beschriftung der mikroskopischen Zeichnung ist unbedingt erforderlich. Ferner sind Angaben zu dem untersuchten Objekt zu machen: Name, Herkunft, bei Schnitten die Schnittrichtung, Färbung oder Behandlung mit Reagenzien sowie die Angabe der mikroskopischen Vergrößerung.

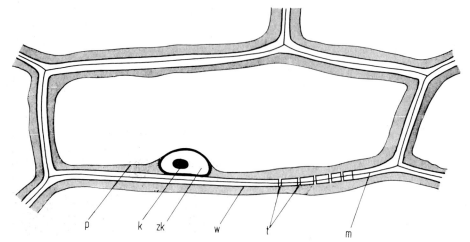

Bild 16. Zeichnung einer Zelle des Zwiebelhäutchens. *p* Cytoplasma, *k* Kernkörperchen, *zk* Zellkern, *w* Zellwand, *t* Tüpfel, *m* Mittellamelle.

3. Wir mikroskopieren ein Moosblättchen

Wir wollen das Blättchen eines Laubmooses unter dem Mikroskop betrachten. Hierfür eignet sich das Sternmoos gut; es ist an schattigen, feuchten Stellen häufig anzutreffen (z. B. Mauerritzen).

Mit der Pinzette entfernen wir ein oder zwei junge Blättchen von der Spitze des Moosstämmchens, bringen sie in Wasser auf einen Objektträger und legen ein Deckglas auf. Um uns einen Überblick über den Aufbau eines Blättchens zu verschaffen, beobachten wir zunächst bei schwacher Vergrößerung. Das Bild erscheint klar und übersichtlich, denn das Blättchen ist — von der Mittel- und Randregion einmal abgesehen — aus den gleichen, regelmäßigen Bausteinen aufgebaut: den Zellen. Wir gehen nun zu einer stärkeren Vergrößerung über, beschränken uns aber auf die Beobachtung einiger weniger Zellen (Bild 17).

Zunächst fallen zahlreiche grüne Gebilde im Innern der Zelle auf, die sogenannten Chloroplasten. Der Binnenraum jeder Zelle ist von den Zellwänden umschlossen. Wir versuchen nun, durch Bedienen des Feintriebs die Mittellamelle in der Zellwand ausfindig zu machen. Im Gesichtsfeld bekommen wir nie gleichzeitig sämtliche erfaßten Zellen des Moosblättchens scharf abgebildet. Bei Scharfeinstellung auf das Zentrum werden die Randzellen unscharf. Umgekehrt erscheint bei Scharfeinstellung auf den Rand das Zentrum unscharf. Da sich das Moosblättchen stark wölbt und einrollt, liegt es auch nach Auflegen des Deckglases nicht eben und plan auf dem Objekt-

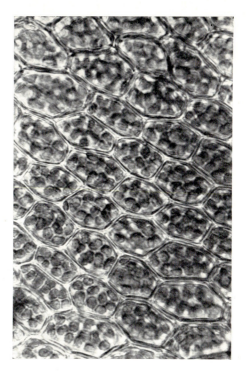

Bild 17. Die Zellen eines Moosblättchens enthalten zahlreiche Chloroplasten.

träger. Beim Mikroskopieren stört die ungleichmäßige Scharfeinstellung von Gesichtsfeldzentrum und Randpartien wenig, die Schärfe wird ohnehin laufend mit der Mikrometerschraube nachgestellt. Bei einer Mikrofotografie ist dies nicht möglich; so erscheinen, wie Bild 17 zeigt, bei Einstellung auf die Bildmitte die am Bildrand liegenden Zellen unscharf.

Aufgabe 3:
a. Woher rührt die grüne Farbe des Moosblättchens?
b. Der Zellkern wird durch die vielen Chloroplasten in den Zellen verdeckt. Wie könnte man den Zellkern sichtbar machen?
c. Wie läßt sich nachprüfen, daß das Moosblättchen aus einer einzigen Zellage aufgebaut ist?
d. Welche Form besitzen die Zellen des Moosblättchens in der flächenhaften Darstellung von Bild 17?
Welchen Vorteil hat diese Form der Zelle gegenüber der Kreisform?

4. Die Schraubenalge Spirogyra

Bedarf:
Mikroskop, Mikroskopierkästchen, Lugolsche Jodlösung, Spirogyra.

Spirogyra findet man als dichte, dunkelgrüne Algenwatten an der Oberfläche von stehenden Gewässern (Brunnentröge). Sie fühlt sich seifig an und verklebt beim Herausnehmen aus dem Wasser. Gesammeltes Frischmaterial kann in Kultur genommen werden. Man bringt die *Spirogyra* in ein gefülltes Wasserbecken oder Aquarium, das an einem schattigen Platz im Freien aufgestellt wird. *Spirogyra* liebt kühles Wasser, an heißen Sommertagen gibt man daher einige Eiswürfel in das Kulturgefäß.
Mit der Pinzette bringen wir eine kleine Probe von *Spirogyra* — je weniger desto besser — auf einen Objektträger und versuchen, das Algenmaterial in einem Wassertropfen auszubreiten. Das gelingt am besten durch vorsichtiges Zerzupfen mit der Nadel. Haben wir einige Fäden freibekommen, wird das Deckglas aufgelegt und bei schwacher Vergrößerung ein unbeschädigter Algenfaden ausgesucht. In einem solchen Faden sind immer gleich gebaute und somit auch gleichwertige Zellen aneinandergereiht. Nach stammesgeschichtlichem Gesichtspunkt kann man sich den *Spirogyra*-Zellfaden so entstanden denken, daß die Einzelzellen nach der Teilung an den Querwänden „verklebten". Die Einzelzelle von *Spirogyra* ist somit repräsentativ für den ganzen Zellfaden. Wir wählen deshalb eine stärkere Vergrößerung und konzentrieren unser mikroskopisches Studium auf eine einzelne Zelle.

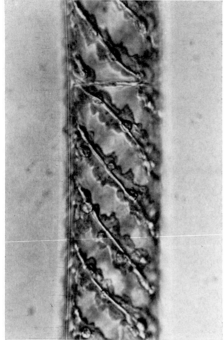 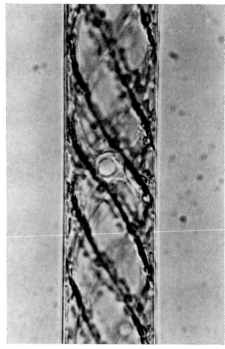

Bild 18. Die Schraubenalge *Spirogyra*. Die Chloroplasten sind bandförmig.

Bild 19. Der Zellkern ist an Plasmafäden aufgehängt.

Auffallend ist das breite, gelappte Band, das die ganze Zelle durchzieht (Bild 18). Die grüne Farbe spricht dafür, daß es sich hierbei um eine bandförmige Anordnung der Chloroplasten handelt. Wir stellen zunächst die in der oberen Zellebene gelegenen Bänder scharf ein — die Zellwand bleibt verschwommen — und notieren die Trommelstellung des Feintriebs. Anschließend werden die in der unteren Zellebene gelegenen Bänder scharf eingestellt, und die Feintrieb-Trommelstellung wird erneut notiert. Wir erkennen, daß die Chloroplasten-Bänder in der oberen und in der unteren Zellebene genau gegenläufig angeordnet sind. Daraus läßt sich ableiten, daß die Bänder in Form einer Schraube angeordnet sind. Diese Schraube kann nur in einer räumlichen Zelle untergebracht werden.

Die Differenz der notierten Trommelstellungen gibt einen ungefähren Hinweis auf die Höhe der *Spirogyra*-Zelle. Die Mikrometereinteilung des Feintriebs muß allerdings bekannt sein (Gebrauchsanleitung zum Mikroskop). Eine ganze Umdrehung des Feintriebs entspricht z. B. einem Hub von 2 mm. Bei einer Einteilung des Feintriebs in 400 Intervalle entspricht ein Intervall demnach einem Hub von 2 mm : 400 = 5 µm. Ein Beispiel: Bei Scharfstellung auf obere und untere Zellebene ergab sich eine Differenz von 40 Teilstrichen, das sind 200 µm. Selbstverständlich handelt es sich hierbei nur um einen orientierenden Wert, der mit dem tatsächlichen Wert nicht identisch ist. Der Feintrieb eines Mikroskops ist nämlich nicht von vornherein als Einrichtung konstruiert, die der Messung der Präparathöhe dient.

Den Zellkern findet man bei einer mehrbändrigen *Spirogyra*-Art gut. Umgeben von einem Plasmamantel hängt er in der Mitte der Zelle an einem Gerüst von Plasmafäden (Bild 19). Der Zellkern liegt in der mittleren Zellebene; bei Einstellung auf den Zellkern werden die oberen und die unteren Bänder der Schraube gleichmäßig unscharf abgebildet.

Wir fertigen ein zweites *Spirogyra*-Präparat an und geben dieses Mal einen Tropfen Lugolsche Jodlösung zu dem Algenmaterial. Bei weit geöffneter Kondensorblende und starker Vergrößerung sind in der *Spirogyra*-Zelle wesentliche Veränderungen festzustellen. Das Chloroplastenband zeigt die für den Stärkenachweis typische Blau-violett-Färbung. Die Chloroplasten sind also der Ort der Kohlenhydratsynthese. Auf den Chloroplasten heben sich runde Hügel deutlich ab, die Pyrenoide, an denen Stärke gespeichert wird. Durch die Jodzugabe wurde die Zelle fixiert, also abgetötet. Das Plasma ist geschrumpft und von der Zellwand abgerückt, die Chloroplasten-Bänder haben sich zusammengezogen, die Schraube füllt nicht mehr die ganze Zelle aus. Der Zellkern schließlich tritt jetzt deutlicher hervor.

Das Modell der Spirogyra-Zelle

Das Zeichnen räumlicher Zellen bereitet Schwierigkeiten, dagegen ist es einfach, das räumliche Modell einer Zelle herzustellen. Als Zelle dient ein Standzylinder. Aus einem grünen Karton schneidet man ein langes, gebuchtetes Band. Dieser Streifen wird aufgerollt und die Rolle in den Standzylinder gebracht. Dort wird sie wie eine Konfettischlange abgewickelt, die Streifen legen sich an die Innenwand des Glases an. Anfang und Ende der Papierschraube können mit Tesafilm an der Glaswand befestigt werden. Den Zellkern stellt man durch einen Tischtennisball dar. Der obere Rand des Glaszylinders wird mit Vaseline bestrichen und dann mit einer Glasplatte abgedeckt. Dieses Modell ist geeignet, den räumlichen Aufbau der *Spirogyra*-Zelle zu demonstrieren. Es ist aber nur ein grobes Zellmodell, da wesentliche Zellstrukturen hierbei nicht berücksichtigt werden. Das Bild der Zelle, wie es sich mit Hilfe des Elektronenmikroskops darbietet, zeigt zum einen wesentlich mehr Zellbestandteile und zum andern eine feinere Aufteilung der Zelle in Arbeitsräume.

5. Robert Hooke entdeckte die Zelle

Der Mathematiker und Architekt ROBERT HOOKE (1635—1703) untersuchte mit seinem einfachen Auflichtmikroskop (Bild 20) Pflanzen, Tiere, aber auch kleine Gegenstände aus dem täglichen Leben. Er verfaßte ausführliche Berichte über seine Beobachtungen und fertigte exakte Zeichnungen an. In seinem 1665 erschienenen Buch „Micrographia" — wir können es heute als Faksimile-Reproduktion kaufen — schildert er seine Beobachtung über das Korkgewebe so:
„Ich nahm ein sauber gereinigtes Stück Kork, und mit einem Federmesser, so scharf wie ein Rasiermesser, schnitt ich ein Stück davon ab ... Mit demselben scharfen Messer schnitt ich davon noch einmal ein außerordentlich dünnes Stück ab und legte es auf eine schwarze Objektplatte, denn es handelte sich um einen weißen Körper. Mit einem Mikroskop konnte ich außerordentlich deutlich erkennen, wie durchlöchert und porös er war, genauso wie eine Honigwabe, nur daß hier die Poren oder Zellen nicht regelmäßig waren."
Wir wollen ebenfalls einen solchen Schnitt durch das Korkgewebe anfertigen. Als Material benutzt man einen Flaschenkork; besser geeignet ist die Rinde der Korkeiche (aus der Gärtnerei oder einem Aquariumgeschäft besorgen!). Es ist schwierig,

durch das elastische Korkgewebe einen Schnitt zu führen. Zuerst wird am Korkmaterial eine ebene Schnittfläche hergestellt. Nun zieht man mit einer scharfen Rasierklinge so über die Schnittfläche, daß nur kleine Teilchen erfaßt werden. Im Grunde handelt es sich gar nicht um einen Schnitt, sondern um ein Abtragen einer dünnen Korkschicht. Wir benötigen für das Mikroskopieren keine großflächigen Objekte, es genügen die kleinen Schnipfelchen, die an der Schneide der Rasierklinge haften bleiben. Mit einem Pinsel werden sie in Wasser auf den Objektträger gebracht. Nach dem Auflegen des Deckglases suchen wir unter dem Mikroskop bei kleiner Vergrößerung eine günstige Präparatstelle auf.

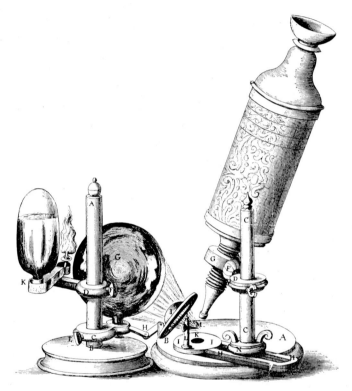

Bild 20. Mit diesem Mikroskop entdeckte Robert Hooke im Jahre 1665 die Zelle.

Das Korkgewebe setzt sich aus vielen übereinanderliegenden Zellagen zusammen, beim Betätigen des Feintriebs wird dies deutlich sichtbar. An einer Stelle — nämlich dort, wo der Schnitt auskeilt — wird nur noch eine Zellage erfaßt. Eine solche Stelle wählen wir aus und mikroskopieren bei stärkerer Vergrößerung. In Bild 21 ist zu erkennen, daß die Korkzellen nur aus Zellwänden bestehen, der Zellinhalt selbst ist abgestorben. Die Entdeckung der Zelle, genauer der Zellwände, erfolgte an einem toten Organismus.
Im achtzehnten Jahrhundert wurden keine wesentlichen Erkenntnisse über den zellulären Aufbau der Lebewesen gewonnen. Im neunzehnten Jahrhundert erlebten die Naturwissenschaften einen stürmischen Aufschwung. Der Komplex „Zelle" wurde zum Forschungsgegenstand. ROBERT BROWN (1773—1858) entdeckte 1831 den

pflanzlichen Zellkern und erkannte, daß es sich hierbei um einen Zellbestandteil handelt. Die Entdeckung des Zellkerns lenkte den Blick von der Zellwand weg zum Zellinhalt hin. Als Begründer der Zelltheorie gelten der Botaniker SCHLEIDEN (1804—1881) und der Zoologe SCHWANN (1810—1882). Der Gedankenaustausch zwischen beiden führte 1838/39 zu der Vorstellung, daß Zellen Bausteine sowohl für Pflanzen als auch für Tiere darstellen und somit alle Lebewesen einen zellulären Aufbau zeigen. HUGO VON MOHL (1805—1872) erkannte die Bedeutung des Protoplasmas für die Zelle und definierte 1851 die Zelle als ein elementares Lebensgebilde, das aus dem Kern und dem umgebenden Protoplasma* bestehe.

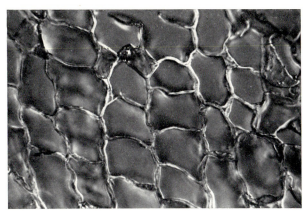

Bild 21. Korkzellen bestehen nur aus Zellwänden.

Die Frage, wie neue Zellen entstehen, beantwortete der Pathologe RUDOLF VIRCHOW im Jahre 1855 durch den berühmt gewordenen Satz: Omnis cellula e cellula (Zellen entstehen nur aus Zellen).

Aufgabe 4:
Bezeichnen Sie in Bild 20 die einzelnen Teile des Mikroskops von Robert Hooke.

B. DIE TIERISCHE ZELLE

Die Suche nach geeigneten Objekten, die den zellulären Aufbau der Tiere gut erkennen lassen, bereitet gewisse Schwierigkeiten. Ein Organismus besteht nicht aus einheitlichen Zellen. Entsprechend den verschiedenartigen Funktionen im Gewebe- oder Organverband haben Zellen entsprechende Differenzierungen erfahren. Die Zelle repräsentiert also eine Funktionseinheit, die sich in einem bestimmten Aufbau ausdrückt. Rote Blutkörperchen, Nervenzellen und quergestreifte Muskulatur sind so grundverschieden, daß man hier kaum einen einheitlichen Grundbaustein vermutet. Dem Typus Zelle, wie er den allgemeinen Vorstellungen entspricht, kommen die Leberzellen der Wirbeltiere am nächsten.
Werden für den Biologieunterricht Mikropräparate angeschafft, so befindet sich in dieser Sammlung sicher ein Leberquerschnitt als Beispiel für tierische Zellen. Für die Herstellung eines solchen Schnittes ist ein Mikrotom notwendig. Es gelingt aber durch eine einfache Methode, Zellen aus dem Lebergewebe zu isolieren.

* Wir definieren heute: Protoplasma = Kern + Cytoplasma.

1. Einfache Darstellungsmethode von Leberzellen

Bedarf:
Mikroskop, Mikroskopier-Kästchen, 5 g frische Kalbsleber, 8%ige Rohrzuckerlösung, enges Becherglas, Teesieb, Gaze (Mullbinde), Orcein-Essigsäure.

Vom Metzger besorgt man sich frische Kalbsleber und wiegt davon 5 g ab. Mit der Schere zerschneidet bzw. zerschabt man das Leberstückchen. Wir streifen nun das zerschnittene Material in ein enges Becherglas, in dem sich 5 ml 8%ige Rohrzuckerlösung befinden. Im schräg gestellten Becherglas werden die Leberschnipfelchen mit der Schere so lange zerschnitten, bis eine braunrote Suspension entsteht. Durch ein Teesieb, das zuvor mit mehreren Lagen Gaze (Verbandmull) ausgekleidet wurde,

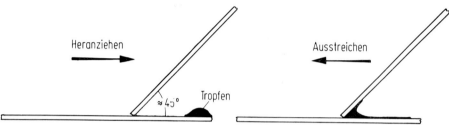

Bild 22. So stellt man ein Ausstrichpräparat her.

Bild 23. Isolierte Leberzellen, Kernfärbung mit Orcein-Essigsäure.

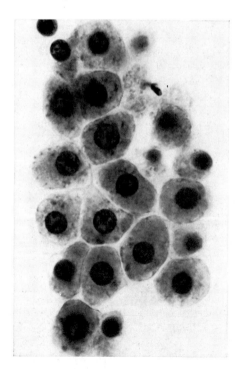

filtriert man die Suspension ab. Von einem Tropfen des Filtrats stellen wir nach Bild 22 ein dünnes Ausstrichpräparat her.

Dazu wird der Filtrat-Tropfen nahe dem rechten Ende eines Objektträgers abgesetzt. Auf die Mitte dieses Objektträgers — dort wo sich sonst das mikroskopische Objekt befindet — setzt man in einem Winkel von 45° die schmale Kante eines zweiten Objektträgers auf. Nun zieht man diesen Objektträger nach rechts an den Tropfen heran, so daß sich dieser entlang der Schmalkante ausbreiten kann. Es erfolgt der eigentliche Ausstrich: Wir schieben mit gleichmäßiger Geschwindigkeit und unter Beibehaltung des Winkels von 45° die Flüssigkeit zum linken Ende des liegenden Objektträgers.

Die mikroskopische Beobachtung erfolgt zunächst ohne Deckglas. Bei mittlerer Vergrößerung erkennen wir isolierte Leberzellen, Zellen im Verband, aber auch viele Zelltrümmer und Brocken. Uns interessieren die Leberzellen. Wir schieben daher eine günstige Stelle in die Mitte des Gesichtsfeldes, bringen vorsichtig mit dem Glasstab einen Tropfen Orcein-Essigsäure auf die ausgesuchte Präparatstelle und legen ein Deckglas auf. Anschließend wird mit stärkster Vergrößerung gearbeitet. Die gefärbten Zellkerne heben sich vom Cytoplasma deutlich ab (Bild 23). Die Zellen bilden ein Gewebe, eine Zellwand können wir nicht entdecken. Bei der tierischen Zelle ist also der Zellinhalt das Auffallende.

2. Epithelzellen der menschlichen Mundschleimhaut
Bedarf:
Mikroskop, Mikroskopierkästchen, Teelöffel, Wasser, Methylenblau-Lösung nach Löffler.

Mit dem Stielchen eines sauber gereinigten Teelöffels schabt man von der Innenseite der Wange etwas Schleimhaut ab, bringt die weißliche Masse mit wenig Wasser auf den Objektträger und vermischt vorsichtig (Glasstab!). Seitlich davon setzt man einen kleinen Tropfen Methylenblau-Lösung nach Löffler ab, ehe das Deckglas aufgelegt wird. Insgesamt ist von dem Präparat der überwiegende Teil unbrauchbar: die dicken Klumpen, die überfärbten und auch die ungefärbten Zellen. Für die mikroskopische Auswertung suchen wir eine solche Präparatstelle auf, die an der Diffusionsgrenze zwischen Wasser und Methylenblau-Lösung liegt und freiliegende Zellen zeigt.

Bei starker Vergrößerung sehen wir den Zellkern zentral im Cytoplasma der runden bis spindelförmigen Zellen liegen (Bild 24). Bei nahezu geschlossener Kondensorblende wird die äußere Zellgrenze als feiner Saum sichtbar, der teilweise auch zu einem Bördelchen umgefaltet ist. Auf der Zelloberfläche erkennen wir Stäbchen und

Bild 24. Zellen der menschlichen Mundschleimhaut; der Zellkern liegt im Cytoplasma.

Bild 25. Durch Methylenblau werden auch die zahlreichen Bakterien gefärbt, die auf der Oberfläche der Zelle liegen.

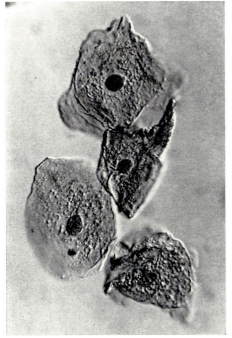
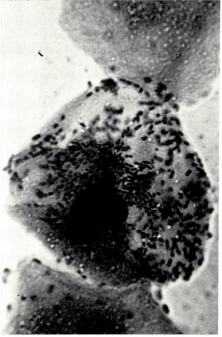

Kügelchen. Bild 25 macht deutlich, daß bei der Kernfärbung mit Methylenblau gleichzeitig als Nebenprodukt zahlreiche Bakterien — die also in der Mundhöhle leben — gefärbt wurden.

Wir haben die Zellen für die mikroskopische Untersuchung abgeschabt. In der Mundschleimhaut aber sind die Zellen nicht isoliert, sondern bilden als geschlossenes Plattenepithel das Deckgewebe.

Aufgabe 5:
Zeichnen Sie stark vergrößert eine isolierte Epithelzelle Ihrer Mundschleimhaut.
Vergleichen Sie in Form einer Tabelle den Aufbau von pflanzlicher und tierischer Zelle.
Welche Zellbestandteile sind jeweils vorhanden?

3. Die einfache Organisationsform der Amöbe

Bedarf:
Mikroskop, Mikroskopier-Kästchen, Uhr, Waage, Zeichengeräte, Transparentpapier, Karton, Klebstoff, Amöben (Bezugsquelle s. S. 211).

Im Oberflächenschlamm von Gewässern findet man häufig Amöben. Bevor man verschlammtes und verschmutztes Aquariumwasser wegschüttet, sollte der Schlamm mikroskopisch untersucht werden. Oft hat sich hier eine prächtige Amöbenkultur entwickelt. Schlammproben von Flüssen oder Teichen werden zusammen mit etwas Standortflüssigkeit in ein Einmachglas abgefüllt. Im Klassenzimmer leitet man dann von der Aquariumpumpe aus ein Schlauchstück mit Ausströmstein in das Einmachglas und belüftet das Wasser einen Tag lang.

Für die mikroskopische Untersuchung nimmt man mit der Pipette eine Schlammflocke von der Glaswand ab. Beim Aufsuchen der Amöben unter dem Mikroskop muß der Lehrer mithelfen; denn in der Schlammflocke sind zahlreiche andere Mikroorganismen anzutreffen, die von dem eigentlichen Objekt, der Amöbe, ablenken. Oft werden auch unbelebte Sink- und Schwebestoffe (Detritus) oder Schmutzpartikel als Amöbe „angesprochen". Das Auffinden wird dadurch besonders erschwert, daß die Amöbe keine genau beschreibbare Körperform aufweist. Einen entscheidenden Einfluß auf die Körperform der Amöbe hat der pH-Wert des Wassers.

Nach Auffinden einer Amöbe achten wir besonders auf das Cytoplasma des Tieres. Es ist nicht einheitlich strukturiert. Die äußere Schicht, das Ektoplasma, ist klar und durchsichtig; das Plasma im Innern, das Entoplasma, erscheint dagegen dunkler und mit zahlreichen Körnchen und Tröpfchen gefüllt (Bild 26). Es handelt sich hierbei nicht um zwei verschiedene Plasmaarten, sondern um zwei verschiedene kolloidale Zustandsformen ein und derselben Substanz. Das Entoplasma stellt den dynamischen

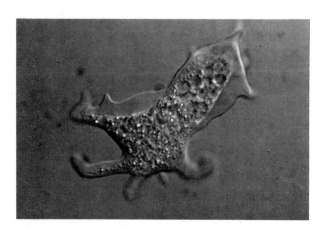

Bild 26. Amöbe: Ektoplasma und Entoplasma.

Teil und das gelartige Ektoplasma den stationären Teil dar. Wir beobachten, wie das Plasma vom Innern der Zelle in Ausbuchtungen des Zelleibes hineinfließt. Die Amöbe bildet Scheinfüßchen aus und ändert dadurch ständig ihre Körperform (Wechseltierchen!). Die Scheinfüßchen können an jeder Stelle der Zelle entstehen, also auch nach oben oder unten ragen. In Bild 26 sind Scheinfüßchen, die außerhalb der optischen Ebene liegen, unscharf abgebildet.

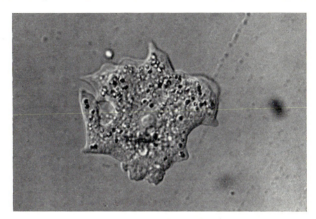

Als Aufgabe fertigen wir im Abstand von zwei Minuten auf Transparentpapier jeweils eine Umrißskizze von der Körperform der beobachteten Amöbe an; drei oder vier Skizzen genügen. Bild 27 zeigt eine Amöbe, die ebenfalls im Abstand von zwei Minuten fotografiert wurde.

Aufgabe 6:
a. Verfolgen Sie die Lage des Zellkerns bei den drei Bewegungsstadien von Bild 27.
b. Man überträgt die drei Zellformen von Bild 27 zunächst auf Transparentpapier und klebt dieses auf einen Karton. Schneiden Sie nun die drei „Amöben" aus und bestimmen Sie mit einer genauen Waage (Analysenwaage) das jeweilige Gewicht. Ergebnis?
Die Höhe der Amöbe wird bei diesem Vorgehen nicht berücksichtigt!

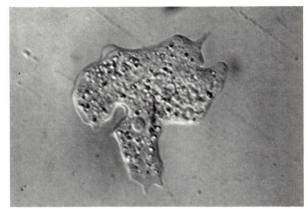

Die Ausbildung von Scheinfüßchen dient nicht nur der Fortbewegung, sondern auch der Nahrungsaufnahme der Amöbe. Es ist allerdings ein Glücksfall, wenn man die

Bild 27. Die Amöbe ändert ständig ihre Körperform. Hier wurde die gleiche Amöbe jeweils im Abstand von 2 Minuten fotografiert.

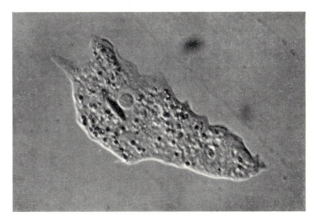

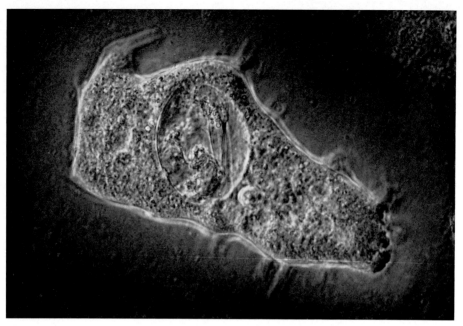

Bild 28. Die Amöbe hat in einem Nahrungsbläschen einen Einzeller eingeschlossen. Phasenkontrast-Aufnahme

Amöbe unter dem Mikroskop bei der Nahrungsaufnahme beobachten kann. Dagegen findet man häufig Amöben, bei denen die im Zelleib eingeschlossene Nahrung gut zu erkennen ist. Wir können also die „Speisekarte" der Amöbe anschauen. Es ist erstaunlich, welch große Tiere oder Pflanzenteile die Amöbe sich einverleiben kann. Manchmal wird die Körperform der Amöbe von der Beute diktiert: wurmförmige Beute kann nur von einer weit auseinandergezogenen Amöbe eingeschlossen werden. Bild 28 zeigt eine Amöbe, die ein Wimpertier gefressen hat. Wir können uns leicht vorstellen, wie die Nahrung in das Innere der Amöbe gelangt. Sie wurde von den Scheinfüßchen regelrecht eingekreist und umflossen. Im Cytoplasma des Einzellers wird die Nahrung in einem besonderen Bläschen, der Nahrungsvakuole, eingeschlossen und verdaut. Die biochemischen Vorgänge des Stoffwechsels sind trotz der einfachen Organisationsform Amöbe nicht grundlegend anders als bei höheren Tieren und auch beim Menschen.

Bild 28 zeichnet sich durch besonders deutliche Kontraste aus; die Nahrungsvakuole ist sichtbar, und die „körnige" Struktur des Entoplasmas ist schön zu erkennen. Ein solches kontrastreiches Bild ist mit einem normalen Kursmikroskop nicht zu erzielen. Die Amöbe wurde nämlich nicht im Hellfeld, sondern im sogenannten Phasenkontrast untersucht. Eine Phasenkontrastausrüstung ist so teuer, daß sie für Kursmikroskope nicht in Frage kommt. Das Lehrermikroskop dagegen sollte — wenn es finanziell zu ermöglichen ist — mit einer Phasenkontrasteinrichtung ausgerüstet sein.

V. Lehrermikroskop, Mikroprojektion, Mikrofotografie, Biologie-Fachräume

Das folgende Kapitel will dem Lehrer Anregungen für die Gestaltung des Biologieunterrichts geben. Für einen modernen Biologieunterricht sind optische Demonstrationsgeräte unerläßlich, die audio-visuellen Medien setzen sich in der Schule immer mehr durch. Der Lehrer, zu dessen Aufgaben auch die Verwaltung und Ergänzung der Biologiesammlung gehört, muß sich mit den neuen Unterrichtsmedien auseinandersetzen und die Entscheidung treffen, welche neuen Geräte angeschafft werden. Leider zeigt sich erst in der Unterrichtspraxis, ob das gekaufte Gerät auch für den Zweck geeignet ist, für den es angeschafft wurde. Die Industrie hat den Markt „Schule" entdeckt und bietet ein reichhaltiges Programm an, das in seiner Vielfalt oft verwirrt (Beispiel: Super-8-Kassette).
Im folgenden berichtet der Verfasser über seine Erfahrungen mit optischen Demonstrationsgeräten. Dieser Bericht ist als Vorschlag gedacht, an dem sich der Biologielehrer bei der Anschaffung neuer Geräte orientieren kann. Dieser Vorschlag läßt sich schon aus finanziellen Gründen nur in wenigen Schulen realisieren. Der Etat für den Biologieunterricht ist meist klein, und die optischen Geräte sind teuer. Wird aber mit ihnen im Unterricht gearbeitet, dann lohnt sich die Anschaffung.

1. Das Lehrermikroskop — Anforderung an das Gerät

Das Stativ des Lehrermikroskops sollte eine Auswechselvorrichtung für den Tubus besitzen. Der monokulare Schrägtubus dient der Betrachtung mit einem Auge, für ein bequemes Sehen mit beiden Augen eignet sich der binokulare Schrägtubus hervorragend. Eine individuelle Anpassung des Augenabstandes ist möglich. Der gerade Tubus oder Fototubus wird dann benötigt, wenn das mikroskopische Bild fotografiert oder projiziert werden soll. Der Dreifachtubus, als Kombination von Binokular- und Fototubus, ist zwar für Demonstrationszwecke sehr praktisch, kommt aber wegen der hohen Anschaffungskosten für die Schule wohl kaum in Frage.
Für die Einstellung des mikroskopischen Präparates setzt sich heute der Kombinations-Einstelltrieb immer mehr durch, dessen Triebknöpfe für Grob- und Feineinstellung auf den Tisch wirken. Beim Fotografieren oder Filmen mit aufgesetzter Kamera empfindet man das als angenehm. Der Objekttisch kann als Kreuztisch mit Objekthalter ausgestattet werden. Die Noniusablesung garantiert ein rasches Auffinden von Präparatstellen, die man zuvor als günstig notiert hat. Die Anschaffung eines Kreuztisches lohnt sich dann, wenn viel mit Dauerpräparaten gearbeitet wird. Für die Untersuchung lebender Objekte erweist sich ein drehbarer Gleittisch als äußerst praktisch. Mikroorganismen, die sich rasch bewegen, bekommt man mit Hilfe des Gleittisches in den Griff, auch für Filmaufnahmen.

Optische Ausrüstung

Der Objektivrevolver sollte vier Objektive mit sinnvoll gestuften Eigenvergrößerungen aufweisen. Die Herstellerfirmen bieten eine ganze Reihe verschiedener Objektivtypen an. Welcher Objektivtyp ausgewählt werden soll, hängt einmal davon ab, für welche Zwecke die Objektive hauptsächlich benötigt werden und zum anderen von den zur Verfügung stehenden finanziellen Mitteln. Der Preisunterschied zwischen einem einfachen Achromaten und einem Plan-Apochromaten, der das Optimum an Auflösung bietet, ist gewaltig. Will man sich auf die Mikrofotografie spezialisieren, ist die Anschaffung von Planachromaten zu empfehlen. Diese Objektive bieten ein geebnetes Sehfeld. Die Fluorit-Objektive, für deren Linsen ein besonderer Flußspat verwendet wird, besitzen eine hohe numerische Apertur. Das mikroskopische Bild zeichnet sich entsprechend durch Brillanz und gesteigerte Auflösung aus. Selbstverständlich ist ein Fluorit-Objektiv wesentlich teurer als ein Achromat mit der gleichen Eigenvergrößerung. Der Objektivrevolver sollte mit etwa folgenden Objektiven ausgerüstet sein:

Eigenvergrößerung:	2,5	10	40	100
Numerische Apertur:	0,08	0,25	0,65	1,25

Für die Mikrofotografie und die Mikroprojektion sollten drei Okulare mit verschiedener Eigenvergrößerung zur Verfügung stehen, damit die erforderlichen Gesamtvergrößerungen erzielt werden können. Hierfür eignen sich Okulare mit den Eigenvergrößerungen 5fach, 10fach und 12,5fach. Der Binokulartubus wird am besten mit 10fach vergrößernden Okularen ausgestattet. Die Okulare müssen auf die Objektive abgestimmt sein: Für Fluorit-Objektive und Apochromate braucht man Kompensationsplanokulare, für achromatische Objektive reichen die gewöhnlichen Huygensschen Okulare aus.

Am Kondensor muß sich die Frontlinse abnehmen oder ausklappen lassen, damit auch beim Arbeiten mit dem schwächsten Objektiv das Objektfeld voll ausgeleuchtet wird. Eine Vorrichtung zur Verstellung der Kondensorhöhe ist unbedingt erforderlich, Zentrierschrauben für die Justierung des Kondensors sind ebenfalls wünschenswert.

Beleuchtung

Die Qualität des mikroskopischen Bildes hängt nicht allein vom Objektiv ab, sondern ganz wesentlich auch von der Beleuchtung. Das KÖHLERsche Beleuchtungsverfahren liefert optimale Beleuchtungsbedingungen. Dadurch wird ein vollkommen gleichmäßig ausgeleuchtetes Gesichtsfeld erreicht, für die Mikrofotografie und Mikrokinematografie ist das unentbehrlich.

Voraussetzung für das KÖHLERsche Beleuchtungsverfahren sind eine Niedervoltleuchte mit Kollektor und Leuchtfeldblende, ferner ein Kondensor mit Kondensorblende. Die Einstellung erfolgt nun in zwei Abbildungsvorgängen:

1. Abbildung der Lichtquelle (Lampenwendel) mit Hilfe der Kollektorlinse auf die zugezogene Kondensorblende
2. Abbildung der Leuchtfeldblende durch Verschieben des Kondensors in der Präparatebene

a. Die eingebaute Niedervoltleuchte einschalten. Das mikroskopische Präparat mit dem 10fachen Objektiv scharfstellen.
b. Glühwendel der Lampe auf der zugezogenen Kondensorblende abbilden (mit einem Taschenspiegel kontrollieren).
c. Leuchtfeldblende schließen, Kondensorblende öffnen.
d. Durch Höhenverstellung des Kondensors die Ränder der Leuchtfeldblende im Gesichtsfeld scharf abbilden. Durch Zentrieren des Kondensors mit Hilfe der beiden Zentrierschrauben das Bild der Leuchtfeldblende in die Mitte des Gesichtsfeldes rücken.

e. Leuchtfeldblende so weit öffnen, daß ihre Ränder im Gesichtsfeld gerade nicht mehr zu sehen sind.
f. Korrektur der Kondensorblende: das mikroskopische Bild soll annehmbare Kontraste aufweisen (vgl. hierzu Seite 66).

Phasenkontrasteinrichtung

Durch das Phasenkontrastverfahren nach ZERNIKE können kontrastarme Präparate gut sichtbar gemacht werden. Bei der mikroskopischen Färbemethode wird zur Kontraststeigerung ein Eingriff am mikroskopischen Objekt vorgenommen und ein „Absorptionsbild" erzeugt. Das Phasenkontrastverfahren vermeidet diesen Eingriff am Objekt, hier wird die Kontraststeigerung durch einen Eingriff in den Strahlengang des Mikroskops erzielt. Zu der Phasenkontrasteinrichtung gehören:
a. der Phasenkontrastkondensor
b. die Phasenkontrastobjektive
c. das Phasenkontrast-Hilfsmikroskop
Der Phasenkontrastkondensor besitzt eine Revolverscheibe, in der drei einzeln zentrierbare Ringblenden eingesetzt sind. Die Phasenkontrastobjektive unterscheiden sich von normalen Objektiven dadurch, daß in der Nähe ihrer Brennebene ringförmige Phasenplatten eingedampft sind. Zur Einstellung des Phasenkontrastes muß nun das Phasenobjektiv mit der dazugehörigen Ringblende in der Kondensordrehscheibe kombiniert werden; dem Phasenobjektiv Ph 1 entspricht die Ringblende 1. Nun muß die Phasenplatte des Objektivs mit dem Ringblendenbild genau zur Deckung gebracht werden. Dazu wird das Hilfsmikroskop anstelle des Okulars in den Tubus eingesetzt und durch Verstellen der Okularlinse am Hilfsmikroskop die Objektiv-Phasenplatte scharf eingestellt. Die Zentrierschrauben am Kondensor — bei manchen Fabrikaten sind es Zentrierschlüssel — gestatten ein Justieren der Ringblende, so daß die beiden Ringe zur Deckung gebracht werden können. Nun wird das Okular wieder eingesetzt, und das mikroskopische Präparat kann im Phasenkontrast untersucht werden. Bei einem Objektivwechsel muß auch die Ringblende gewechselt werden, das Hilfsmikroskop wird jedoch nicht mehr benötigt. Der geübte Mikroskopiker kann ohnehin am Aussehen des mikroskopischen Bildes rasch erkennen, ob der Phasenkontrast richtig eingestellt ist.
Nähere Einzelheiten zur Theorie und Praxis des Phasenkontrastverfahrens enthält die ZEISS-Druckschrift 41-210.
Das Phasenkontrastverfahren bewährt sich besonders bei Lebenduntersuchungen und für die Beobachtung von Frischpräparaten. Es erspart das oft umständliche und vor allem zeitraubende Fixieren und Färben der Objekte. Das lebende Objekt kann also ohne Vorbehandlung im Phasenkontrast-Mikroskop demonstriert werden. Für die Schule erscheint das als eine ideale, wenn auch nicht gerade billige Lösung. Für die Demonstration von Bakterien, Protozoen, Spermien, Chromosomen, Flimmerepithel usw. eignet sich das Phasenkontrast-Mikroskop vorzüglich. Dagegen sind dicke Objekte, z. B. Handschnitte, für dieses Verfahren ungeeignet.

Die Interferenzkontrast-Einrichtung nach Nomarski

Die Firmen LEITZ und ZEISS liefern Mikroskope, die mit einer Interferenzkontrast-Einrichtung ausgestattet sind. Diese Einrichtung besteht aus drei Teilen:
Interferenzkontrast-Kondensor
Interferenzkontrast-Schieber
Polarisationsfilter

Mit dem Interferenzkontrast-Verfahren wird das mikroskopische Bild von ungefärbten Objekten wesentlich kontrastreicher als bei der normalen Hellfeldmikroskopie. Beim Phasenkontrast ist das Objekt von störenden Lichthöfen umgeben, beim Interferenzkontrast ist das nicht der Fall. Das Besondere beim Interferenzkontrastverfahren ist, daß das mikroskopische Objekt auffallend plastisch, fast dreidimensional erscheint und das Bild herrliche Interferenzfarben aufweist. Die Objekte erhalten ein reliefartiges Oberflächenprofil, die Vakuolen in Zellen werden plastisch herausmodelliert, Kanten, Schlieren und Wimpern werden profilgetreu abgebildet. Die Schärfentiefe im Objekt läßt sich auf einen engen Bereich begrenzen; dadurch können „optische Schnitte" einer bestimmten Präparatebene vorteilhaft mikroskopiert und fotografiert werden.
Über das optische Prinzip des Interferenzkontrast-Verfahrens nach NOMARSKI informiert die schon erwähnte ZEISS-Druckschrift 41-210.
Wer einmal die Gelegenheit hatte, durch ein Interferenzkontrast-Mikroskop zu blicken, ist fasziniert und äußert den spontanen Wunsch, ein solches Mikroskop sein eigen zu nennen. Meist wird es nur ein Wunschtraum bleiben, wenn man den Anschaffungspreis erfährt.

2. Mikroprojektionseinrichtung

Das Problem ist, das mikroskopische Bild des Lehrermikroskops den Schülern zugänglich zu machen. Die einfachste Methode: die gesamte Klasse defiliert am Lehrermikroskop vorbei und wirft einen kurzen Blick durchs Okular, ist sicher auch die schlechteste. Ein solches Unternehmen beansprucht einen enormen Zeitaufwand, der in keinem Verhältnis zum Unterrichtserfolg steht. Das mikroskopische Bild kann nur angeschaut werden — meist ist das Mikroskop nach dem dritten Besucher schon hoffnungslos verstellt —, ein Arbeiten am mikroskopischen Objekt ist schlechterdings unmöglich. Eine ideale Lösung, das Sehfeld im Lehrermikroskop zu demonstrieren, bietet sich mit der Fernsehkamera an. Diese überträgt als Fernauge das mikroskopische Bild auf den Fernsehschirm und macht es gleichzeitig der ganzen Klasse zugänglich. Die hohen Anschaffungskosten für das Lehrermikroskop lassen sich jetzt rechtfertigen, wenn das vom Lehrermikroskop abgebildete mikroskopische Bild auf dem Fernsehschirm mitgeteilt wird. Vorteilhaft ist, daß die Projektion im normal beleuchteten Klassenzimmer erfolgt.

Das Fernsehmikroskop

Die Fernsehkamera wird auf den Fototubus des Lehrermikroskops aufgesetzt. Dazu schraubt man am besten das Objektiv der Kamera ab und befestigt das Kameragehäuse an einer Stativstange, die am Lehrertisch bzw. an einem Fahrtisch angebracht ist. Für die Projektion wird also nur die Optik des Lehrermikroskops verwendet. Hier bewährt sich ein Weitwinkelokular; auf dem Fernsehschirm entsteht dann ein formatfüllendes Bild. Für die Projektion kann aber auch das Okular aus dem Mikroskop entfernt werden; die Gesamtvergrößerung ist dann kleiner.
Die Industrie bietet eine große Auswahl von Fernsehkameras an. Die meisten Geräte besitzen eine Belichtungsautomatik, die die Bildhelligkeit den jeweiligen Beleuchtungsverhältnissen anpaßt. Bei den billigeren Kameras stellt die Automatik das

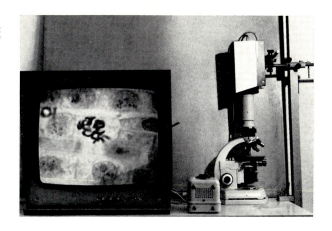

Bild 29. Das Fernsehmikroskop. Die Fernsehkamera überträgt das mikroskopische Bild auf den Bildschirm.

Bild immer auf den gleichen Durchschnittswert ein. Bei der Hellfeldmikroskopie ergibt sich daraus kaum ein Nachteil, dagegen ist die Bildwiedergabe beim Phasenkontrastverfahren nicht optimal. Hier muß entweder die Belichtungsautomatik ausgeschaltet oder aber von vornherein eine teurere Fernsehkamera angeschafft werden, deren Belichtungsautomatik nur die Helligkeitsspitzen integriert. Die meisten Kameras werden wahlweise mit Video- oder HF-Ausgang geliefert. Für die Schule kommt in erster Linie der HF-Bereich in Frage, da hier als Wiedergabegerät jedes handelsübliche Fernsehgerät verwendet werden kann. Bei videofrequenter Übertragung wird als Wiedergabegerät ein Monitor benötigt. Das Bild ist hier eindeutig besser aufgelöst, allerdings kosten Monitore mit großem Bildschirm das Vielfache eines normalen Fernsehgeräts. Störungen bei der Bildwiedergabe werden durch Erden des Mikroskops beseitigt: Von einer blanken Stelle des Kameragehäuses führt man ein Kabel mit Krokodilklemmen zu einer blanken Mikroskopstelle.

Das Fernsehbild ist leider nur schwarzweiß. Durch Arbeiten mit Lichtfiltern kann die Bildwiedergabe gesteigert werden. In der Regel wird, wie bei der Schwarzweißfotografie, mit dem Grünfilter gearbeitet. Bei gefärbten Dauerpräparaten läßt sich mit Rot-, Blau- oder Gelbfiltern bisweilen ein kontrastreicheres Bild erzielen (ausprobieren!).

Die Fernseheinrichtung, so wie sie Bild 29 vorstellt, sollte nach Möglichkeit als Einheit aufgebaut bleiben. Das Fernsehmikroskop ist dann immer für Demonstrationsversuche im normalen Biologieunterricht einsatzbereit. Aber auch bei mikroskopischen Schülerübungen wird das Fernsehmikroskop benötigt, nämlich dann, wenn das zu untersuchende mikroskopische Objekt (z. B. Chromosomen) starke Vergrößerungen erfordert, die mit dem Schülermikroskop nicht mehr erreicht werden können. Ferner kann mit dem Fernsehmikroskop gezeigt werden, wie das mikroskopische Objekt aussehen muß und welche Einzelheiten dabei besonders interessieren. Die Fernsehkamera wird nicht ausschließlich für die Mikroprojektion benötigt. Auch für den Makrobereich finden sich Einsatzmöglichkeiten: bei Präparationsübungen, bei der Untersuchung von Insekten oder für die Demonstration kleiner Objekte aus der Biologiesammlung. Das früher übliche Durchreichen dieser Schauobjekte von Hand zu Hand ist jetzt nicht mehr notwendig. Für die Demonstration im Makrobereich wird das Kameraobjektiv benötigt. Die Anschaffung eines lichtstarken Objektivs, das auch einen minimalen Objektabstand von etwa 5 cm ermöglicht, ist zu empfehlen. Als Zusatzbeleuchtung genügt meist eine Schreibtischlampe.

Der Mikrovorsatz zum Prado-Universal

Der Dia-Projektor Prado-Universal kann zu einem Mikroprojektor ausgebaut werden. Im einfachsten Fall tauscht man das normale Objektiv gegen den horizontalen Mikrovorsatz aus und projiziert damit im vollkommen verdunkelten Klassenzimmer die Präparate auf eine Leinwand oder auf einen Projektionsschirm. Beim Arbeiten mit dem Horizontalvorsatz muß — bedingt durch die senkrechte Anordnung des Objekttischs — das Deckglas des Frischpräparats zuvor mit Vaseline umrandet werden; zumindest muß man die vier Ecken mit „Vaseline-Füßchen" versehen. Der Mikrovorsatz zum Prado stellt insgesamt eine relativ billige und vor allem leicht zu handhabende Mikroprojektionseinrichtung dar. Stellen wir höhere Ansprüche, dann steht mit dem LEITZ-Gerät MIKRO PROMAR (Bild 30) eine kompakte Baueinheit von Mikroskop und Beleuchtungsanteil zur Verfügung. Als Lichtquelle dient die Halogen-Glühlampe 24 V 250 W des Projektors, die Strahlenführung erfolgt blendungsfrei und ist auf das Mikroskop abgestimmt. Zur optischen Ausstattung des MIKRO PROMAR gehört ein verstellbarer Kondensor, man kann also das schwache und starke Objektiv ausleuchten. Der Revolver ist mit folgenden Planachromat-Objektiven ausgestattet: 2,5/0,08 6,3/0,20 16/0,40 und 25/0,50. Als Projektionsokular benutzt man vorteilhaft das P 4x, das mikroskopische Bild kann man mit dem dreh- und neigbaren Projektionsprisma auf jede Projektionsfläche werfen. Als Projektionsabstand wählen wir 2 bis 4 m, das Bild erscheint dann sehr hell und groß genug, daß es auch von der hintersten Bankreihe aus betrachtet werden kann. Die Farbwiedergabe ist sehr gut, die Planachromat-Objektive garantieren eine geebnete, randscharfe Abbildung. Der MIKRO PROMAR eignet sich somit sehr gut für die Projektion histologischer Schnitte oder botanischer Frischpräparate, die keine besonders starken Vergrößerungen erfordern. Trotz Wärmeschutzfilter und Kaltlichtspiegel läßt es sich nicht vermeiden, daß lebende tierische Organismen durch das starke Licht geschädigt werden. Deshalb stellt man von lebenden Objekten gleich mehrere Präparate her, die man dann abwechslungsweise projiziert. Für das Durchmustern der Präparate nach günstigsten Objektstellen steht ja ein Kreuztisch zur Verfügung.

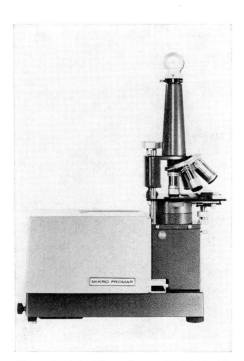

Bild 30. Der Leitz-Mikroprojektor MIKRO PROMAR.

3. Mikrofotografie

Früher waren Mikroaufnahmen nur den Spezialisten unter den Mikroskopikern vorbehalten; die heute in der Fotografie weit verbreitete Spiegelreflexkamera ermöglicht jedem Amateur, unbewegte mikroskopische Objekte zu fotografieren. Für Mikroaufnahmen wird das Objektiv der Spiegelreflexkamera abgeschraubt und mit Hilfe eines Mikroskop-Adapters das Kameragehäuse als Filmträger auf den Fototubus des Mikroskops aufgesetzt. Diese Adapter werden für alle handelsüblichen Kleinbildkameras von den Herstellerfirmen geliefert und können über Fotofachgeschäfte bezogen werden. Für die Mikroaufnahme wird das mikroskopische Bild im Sucher der Spiegelreflexkamera beobachtet und scharf eingestellt. Zeigt das Sucherbild Staubpartikelchen — und das kommt häufig vor —, müssen die störenden Staubteile an den optischen Teilen von Mikroskop und Kamera aufgesucht und entfernt werden (s. S. 23). Bei dieser Staubsuche geht man systematisch vor, beginnt bei der Mikroskopleuchte und endet beim Spiegel des Kameragehäuses. Das Mikroskopobjektiv schraubt man dabei am besten aus dem Gewinde am Revolver heraus und läßt in der Objektiv-Frontlinse eine Lichtquelle (z. B. ein Fensterkreuz) spiegeln. Dann sieht man, ob die Linse sauber ist.

Mikrofotografie führt man am besten in Form einer Arbeitsgemeinschaft mit Gruppen von drei bis vier Schülern durch. Ein Schüler der Gruppe fertigt zu jedem Mikrofoto ein Protokoll an, in dem wichtige Aufnahmedaten festgehalten werden. Die zehn Spalten der Tabelle 1 können hierfür als Muster dienen. Liegt der entwickelte Film vor, wird die Tabelle dadurch ergänzt, daß in die zweite Spalte die Filmnummer eingetragen und in der letzten Spalte das Negativ der Mikroaufnahme beurteilt wird.

Als Lichtquelle kommt für die Mikrofotografie Kunstlicht in Frage, die Niedervoltleuchte des Lehrermikroskops eignet sich besonders gut. Für Mikroaufnahmen werden lange Belichtungszeiten (von 1 s bis zu 30 s) benötigt, man arbeitet also am besten mit einem Drahtauslöser. Welche Belichtungszeit richtig ist, läßt sich aus vielen Erfahrungswerten ermitteln. Für das Einarbeiten in die Mikrofotografie sind Schwarzweißaufnahmen zu empfehlen. Das relativ billige Filmmaterial gestattet, von jedem mikroskopischen Objekt viele Mikroaufnahmen mit jeweils veränderten Belichtungszeiten anzufertigen. Mit Hilfe des Protokolls läßt sich nach der Filmentwicklung die optimale Belichtungszeit für eine bestimmte Objektiv-Okular-Kombination ermitteln. Das Öffnen und Schließen der Kondensorblende sowie das Arbeiten mit Lichtfiltern bringt auch veränderte Leuchtverhältnisse mit sich. Man kann deshalb nicht durchweg alle Mikroaufnahmen bei der gleichen Objektiv-Okular-Kombination auch gleich lang belichten. Mit Hilfe des Belichtungsmessers LUNASIX und dem dazugehörigen MICRO-Vorsatzgerät läßt sich für jede Mikroaufnahme unter den verschiedensten Beleuchtungsverhältnissen die jeweils beste Belichtungszeit finden. In die Spalte VI des Protokolls wird der Skalenwert notiert, den der Belichtungsmesser mit MICRO-Vorsatz beim Aufsetzen auf das Mikroskop-Okular anzeigte. Mit dieser Zahl allein fängt man noch nichts an, sie muß in eine Belichtungszeit umgerechnet werden (der Blendenwert entfällt natürlich beim Arbeiten ohne Kameraobjektiv). Für die Umrechnung von Skalenwert in Belichtungszeit müssen Probeaufnahmen vorausgegangen sein, die zur Ermittlung von Eichdaten führen (Gebrauchsanleitung zum LUNASIX). Aus dieser Eichtabelle können wir dann ablesen, welche Belichtungszeit einem bestimmten Skalenwert des Belichtungsmessers zuzuordnen ist.

Als Filmmaterial für Mikroaufnahmen eignen sich die Dokumentenfilme (z. B. Agepe

Tabelle 1: Das Protokoll enthält wichtige Daten für die Mikrofotografie

I	II	III	IV	V	VI	VII	VIII	IX	X
Lfd. Nr.	Film-Nr.	Objekt	Okular	Objektiv	Blendenöffnung Skalenwert des Belichtungsmessers	Filter	Belichtungszeit	Bemerkungen zum mikroskopischen Objekt	Beurteilung des Filmnegativs
1		Staubfadenhaare von *Tradescantia*	12,5×	40×	etwa ⅓ geöffnet 10	Grünfilter	2 s	Scharfeinstellung auf den Zellkern	
2		„	12,5×	40×	etwa ⅓ geöffnet 10	Grünfilter	4 s	Scharfeinstellung auf den Zellkern	
3		„	12,5×	40×	etwa ⅙ geöffnet 9	Grünfilter	3 s	Scharfeinstellung auf die Plasmastränge	
4		„	12,5×	40×	etwa ⅙ geöffnet 9	Grünfilter	6 s	Scharfeinstellung auf die Plasmastränge	

FF) gut. Das feine Korn gestattet fotografische Nachvergrößerungen im Großformat (wichtig für Fotowettbewerbe); die dünnen Emulsionsschichten des Films garantieren eine gute Schärfe. Dokumentenfilme liefern kontrastreiche Bilder, für Mikroaufnahmen erweist sich das als günstig. Das Entwickeln der belichteten Filme kann von der Schülergruppe im Fotolabor der Schule ausgeführt werden. Der Dokumentenfilm Agepe FF darf bei rotem Dunkelkammerlicht geöffnet werden, ein Vorteil, der nicht zu unterschätzen ist. Das Abwickeln der Filme auf die Spule der Entwicklerdose ist somit problemlos. Als Entwickler ist der Zweistufen-Entwickler EMOFIN zu empfehlen, der Schattenpartien im Negativ bis zum äußersten herausentwickelt. Die Entwickler-Chemikalien sind sehr aggressiv und verursachen braune, unentfernbare Flecken in der Kleidung. Die Berührung der Entwicklerflüssigkeiten mit der Haut sollte man möglichst vermeiden.

Lichtfilter

Für Schwarzweißaufnahmen ist die Anwendung von Grünfiltern besonders vorteilhaft. Achromatische Objektive sind nämlich im gelbgrünen Bereich am besten korrigiert. Verwenden wir einen Grünfilter (Selektionsfilter) — er läßt nur den grünen Lichtanteil passieren und absorbiert das übrige Licht —, so erzielen wir die schärfste Bildwiedergabe.
Im allgemeinen reicht für die Schwarzweiß-Mikrofotografie ein Grünfilter vollständig aus. Andererseits steht für Mikroskopie und Mikrofotografie ein reichhaltiges Angebot von Lichtfiltern zur Verfügung, einige Bemerkungen dazu erscheinen also angebracht. Zur Hervorhebung von gefärbten Präparatstellen sind Kontrastfilter geeignet. Diese wählt man komplementär zur Farbe der Objektstelle. Die grünen Chloroplasten z. B. werden in einem Schwarzweißfoto durch Verwendung eines Rotfilters kontrastreich hervorgehoben. Die wichtigsten Komplementärfarben sind: Gelb-Blau; Grün-Rot; Orange-Violett.
Mit UV- und Blaufiltern können wir das Auflösungsvermögen des Mikroskopobjektivs wesentlich steigern (siehe auch S. 65). Beim Arbeiten mit einem Mikroblitzgerät werden zur Dämpfung der Lichtintensität graue Neutralfilter verwendet. Die notwendige Helligkeitsminderung kann aber bei Schwarzweißaufnahmen auch mit Polarisationsfiltern erreicht werden. Diese werden jedoch in erster Linie für das Mikroskopieren im polarisierten Licht angeschafft.
In der Farb-Mikrofotografie werden darüber hinaus noch Kompensations- und Konversionsfilter benötigt, damit die richtige Farbtemperatur des Films (Kelvin-Gradzahl) erreicht wird.

Mikroblitzgerät

Für die Mikrofotografie bewegter Objekte werden Mikroblitzgeräte angeboten. Sie bestehen aus einem Blitzgenerator und einer Blitzröhre. Der Blitzgenerator speichert eine elektrische Energie von zwei mal 30 WS. Es stehen also für eine Blitzentladung auch 60 WS zur Verfügung. Die Leuchtdauer des Mikroblitzes beträgt $1/2000$ s bei 60 WS. Die Blitzröhre wird durch eine besondere Vorrichtung im Lampengehäuse der Mikroskopierleuchte so untergebracht, daß von der Blitzröhre und der Niedervolt-Glühlampe der gleiche Strahlengang ausgeht. Die Mikroskopierleuchte dient somit für die Aufnahmeeinstellung des mikroskopischen Bildes als Pilotleuchte. Mit dem Mikroblitzgerät werden die Bewegungen von Mikroorganismen „gestoppt"; so können z. B. die Cilien von Wimpertierchen, die Fangarme von Süßwasserpolypen oder strömendes Blut in der Schwanzflosse von Kaulquappen mühelos fotografiert werden. Mikro-Blitzgeräte sind teuer, es wird deshalb oft der Selbstbau von provisorischen Blitzgeräten oder der Umbau von vorhandenen Elektronenblitzgeräten in Mikroblitzgeräte empfohlen. Vorsicht — bei falscher Ausführung kann das lebensgefährlich werden!

Zur Dokumentation von bewegten Objekten und Vorgängen bietet sich aber auch die Mikrokinematografie an. Es ist deshalb zu überlegen, ob die Anschaffungskosten für ein Mikroblitzgerät nicht gespart werden und dafür eine Super-8-Filmkamera gekauft wird.

4. Mikrokinematografie

Das Filmen mit der Super-8-Kamera wird immer beliebter, die Auswahl an Aufnahmegeräten ist entsprechend reichhaltig. Die meisten Kameras sind mit „ZOOM"-Objektiven ausgestattet, mit denen entfernte Objekte nah „herangeholt" werden können. Für die Mikrokinematografie ist ein solches Objektivsystem leider nicht geeignet, wir benötigen eine Kamera mit Wechselobjektiv. Dieser Anforderung entspricht die BEAULIEU 4008, die als weitere Voraussetzung für das Mikrofilmen echte Zeitraffer- und Zeitlupenaufnahmen ermöglicht. Ferner gestattet die feinkörnige Mattscheibe des Suchers eine exakte Scharfstellung des Bildes, und außerdem kann die Belichtung während der Mikrofilmaufnahme laufend kontrolliert werden.

Für die Filmaufnahmen wird das Kameraobjektiv abgeschraubt und das Kameragehäuse auf den Fototubus des Mikroskops aufgesetzt. Es wird vorgeschlagen, das Kameragehäuse an einem Stativ über dem Mikroskop zu befestigen und mit Hilfe von zusätzlichen Adapterringen eine lose Verbindung von Kamera und Fototubus herzustellen. Bewährt hat sich auch eine andere Kameramontage, nämlich der gleiche Aufbau wie bei der Mikrofotografie. Als Zusatzgerät benötigt man aus dem BEAULIEU-Lieferprogramm einen Fotoobjektiv-Anpassungsring für das Wechselobjektiv der Kleinbildkamera (z. B. Exakta), die für die Mikrofotografie angeschafft wurde. Selbstverständlich brauchen wir das Wechselobjektiv der Kleinbildkamera nicht für die Mikrokinematografie. Der Gewindeanschluß des Filmkamera-Anpassungsrings paßt aber genau zu dem Gewinde des schon vorhandenen Exakta-Mikroskopadapters, der für die Mikrofotografie gekauft worden ist. Bild 31 veranschaulicht diesen kleinen Trick.

Auf dem Fototubus ist der Exakta-Mikroskopadapter befestigt, der bei der Mikrofotografie das Exakta-Kameragehäuse aufnimmt. Das Gehäuse der Beaulieu-**Filmkamera hat** durch den Exakta-Anpassungsring denselben Gewindeverschluß erhalten wie das Exakta-Kameragehäuse; also passen beide Teile zusammen.

Für Mikrofilm-Aufnahmen kann das Okular des Mikroskops entfernt werden, oder aber es wird ein schwach vergrößerndes Okular benutzt, das nur wenig Licht „schluckt". Für das Filmen im Mikroskop-Hellfeld genügt als Lichtquelle eine Niedervolt-Mikroskopierleuchte mit 6 V 15 W, für Mikroaufnahmen im Phasenkontrast-Verfahren wird eine stärkere Leuchte von 12 V und 60 W benötigt. Die Beleuchtung wird durch Verwendung von Graufiltern so weit geändert, bis der Belichtungsmesser-Kontrollzeiger der Filmkamera mit der Suchermarkierung in Deckung ist.

Für die Mikrokinematografie bieten sich viele mikroskopische Objekte an. Einzeller z. B. liefern immer wieder neue Filmideen. Folgende Arbeitstitel können als Anregung dienen:

Bewegungsstudien an der Amöbe
Pantoffeltierchen — Wimperschlag und pulsierende Vakuole
Die schwingende Geißel von *Euglena*
Konjugationen beim marinen Einzeller *Euplotes*
Infusorien aus dem Pansen des Rindes
Tropfkörperrasen und Belebtschlammflocke einer Kläranlage unter dem Mikroskop.
Ebenfalls interessant für die Mikrokinematografie ist die Bewegungsphysiologie der Pflanzen; z. B. Protoplasmaströmung in den Zellen der Wasserpest oder in den Zellen der Staubfadenhaare von *Tradescantia*, Öffnungsbewegung von Farnsporangien und Wachstum eines Pollenschlauches.
Die Beaulieu-Kamera bietet mit den Möglichkeiten der Zeitraffung und der Zeitlupe einen Griff in die „Trickkiste" des Films. Normalerweise nehmen wir eine Szene mit 18 Bildern pro Sekunde auf und geben sie mit der gleichen Bildfrequenz in der Projektion wieder. Die Amöbe z. B. wird nur mit zwei oder vier Bildern pro Sekunde gefilmt, bei der späteren Projektion des Films mit der normalen Bildfrequenz des Projektors von achtzehn Bildern pro Sekunde wird uns ein geraffter Bewegungsablauf vorgeführt. Der Rückwärtsgang des Filmprojektors ermöglicht eine Rückverfolgung des Bewegungsablaufs; es kann also der Auf- und Abbau der Scheinfüßchen wiederholt betrachtet werden. Die Zeitraffermethode schafft auch dort Bewegungen zutage, wo bei visueller Beobachtung „Ruhe" herrscht: Pollenkörner vom Fleißigen Lieschen, in eine 5%ige Traubenzuckerlösung gebracht, zeigen in der Zeitraffung deutlich Plasmaströmung, bevor ein Pollenschlauch austreibt. Die Wimpern des Pantoffeltierchens oder die Geißel von *Euglena* werden in der Zeitlupe gefilmt. Die normale Aufnahmefrequenz wird von achtzehn Bildern auf vierundfünfzig Bilder pro Sekunde gesteigert. Bei der späteren Projektion des Films erscheint uns der Bewegungsvorgang

Bild 31. Aufbau für die Mikrokinematografie (Erläuterung im Text).

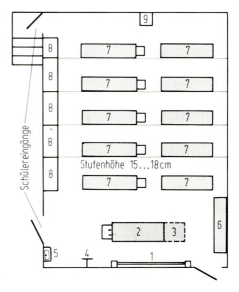

Bild 32. Ansteigender Lehrübungsraum. *1* Wandtafel, *2* Experimentiertisch, *3* Fahrtisch, *4* Konsole für den Fernsehapparat, *5* Handwaschbecken, *6* Tisch als Ablage, *7* Schülerarbeitstisch, *8* Schränke, *9* Projektionsnische.

verlangsamt. Die künstliche Befruchtung des Seeigeleies wird ebenfalls in der Zeitlupe gefilmt, damit später das Abheben der Befruchtungsmembran beobachtet werden kann. Mit der Beaulieu-Kamera sind wir selbstverständlich nicht auf die Mikrokinematografie festgelegt. Die Bewegungen der Mimose oder die Staubblattbewegungen bei einer blühenden Zimmerlinde eignen sich ebenfalls zum Filmen. Auch fleischfressende Pflanzen sind ein lohnendes Objekt, besonders dann, wenn man dem Film eine gute „Story" zugrunde legt.

Im Laufe der Zeit füllt sich das Schularchiv mit selbstgedrehten Super-8-Filmen; eine Ergänzung durch das Filmangebot vom Institut für Film und Bild in München und durch das Angebot der Lehrmittelfirmen bietet sich an. Ein schuleigenes Bild- und Filmarchiv ist eine gute Sache.

5. Biologie-Fachräume

Für den Biologieunterricht bieten sich drei verschiedene Formen an: der Demonstrationsunterricht, der Unterricht mit Schülerübungen und die biologischen Arbeitsgemeinschaften. Es ist unmöglich, einen einzigen Biologieraum so einzurichten, daß er sich für alle drei Unterrichtsformen gleichmäßig gut eignet. Deshalb sollten für die Biologie, wenn es das Raumprogramm erlaubt, zwei Fachräume eingerichtet werden.

Ansteigender Lehrübungsraum

Der Lehrübungsraum sollte 10,50 m lang und 8 m breit sein. Die Arbeitstische der Schüler sind in einer ansteigenden Form untergebracht und fest montiert. Die Tische (240×60×80 cm) stehen auf 15 bis 18 cm hohen Stufen. Bei dieser ansteigenden Form besteht auch von den hinteren Plätzen aus eine gute Sicht auf den Experimentiertisch des Lehrers. Umgekehrt hat auch der Lehrer einen Überblick über die Arbeitsplätze der Schüler, er kann die aufgebauten Schülerexperimente überschauen. Der ansteigende Lehrübungsraum eignet sich also für den experimentellen Biologieunterricht mit Demonstrations- und Schülerversuchen. Nähere Einzelheiten über die Einrichtung können aus Bild 32 entnommen werden. An einem Arbeitstisch für vier Schüler sind zwei Doppelsteckdosen angebracht (220 V, Netzanschluß für die Mikroskopierleuchten). Die Leitungen zu den Tischen müssen zentral abgeschaltet werden

Bild 33. Projektionsnische. Die Geräte sind verschließbar untergebracht.

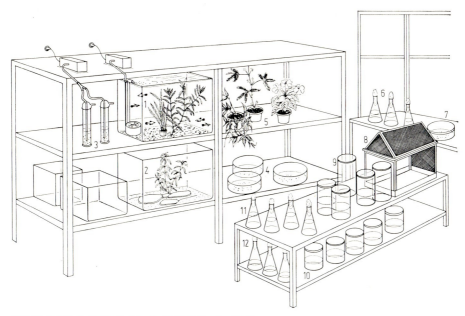

Bild 34. Der biologische Zuchtraum (Erläuterung im Text).

können. Der Tischbelag muß gegen Wasser, verdünnte Säuren und mäßige Hitze beständig sein. Im Mittelgang ist ein Wasserbecken installiert, das für jeweils zwei Tischgruppen dient. Auf Gasanschluß kann verzichtet werden, wenn der günstige Butanbrenner verwendet wird. Der Raum muß vollständig verdunkelbar sein. Ein Schalter für die Raumbeleuchtung sollte sich in unmittelbarer Nähe des Projektionstisches befinden. Vorteilhaft ist, wenn die wertvollen Projektionsgeräte in einem Schrank oder einer Projektionsnische verschließbar untergebracht sind (Bild 33).

Ebener Biologie-Fachraum

Bei dieser Form sind die Tische nicht fest montiert und somit auch nicht für Strom und Wasser installiert. Es besteht aber auch die Möglichkeit, den ebenen Biologieraum alternierend mit festmontierten und beweglichen Tischen einzurichten. Ein Teil der Tische läßt sich somit verschieben, wie es für einen arbeitsteiligen Gruppenunterricht jeweils erforderlich ist. Durch Aneinanderrücken der Tische wird eine Hälfte des Raumes frei. Hier kann man die Stühle in Form eines Halbkreises aufstellen. Diese Anordnung eignet sich gut für Unterrichtsgespräche oder Tierbeobachtungen. Im ebenen Biologie-Fachraum ist das Arbeiten mit Fahrtischen problemlos.

Vorbereitungs- und Sammlungsraum

Der Vorbereitungsraum sollte nach Möglichkeit vom Sammlungsraum getrennt sein. Der Vorbereitungsraum enthält einen Experimentiertisch mit Wasseranschluß. Der vorbereitete Versuchsaufbau wird zu Beginn der Unterrichtsstunde mit einem Fahrtisch in den Lehrübungsraum transportiert. Für jeden Biologielehrer sollten ein Arbeitstisch und ein Lehrerschrank zur Verfügung stehen. Der Vorbereitungsraum

enthält auch die Bibliothek für die Biologie-Fachbücher und das schuleigene Bild- und Filmarchiv.
In den Schränken des Sammlungsraums befinden sich die Lehr- und Arbeitsmittel. Die Präparate der Biologiesammlung müssen alle zwei Jahre desinfiziert werden. Entlang der Fensterseite steht ein breiter Fenstertisch, auf dem z. B. Langzeitversuche abgestellt werden können. Im Sammlungsraum setzt sich Staub ab, ein Handwaschbecken für den Lehrer ist deshalb sinnvoll.

Der biologische Zuchtraum

Die Einrichtung eines kleinen Zuchtraums ist sehr zu empfehlen. Es werden hier einige Untersuchungspflanzen gehalten und Lebendmaterial für mikroskopische Untersuchungen gezüchtet. Man muß sich dabei allerdings im klaren sein, daß die Pflege der Pflanzen und Tiere einen gewissen Zeitaufwand erfordert. Günstig ist, wenn der Hausmeister während der Ferien den Zuchtraum betreut. In Bild 34 stellt der Verfasser seinen Zuchtraum vor. An der rechten und linken Wand eines kleinen Raumes wurde ein Stahlregal aus Stinnes-Profil erstellt und mit Holzfachböden versehen. Grundsätzlich sollten nicht zu viele Pflanzen und Tiere im Zuchtraum gehalten werden. So sollten für Kaulquappen oder Forellenlarven z. B. immer ein freier Platz und ein paar leere Becken zur Verfügung stehen. Im Zuchtraum wird ein Wasserbecken benötigt; die Beheizung sollte nach Möglichkeit unabhängig vom übrigen Heizungssystem sein. Ein Tisch oder eine einfache Abstellfläche ist wünschenswert.
Es folgen einige Bemerkungen zu den einzelnen Tieren und Pflanzen im Zuchtraum. Damit wir einen besseren Überblick erhalten, sind sie in Bild 34 mit Ziffern versehen.

(1) Aquarium mit Guppys. Als Wasserpflanzen sind unter anderem die Untersuchungspflanzen Wasserpest und *Vallisneria* eingesetzt. Belüftung mit Ausströmstein und Filter. Futter: Trockenfutter, *Tubifex* und selbstgezüchtete Salinenkrebschen.
(2) Becken mit Planarien: Boden mit Schlamm bedecken. Robuste Wasserpflanzen einsetzen, flache Steine auf den Boden legen. Die Tiere sammeln sich an der Steinunterseite an. (Man findet sie deshalb in Flüssen und Bächen unter den Steinen.) Futter: einmal wöchentlich eine kleine Menge *Tubifex*.
(3) Kulturgefäß mit *Artemia*-Eiern. Nach Belüften des Salzwassers schlüpfen aus den Eiern innerhalb von 24—48 Stunden die Nauplien des Salinenkrebschens (siehe auch S. 172).
(4) *Hydra*-Zucht in flachen Glasschalen ohne Wasserpflanzen und ohne Belüftung. Das Wasser wird wöchentlich einmal gewechselt. Futter: *Artemia*-Nauplien.
(5) Untersuchungspflanzen: z. B. Mimose, *Tradescantia* und Fleißiges Lieschen. Die Aufzucht von Mimosen ist etwas schwierig, da die Keimlinge warme und feuchte Luft brauchen. Man überläßt deshalb die Anzucht am besten einer Gärtnerei (im Frühjahr bestellen) und nimmt erst die kräftig entwickelte Pflanze in den Zuchtraum. Die Ampelpflanze *Tradescantia* und das Fleißige Lieschen sind anspruchslose Topfpflanzen, die durch Stecklinge vermehrt werden.
(6) Kulturgefäß mit *Euglena*. Zucht: Etwas Gartenerde auf den Boden eines Erlenmeyer-Kolbens bringen und dazu ein haselnußgroßes Stück Schweizer Käse geben. Das Gefäß zu drei Vierteln mit Wasser füllen und im Wasserbad kochen. Anschließend das Kulturgefäß mit Watte verschließen. Erst nach vollständigem Erkalten einen Kulturansatz von *Euglena* in das Zuchtgefäß bringen. Die Kultur, die man am Fenster aufstellt, hält oft mehrere Monate.

(7) Kulturgefäß mit Farnprothallien. In den Ritzen und Spalten von Mauern findet man Farnprothallien der Mauerraute. Man entnimmt der Ritze ein kleines Stückchen Erde und sucht nach den kleinen herzförmigen Vorkeimen. Die Vorkeime samt Erde werden in einer Glasschale am Fenster aufgestellt und regelmäßig gegossen. Auch aus den Sporen des Wurmfarns entwickeln sich in einer geeigneten Nährlösung Prothallien (siehe S. 201).
(8) Insektenzuchtkasten. Die Besetzung hängt stark von der Jahreszeit ab.
(9) Amöben-Rohkulturen. Fundort siehe S. 40. Kultur: Einmachgläser werden zu drei Vierteln mit Leitungswasser gefüllt. Dann gibt man eine Pipettenfüllung von der Schlammprobe in das Einmachglas und fügt ein bis zwei Tropfen Kondensmilch zu. Sobald das Kulturwasser wieder hell wird, kommt noch einmal etwas Kondensmilch dazu. Die Amöbenkulturen müssen von Zeit zu Zeit erneuert werden (mikroskopische Kontrolle).
(10) Kultur von Trompetentierchen *(Stentor)*. Fundort: Unterseite von Steinen in Bächen und Flüssen. Die festsitzenden Tiere sind mit bloßem Auge zu erkennen, sie sehen aus wie der Kopf einer Metallstecknadel. Kultur und Füttern wie bei der Amöbe. Die Trompetentierchen sammeln sich an den dunkelsten Stellen des Kulturgefäßes an.
(11) Kulturen von Pantoffeltierchen. Einen Erlenmeyer-Kolben zu drei Vierteln mit Wasser füllen, ein bis zwei Tropfen Kondensmilch zugeben und das Gefäß mit Watte verschließen. Am folgenden Tag mit der Pipette einen Kulturansatz von Pantoffeltierchen überimpfen. Nach zehn bis zwölf Tagen ist die Kultur dicht. Die Pantoffeltierchen sind bei Kondensmilchfütterung dunkel und undurchsichtig, also für die mikroskopische Untersuchung nicht sonderlich geeignet. Deshalb läßt man die Tiere ein bis zwei Tage vor der mikroskopischen Übung hungern und überführt mit der Pipette eine größere Anzahl von Pantoffeltierchen in destilliertes Wasser.
(12) *Euplotes*-Kulturen. *Euplotes* ist ein robuster und anspruchsloser Meereseinzeller. Für die Kultur brauchen wir also künstliches Meerwasser. Von dem käuflichen Meersalzgemisch werden 35 g in 1 l Leitungswasser gelöst. Nun füllt man die vorgesehenen Kulturgefäße 4—5 cm hoch mit Meerwasser und gibt eine Prise *Tubifex* (eventuell auch Hackfleisch) dazu. Schließlich werden einige Tiere mit der Pipette aus dem Kulturansatz entnommen und das Kulturgefäß damit beimpft. Man kann jetzt die *Euplotes*-Kulturen sich selbst überlassen, die Tiere sterben nicht aus!

VI. Numerische Apertur, mikroskopisches Messen, Gesichtsfeld

1. Was bedeutet der Begriff „numerische Apertur"?

Durch eine besondere Versuchsanordnung ist es möglich, den Strahlenkegel sichtbar zu machen, der durch den Kondensor fällt und vom Objektiv aufgenommen wird. Ein Milchglaswürfel zeigt den Verlauf der Strahlenbüschel. In Bild 35 ist der Lichtkegel, der vom Mikroskopobjektiv erfaßt wird, gleich groß wie der Strahlenkegel, der aus dem Kondensor fällt. Der Öffnungswinkel des Objektivs entspricht also dem Beleuchtungswinkel des Kondensors. Für die Qualität des mikroskopischen Bildes ist der Öffnungswinkel des Objektivs wichtig: Er ist die Instanz, welche entscheidet, wieviel Licht vom mikroskopischen Präparat ins Mikroskop-Objektiv eindringt. Die Größe des Öffnungswinkels hängt von der Brennweite des Mikroskop-Objektivs ab. Das Objektiv in Bild 35 mit der geringen Eigenvergrößerung 6,3fach besitzt die relativ große Brennweite von 27 mm, der Öffnungswinkel ist entsprechend klein. Schwenkt man nun der Reihe nach die stärkeren Objektive in den Strahlengang, sieht man am Verlauf der Strahlenbüschel im Milchglaswürfel, daß mit steigender Eigenvergrößerung der Objektive der Öffnungswinkel größer wird. Betrachtet man die Frontlinsen der Objektive, die am Revolver angebracht sind, so würde man auf den ersten Blick den umgekehrten Fall vermuten. Man ist versucht zu glauben, daß die schwachen Objektive mit ihrem großen Frontlinsen-Durchmesser wesentlich mehr

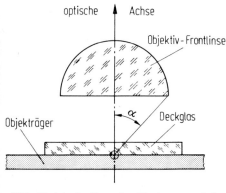

Bild 35 (links). Kondensor-Beleuchtungswinkel und Objektiv-Öffnungswinkel entsprechen sich. Zeiss-Werkfoto

Bild 36 (oben). Zum Begriff der numerischen Apertur (Erläuterung im Text).

Licht aufnehmen würden als die starken Objektive mit ihrem extrem kleinen Frontlinsen-Durchmesser.

Wir können auch ohne Milchglaswürfel-Versuch den Öffnungswinkel für unsere Mikroskop-Objektive berechnen. Die Voraussetzung dafür lieferte im Jahre 1872 der Physiker ERNST ABBE, der als Mitarbeiter der Carl Zeiss-Werke in Jena die Konstruktion von Mikroskop-Objektiven auf mathematisch-optischer Grundlage einführte. In der Liste Nr. 19 von Carl Zeiss (1872) heißt es mit berechtigtem Stolz:

„Die hier aufgeführten Mikroskop-Systeme sind sämmtlich neuerdings auf Grund theoretischer Berechnung des Herrn Professor ABBE in Jena construirt."

Die Berechnungen von ABBE sind in Bild 36 veranschaulicht. Der Winkel α zwischen der optischen Achse des Mikroskopobjektivs und dem äußersten Strahl, der gerade noch vom Objektiv erfaßt wird, ist ein Maß für die Öffnung des Objektivs. Es wird also der halbe Öffnungswinkel gewählt. Eine weitere Besonderheit ist, daß die Größe des Öffnungswinkels nicht in Grad angegeben wird, sondern als dessen Sinuswert. Bei dieser Angabe handelt es sich um einen Zahlenwert, also um einen numerischen Wert. Mit der Bezeichnung Apertur (lat. apertus: offen) wollte ABBÉ die Bedeutung des Öffnungswinkels für die Mikroskopie besonders hervorheben. Das Medium, das sich zwischen Deckglas und Objektivfrontlinse befindet, wird bei der Berechnung der numerischen Apertur berücksichtigt. Die numerische Apertur — abgekürzt n.A. — ist der Sinus des halben Öffnungswinkels, multipliziert mit der Brechzahl n des Mediums, das sich zwischen Deckglas und Frontlinse befindet. Die Formel lautet demnach:

$$\text{n.A.} = \text{n} \cdot \sin \alpha \qquad (1)$$

Auf dem Mikroskop-Objektiv ist die numerische Apertur eingraviert (Beispiel S. 26). Bei Trockenobjektiven — und um ein solches handelt es sich beim Objektiv 40/n.A. 0,65 — kann n für die Berechnung des Öffnungswinkels unberücksichtigt bleiben, da Luft die Brechzahl n=1 hat. In der Logarithmentafel lesen wir für den Sinuswert 0,65 den zugehörigen Winkel α von 40° 33′ ab. Es handelt sich hierbei um den halben Öffnungswinkel, für das Objektiv 40/n.A. 0,65 beträgt der ganze Öffnungswinkel also 81°.

Aufgabe 7:

Ermitteln Sie mit Hilfe der Logarithmentafel den halben Öffnungswinkel für folgende Trockenobjektive eines Mikroskops. Wie groß ist jeweils der ganze Öffnungswinkel?

Eigenvergrößerung	n. A.	halber	ganzer
		Öffnungswinkel	
a. 3,5 : 1	0,10		
b. 10 : 1	0,25		
c. 30 : 1	0,55		
d. 63 : 1	0,85		

Die Ölimmersion bringt einen Aperturgewinn

Im Unterschied zu den Trockenobjektiven wird beim Ölimmersionsobjektiv 100/n.A. 1,25 der Raum zwischen Deckglas und Frontlinse mit Immersionsöl ausgefüllt. Zunächst gibt man einen Tropfen Immersionsöl auf das Deckglas und taucht dann die Objektiv-Frontlinse hinein. Immersionsobjektive wurden deshalb früher auch als „Eintauchobjektive" bezeichnet. Objektive mit einer 100fachen Eigenvergrößerung sind immer Ölimmersionsobjektive. Sie besitzen nur einen geringen Arbeitsabstand vom Deckglas und müssen nach jedem Gebrauch mit einem mit Xylol befeuchteten Tuch gereinigt werden. Das Immersionsöl besitzt den gleichen Brechungsindex wie Glas, in diesem Fall ist n = 1,515. Nach Formel (1) bedeutet das einen Gewinn an Apertur. Eine Erklärung hierfür gibt uns die schematische Darstellung in Bild 37, die im direkten Vergleich den Verlauf der Lichtstrahlen im Medium Luft und im Medium Öl zeigt. Ein Lichtstrahl, der aus dem Deckglas kommt und in die Luft übertritt, wird wegen der Lichtbrechung in Richtung zur Deckglasoberfläche abgeknickt.

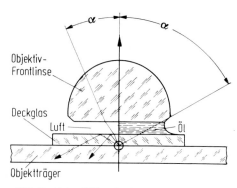

Bild 37. Linke Hälfte: Strahlenverlauf im Medium Luft. Stark geneigte Strahlen werden zurückgeworfen. Rechte Hälfte: Strahlenverlauf im Medium Öl. Die Totalreflexion wird ausgeschaltet. Nach Möllring, verändert.

Je stärker die Strahlen geneigt sind, desto mehr werden sie auf das Deckglas zu gebrochen. Stark geneigte Strahlen gelangen gar nicht mehr aus dem Deckglas heraus, sie werden von der Oberfläche wieder ins Deckglas zurückgeworfen. Es kommt also zur Totalreflexion. Bei der Ölimmersion dagegen kommt es beim Austritt der Lichtstrahlen aus dem Deckglas zu keiner Brechung, weil sich der Brechungsindex nicht ändert. Die Totalreflexion wird somit ausgeschaltet.

2. Die Auflösungsgrenze

Durch die numerische Apertur wird nicht nur der Öffnungswinkel des Objektivs angegeben, mit Hilfe der numerischen Apertur kann auch das maximale Auflösungsvermögen eines Mikroskopobjektivs errechnet werden. Das Auflösungsvermögen — es sei noch einmal an die Bedeutung für das unbewaffnete Auge und beim Beobachten mit der Lupe erinnert — ist für die Qualität des mikroskopischen Bildes verantwortlich. Zwei Punkte im mikroskopischen Objekt werden nur dann getrennt aufgelöst, wenn sie den Mindestabstand d aufweisen. Ein Punkt mit mikroskopischen Objekt wird durch das Mikroskopobjektiv aber nicht als Punkt, sondern als Beugungsscheibchen abgebildet. Für zwei Punkte im Objekt, die nicht durch den Mindestabstand d voneinander getrennt sind, überlagern sich die beiden Beugungsscheibchen und lassen nicht mehr erkennen, daß es sich um Bilder getrennter Objektpunkte handelt. Die Auflösungsgrenze d ist abhängig von der Wellenlänge λ des Lichts und der numerischen Apertur des Objektivs. Trifft das beleuchtende Licht senkrecht auf das mikroskopische Objekt, dann gilt:

$$d = \frac{\lambda}{\text{n.A.}} \qquad (2)$$

Es handelt sich hierbei um keine scharfe Auflösungsgrenze, sondern vielmehr um einen Grenzbereich. Wählt man die Beleuchtung so wie in Bild 35, so daß der Öffnungswinkel des Kondensors — also die Kondensorapertur — der Objektivapertur entspricht, kann das Auflösungsvermögen auf das Doppelte verbessert werden. Für diesen Fall gilt:

$$d = \frac{\lambda}{2\,n.A.} \tag{3}$$

Die Größe des aufzulösenden Abstands d liegt somit zwischen den beiden Grenzen

$$\frac{\lambda}{n.A.} \quad \text{und} \quad \frac{\lambda}{2\,n.A.}\,.$$

Wir berechnen nun mit Hilfe von Formel (3) die Auflösungsgrenze für das Objektiv 40/n.A. 0,65. Als Wellenlänge des Lichts setzen wir die mittlere Wellenlänge $\lambda = 0{,}55$ µm für grünes Licht ein. Es ist dann:

$$d = \frac{0{,}55\ \mu m}{1{,}3}$$

$$d = 0{,}42\ \mu m\,.$$

Mit diesem Objektiv könnte also ein feines Gitter mit einem Gitterabstand von $d = 0{,}42$ µm gerade noch aufgelöst werden. Ein solches Gitter braucht aber nicht eigens konstruiert zu werden, manche Diatomeen (Kieselalgen) besitzen eine Schalenstruktur, die optisch als Gitter aufgefaßt werden kann. Deshalb können einige ausgewählte Diatomeen zur Prüfung des Auflösungsvermögens von Mikroskopobjektiven herangezogen werden. Man kann mit Hilfe dieser Testdiatomeen nachprüfen, ob die n.A.-Angabe der Herstellerfirma stimmt. In den meisten Fällen ist diese Angabe übrigens richtig. Zum zweiten sind die Diatomeen ideale Objekte, an denen der Mikroskopiker den richtigen Gebrauch der Kondensorblende erlernen kann.

Aufgabe 8:
Berechnen Sie mit Hilfe von Formel (3) die Auflösungsgrenze d für die Objektive Ihres Mikroskops.

3. Diatomeen-Testplatte zur Prüfung der numerischen Apertur

Die Diatomeen-Testplatte I der Firma Wild Heerbrugg (Bestellnummer: 9005) enthält in einer stufenweisen Anordnung Testdiatomeen mit immer feiner werdenden Strukturen (Bild 38). Die Namen der Testobjekte, die zur Auflösung erforderliche

Bild 38. Diatomeen-Testplatte I der Firma Wild, Heerbrugg.

50× n Ap 0,15	100× n Ap 0,30	200× n Ap 0,45	500× n Ap 0,75	1000× n Ap 1,00
Triceratium favus Ehrbg	Navicula lyra Ehrbg.	Stauroneis phoenicenteron Ehrbg	Pleurosigma angulatum W Sm	Surirella gemma Ehrbg

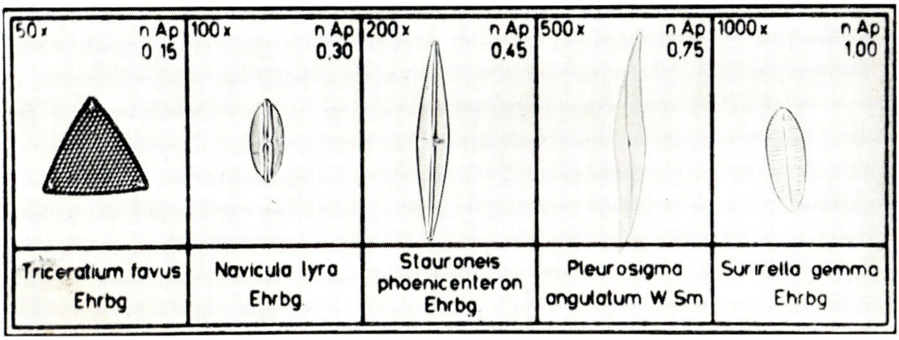

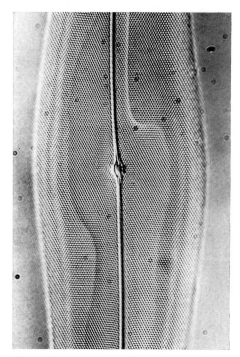 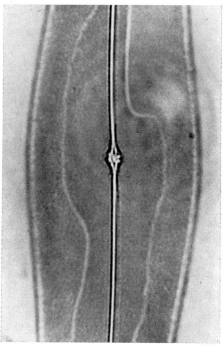

Bild 39. Die Testdiatomee *Pleurosigma angulatum* bei 1000facher Gesamtvergrößerung. Objektiv 100/n.A. 1,25 und Okular 10×.

Bild 40. *Pleurosigma angulatum*, ebenfalls bei 1000facher Gesamtvergrößerung. Objektiv 40/n.A. 0,65 und Okular 25×: Leere Vergrößerung.

numerische Apertur und die notwendige Vergrößerung sind in Fotoschrift angegeben. Man prüft nun die vorhandenen Mikroskop-Objektive, ob sie die Strukturen einer bestimmten Testdiatomee gerade noch auflösen. Ist dies der Fall, kann man aus der Testplatte die n.A. direkt ablesen, die das benützte Objektiv mindestens haben muß. Durch die stufenweise Anordnung der Diatomeen gelangt man bei einer bestimmten Testdiatomee an die obere Grenze des Auflösungsvermögens des zu prüfenden Objektivs: die Strukturen der Schale werden dann nicht mehr aufgelöst.

Die bekannteste Testdiatomee ist Pleurosigma angulatum

Die Kämmerchen (Areolen) in der Schale von *Pleurosigma angulatum* (Bild 39) wurden seit eh und je zur Prüfung des Auflösungsvermögens von Objektiven herangezogen. Von diesen Kämmerchen kommen zweiundzwanzig auf eine Strecke von 10 µm. Für ein einziges Kämmerchen ist demnach

$$d = \frac{10}{22} \mu m = 0,45 \mu m.$$

Als Auflösungsgrenze für ein Objektiv 40/n.A. 0,65 haben wir nach Formel (3) den Abstand $d = 0,42$ µm errechnet. Vergleichen wir die beiden Werte für d, dann müßten die Areolen in der Schale von *Pleurosigma* von dem Objektiv 40/n.A. 0,65 gerade noch aufgelöst werden. In der Praxis gibt es solche Objektive, die in der Schale von *Pleurosigma* zwei Streifensysteme auflösen. Daneben gibt es aber auch Objektive mit der gleichen Angabe 40/n.A. 0,65, die keine Auflösung der Streifen erbringen. Deshalb ist auch *Pleurosigma angulatum* als Testobjekt so gut geeignet. Gerade noch aufgelöste Strukturen werden aber nicht objektähnlich abgebildet. Für die Auflösung der sechseckigen Areolen müssen im mikroskopischen Bild nicht nur zwei, sondern drei Streifensysteme sichtbar gemacht werden. Dazu bedarf es eines starken Objektivs mit der n.A. 0,75.

4. Die leere Vergrößerung

In Formel (3) über die Auflösungsgrenze taucht der Begriff „Vergrößerung" überhaupt nicht auf. Es ist aber nicht einerlei, mit welcher Objektiv/Okular-Kombination die mikroskopische Gesamtvergrößerung erzielt wird. Die Gesamtvergrößerung „1000fach" können wir mit dem Ölimmersionsobjektiv 100/n.A. 1,25 und dem Okular 10× erreichen, aber auch mit dem Trockenobjektiv 40/n.A. 0,65 und dem starken Okular 25×. Der Vergleich zwischen den Bildern 39 und 40 zeigt den Unterschied in der Qualität des mikroskopischen Bildes. In Bild 40 bleibt die Schale von *Pleurosigma* leer, es handelt sich also hierbei um eine im wahrsten Sinne des Wortes leere Vergrößerung. Das starke Okular 25× kann die Areolen nicht sichtbar machen, wenn diese vom Objektiv nicht aufgelöst wurden. Strukturen, die vom Objektiv nicht aufgelöst werden, kann auch das Okular selbstverständlich nicht durch Nachvergrößerung des vom Objektiv entworfenen Bildes auflösen. Die Verwendung eines solch starken Okulars ist hier also sinnlos. Bei der leeren Vergrößerung können im Bild sogar Scheinstrukturen auftauchen, die im mikroskopischen Objekt gar nicht vorhanden sind. Ferner wird die Bildqualität durch die starke Nachvergrößerung verschlechtert. Das Beispiel der leeren Vergrößerung zeigt, daß folgende Behauptung falsch ist, auch wenn man sie noch so häufig hört: „Da kann ich mit meinem Mikroskop nichts mehr erkennen, weil die Vergrößerung nicht ausreicht!"

5. Die förderliche Vergrößerung

Welches Okular sollte nun zusammen mit dem Objektiv 40/n.A. 0,65 verwendet werden? Wir haben errechnet, daß dieses Objektiv zwei Strukturen dann getrennt auflöst, wenn diese einen Mindestabstand von d = 0,42 µm aufweisen. Nun gilt es, diesen Abstand d auf 0,15—0,30 mm (150—300 µm) zu vergrößern, so daß er für das Auge des Betrachters auflösbar wird (siehe S. 11). Dies ist der Fall, wenn die Gesamtvergrößerung den 500- bis 1000fachen Wert der numerischen Apertur des Objektivs hat. Für das Objektiv 40/n.A. 0,65 liegt die förderliche Gesamtvergrößerung somit zwischen 325—650fach. Bei der 40fachen Eigenvergrößerung des Objektivs bietet sich demnach ein Okular mit 10facher oder 12,5facher Eigenvergrößerung an. Es gilt also die Regel:

Förderliche Gesamtvergrößerung = 500 bis 1000× n.A. des Objektivs.

Aufgabe 9:
Berechnen Sie mit Hilfe dieser Regel, welches Okular zu den einzelnen Objektiven Ihres Mikroskops paßt.

Das Okular mit der Eigenvergrößerung 25× ergibt in der Kombination mit starken Trockenobjektiven und Ölimmersionsobjektiven immer leere Vergrößerungen, die über dem Rahmen der förderlichen Gesamtvergrößerung liegen. Man muß sich also fragen, wofür ein solches Okular überhaupt hergestellt wird. Die Antwort lautet: Für das Auszählen von Objekten, bei denen die Auflösung keine besondere Rolle spielt. Da sehr starke Okulare schlechtere Bilder liefern als schwächere, sollte man Okulare von mehr als 15facher Eigenvergrößerung nur in Ausnahmefällen verwenden.

6. Pleurosigma auf dem Bildschirm

Im Fernseh-Mikroskop bleibt das Okular eingesetzt, für die Beleuchtung wird ein Grünfilter gewählt. Man mikroskopiert die Testdiatomee *Pleurosigma* unter Verwendung des Objektivs 40/n.A. 0,65. Die Areolen in der Schale von *Pleurosigma* sind auf dem Bildschirm nicht zu erkennen (Bild 41). Anschließend gibt man auf die Testplatte einen Tropfen Immersionsöl und schwenkt das Immersionsobjektiv 100/n.A. 1,25 in den Strahlengang. Die Areolen in der Schale werden jetzt aufgelöst (Bild 42).

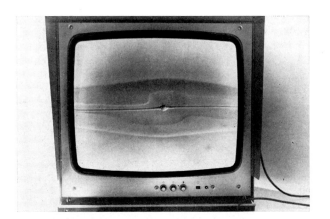

Bild 41. *Pleurosigma* auf dem Bildschirm.

Bild 42. Auflösung der Schale bei Verwendung des Ölimmersionsobjektivs.

Versuche:

Die Testplatte wird mit Hilfe des Kreuz- oder Gleittisches am Fernsehmikroskop vorsichtig und nur ganz geringfügig bewegt. Für den Betrachter erscheinen jetzt die Areolen „schärfer" abgebildet, weil das Auge bewegte Strukturen deutlicher erkennt.

Der Grünfilter am Fernsehmikroskop wird durch einen Rotfilter ersetzt. Das Areolennetz ist nur noch verschwommen zu erkennen. Die Vergrößerung von λ auf 0,7 µm für Rotlicht vermindert nach Formel (3) das Auflösungsvermögen. Tauschen wir jetzt den Rotfilter gegen einen Blaufilter aus, erscheint das Areolennetz auf dem Bildschirm scharf und kantig. Die Verkleinerung von λ auf 0,4 µm für Blaulicht führt zu einer Steigerung des Auflösungsvermögens.

Durch Schließen der Kondensorblende können wir die Kämmerchen auf dem Bildschirm nahezu auslöschen, durch anschließendes Öffnen der Blende werden sie wieder sichtbar. Das volle Öffnen der Kondensorblende führt zu einem überstrahlten und kontrastarmen Bild.

Erklärung:

Der Sachverhalt wird klar, wenn wir uns noch einmal den Milchglas-Würfel in Bild 35 betrachten. Die Kondensorblende reguliert die Lichtzufuhr zum Objektiv. Das Zuziehen der Blende bedingt, daß nur ein schmaler Lichtkegel aus dem Kondensor austritt, die Kondensorapertur ist also klein. Der tatsächlich genutzte Öffnungswinkel des Objektivs ist genauso groß wie der Beleuchtungswinkel des Kondensors. Durch die kleine Kondensorapertur wird die Objektivapertur nicht voll ausgenützt, weil das Objektiv gar nicht ausgeleuchtet wird. Durch Öffnen der Kondensorblende wird der Beleuchtungswinkel größer und somit auch die genutzte Apertur des Objektivs. Jetzt ist verständlich, warum die Kondensorblende auch Aperturblende genannt wird.

Aufgabe 10:
Warum muß man nach jedem Objektivwechsel die Kondensorblende verstellen?

7. Der Gebrauch der Blende

Das Bild der Kondensorblende wird sichtbar, wenn man das Okular entfernt und von oben in den Tubus blickt. Beim Öffnen und Schließen der Blende erkennt man dann in der Objektiv-Hinterlinse eine helle Kreisfläche, die ihre Größe entsprechend der Blendenstellung ändert. Wir setzen jetzt das Okular wieder ein und ermitteln für die einzelnen Diatomeen der Testplatte jene Blendenstellung, bei der die Schale am deutlichsten aufgelöst erscheint und das Bild einen annehmbaren Kontrast aufweist. Ein Blick in den okularfreien Tubus zeigt uns dann das Bild der Kondensorblende. Auf der Hinterlinse des Objektivs ist eine helle Kreisfläche frei, der Linsenrand ist von dem Bild der Kondensorblende bedeckt (Bild 43). Das Bild der Kondensorblende deckt etwa ein Drittel der Objektiv-Hinterlinse ab, zwei Drittel der Hinterlinse bleiben frei. Das bedeutet: Die Kondensorblende ist so eingestellt, daß der Beleuchtungskegel zwei Drittel der Objektivöffnung ausleuchtet. Es gilt also:

$$\text{Beleuchtungsapertur} : \text{Objektivapertur} = 2 : 3$$

Was ändert sich im mikroskopischen Bild, wenn die Beleuchtungsapertur gleich groß gewählt wird wie die Objektivapertur? Die Kondensorblende muß jetzt so weit geöffnet werden, daß beim Einblick in den okularfreien Tubus die Objektiv-Hinterlinse gerade freigegeben wird. Nun wird das Okular wieder eingesetzt und die Testdiatomee bei dieser Blendenstellung mikroskopiert. Die Diatomee erscheint überstrahlt, die Strukturen zeigen kaum Kontraste, und die Tiefenschärfe kann nicht befriedigen. Durch Schließen der Kondensorblende lassen sich Kontrast und Tiefenschärfe im mikroskopischen Bild steigern. Zu starkes Abblenden (Zuziehen der Kondensorblende) ist zu vermeiden.

Bild 43. Bild der Kondensorblende auf der Objektiv-Hinterlinse. Es wird sichtbar, wenn man das Okular entfernt und dann durch den Tubus blickt.

Drei Regeln für den Gebrauch der Blende

☐ Die Kondensorblende dient *nicht* der Regelung der Bildhelligkeit. Sie reguliert als Aperturblende die Lichtzufuhr zum Mikroskopobjektiv.

☐ Jede Beobachtung sollte mit einer Beleuchtungsapertur beginnen, die ebenso groß ist wie die Objektivapertur. Beim Einblick in den okularfreien Tubus ist dann die Objektiv-Hinterlinse gerade ausgeleuchtet.

☐ Anschließend wird die Kondensorblende so weit geschlossen, bis sich Beleuchtungsapertur : Objektivapertur wie 2 : 3 verhalten. Zur Beobachtung von Details im Präparat, die nur geringe Lichtbrechungsunterschiede gegenüber der Umgebung aufweisen, kann die Kondensorblende noch weiter geschlossen werden. Zum Schluß wird die Kondensorblende aber wieder so weit geöffnet, daß sich Beleuchtungsapertur und Objektivapertur entsprechen. Die zuvor beobachteten Strukturdetails können jetzt in das Gesamtbild eingeordnet werden.

8. Mikroskopisches Messen

Das Mikroskop kann auch als Meßinstrument verwendet werden, wenn das entsprechende Zubehör vorhanden ist. Man benötigt:
ein Okularmikrometer
ein Objektmikrometer
Es ist angenehm, wenn das Mikroskop mit einem Kreuztisch ausgestattet ist, denn sonst sind Längenmessungen sehr mühsam. Das Okularmikrometer ist ein kreisrundes Plättchen, das die Einteilung 10 mm in 100 Teilstriche aufweist. Mit dem Okularmikrometer wird das vom Mikroskopobjektiv entworfene Zwischenbild ausgemessen. Man schraubt deshalb die Augenlinse des Okulars ab und legt das Okularmikrometer so auf die Sehfeldblende, daß die Teilung nach unten gerichtet ist. Die Augenlinse wird wieder eingeschraubt, das Okular in den Tubus eingesetzt und im Mikroskop geprüft, ob die Teilung deutlich sichtbar ist.

Meßobjekt Zwiebelzellen

Die erste Messung wollen wir an den Zellen des Zwiebelhäutchens durchführen. Das Präparat wird wie im Normalfall auf den Objekttisch gelegt und das Objektiv mit 10facher Eigenvergrößerung in den Strahlengang geschwenkt. Man verschiebt das Präparat so lange auf dem Objekttisch, bis die Zellen der Länge nach parallel zu den Teilstrichen des Okularmikrometers liegen. Nun zählt man ab, wie viele Teilstriche auf eine Zellenlänge kommen. Zur Messung benutzt man nur die Mitte des Sehfeldes; die erhaltene Zahl der Teilstriche (z. B. 25) wird notiert. Selbstverständlich begnügen wir uns nicht mit einer einzigen Messung, wir ermitteln an zehn bis zwanzig verschiedenen Zellen, wie viele Teilstriche jeweils der Länge der Zelle entsprechen (notieren!).

Für das Ausmessen der Zellbreite wird das nächst stärkere Objektiv benützt. Durch Verschieben des Präparats ordnet man die Zelle so an, daß sich ein Teilstrich genau mit der Mittellamelle deckt. Die Zellbreite bis zur nächsten Mittellamelle wird abgezählt, man kann hierbei den Bruchteil eines Intervalls recht genau abschätzen. Mit dem stärksten Objektiv ermitteln wir die Anzahl der Teilstriche für die Zellwandbreite sowie für Länge und Breite des Zellkerns. Wir haben dieses Vorgehen als Messung bezeichnet, doch die reale Größe der Zellen läßt sich erst dann bestimmen, wenn durch eine Eichung der Mikrometerwert für das benutzte Mikroskop ermittelt wurde. Zur Feststellung der Mikrometerwerte braucht man ein Objektmikrometer.

Ermitteln der Mikrometerwerte

Wollen wir den Mikrometerwert berechnen, muß Klarheit über die Längeneinheiten herrschen.

Tabelle 2: Dezimale Teile von Einheiten im Meßwesen

Der 10. Teil	(das 10^{-1}fache)	hat Vorsatz Dezi	mit Vorsatzzeichen d
10^2. Teil	(das 10^{-2}fache)	hat Vorsatz Zenti	mit Vorsatzzeichen c
10^3. Teil	(das 10^{-3}fache)	hat Vorsatz Milli	mit Vorsatzzeichen m
10^6. Teil	(das 10^{-6}fache)	hat Vorsatz Mikro	mit Vorsatzzeichen µ
10^9. Teil	(das 10^{-9}fache)	hat Vorsatz Nano	mit Vorsatzzeichen n
10^{12}. Teil	(das 10^{-12}fache)	hat Vorsatz Piko	mit Vorsatzzeichen p
10^{15}. Teil	(das 10^{-15}fache)	hat Vorsatz Femto	mit Vorsatzzeichen f
10^{18}. Teil	(das 10^{-18}fache)	hat Vorsatz Atto	mit Vorsatzzeichen a

$$1 \text{ Millimeter:} \quad 1 \text{ mm} = 10^{-3} \text{ m} = \frac{1}{1\,000} \text{ m}$$

$$1 \text{ Mikrometer:} \quad 1 \text{ µm} = 10^{-6} \text{ m} = \frac{1}{1\,000\,000} \text{ m}$$

$$1 \text{ Nanometer:} \quad 1 \text{ nm} = 10^{-9} \text{ m} = \frac{1}{1\,000\,000\,000} \text{ m}$$

Das Objektmikrometer hat die Form eines Objektträgers. Es besitzt die Einteilung 1 mm in 100 Teile, der Abstand zwischen zwei Teilstrichen beträgt also 0,01 mm = 10 µm. Das Objektmikrometer wird wie ein mikroskopisches Präparat auf den Objekttisch gebracht. Dann stellt man die Teilungen von Objekt- und Okularmikrometer parallel nebeneinander ein und liest nach der Scharfeinstellung ab, wie viele Teile des Objektmikrometers mit einer größeren Anzahl von Teilen des Okular-

mikrometers gerade übereinstimmen. Man vergleicht dabei größere Teilabschnitte in der Mitte des Sehfeldes.
Ein Beispiel: Bei der Kombination 10faches Objektiv und Okular 10× decken sich:
20 Okulareinheiten und 31 Objektmikrometereinheiten
$$= 310\ \mu m$$
ebenso:
30 Okulareinheiten und 46 Objektmikrometereinheiten
$$= 460\ \mu m$$
Daraus ergibt sich für eine Okulareinheit:
$$\frac{460\ \mu m}{30} = 15{,}5\ \mu m$$
oder:
$$\frac{310\ \mu m}{20} = 15{,}3\ \mu m$$

Ein Skalenteil des Okularmikrometers hat als arithmetisches Mittel den Mikrometerwert 15,4 µm. Es empfiehlt sich, den Mikrometerwert der vorhandenen Optik-Kombination selbst zu ermitteln. Der für das Beispiel errechnete Mikrometerwert 15,4 µm soll nur zur Orientierung dienen. Mit dem Mikrometerwert kann nun die tatsächliche Länge der Zwiebelzellen errechnet werden. Man multipliziert die Anzahl der Okularmikrometerteilstriche mit dem Mikrometerwert *.
Beispiel: 25 Teilstriche des Okularmikrometers für eine Zwiebelzelle ergeben eine Größe von 25×15,4 µm = 385 µm.
Die Breite der Zelle sowie die Zellbestandteile wurden unter Benutzung eines stärkeren Objektivs ausgemessen. Es muß also durch die eben beschriebene Eichmessung der Mikrometerwert für das jeweils benutzte Objektiv ermittelt werden, ehe durch Multiplikation die tatsächliche Größe errechnet wird. Bei starken Objektiven erscheinen die Teilstriche des Objektmikrometers ziemlich breit, deshalb verwendet man für die Eichmessung einheitlich den oberen oder unteren Rand der Striche. Die ermittelten Mikrometerwerte werden sorgfältig notiert. Benützt man immer das gleiche Okular, dann wird für spätere Messungen das Objektmikrometer nicht mehr benötigt. Wir können es übrigens zur Prüfung auf die Bildfeldwölbung verwenden. Diese äußert sich in einer unscharfen Abbildung der Randpartien, wenn das Zentrum des Gesichtsfeldes scharf eingestellt wird. Umgekehrt erscheint bei Scharfeinstellung auf den Rand die Bildmitte unscharf. Bei starker Vergrößerung gelingt es uns nicht, gleichzeitig alle Teilstriche im Gesichtsfeld scharf abzubilden. Der Intervall-Betrag, um den das Objektiv durch Drehen am Feintrieb gesenkt werden muß, kann direkt als Maß für die Bildfeldwölbung abgelesen werden. Beim visuellen Beobachten stört die Bildfeldwölbung kaum, der Feintrieb wird ja ohnehin immer betätigt. Für die Mikrofotografie stellt die Bildfeldwölbung einen Nachteil dar.

Aufgabe 11:
Fertigen Sie ein Präparat Ihrer Mundschleimhautzellen an. Messen Sie unter Benutzung des stärksten Trockenobjektivs Länge und Breite mehrerer Zellen. Wie groß ist der Zellkern?

---

* Als billigen Ersatz für ein Objektmikrometer kann man nach Streble-Krauter auch ein Stückchen Konstantandraht von 0,1 mm Dicke verwenden. Der Draht wird zwischen Objektträger und Deckglas in Wasser oder Einschlußharz (z. B. Caedax) eingeschlossen. Wichtig: Konstantandraht von 0,1 mm Dicke verwenden, der allgemein übliche 0,2 mm dicke Konstantandraht ist für diesen Zweck zu dick.

9. Das Gesichtsfeld des Mikroskops

Außer Auflösung und Vergrößerung interessiert den Mikroskopiker auch, wie groß der Ausschnitt aus dem Objekt ist, den er im Okular übersieht. Die Größe des Gesichtsfeldes wird bestimmt durch:
die Eigenvergrößerung des Objektivs
den Durchmesser der Sehfeldblende im Okular.
Als Maßzahl für den wirksamen Blendendurchmesser des Okulars dient die Sehfeldzahl. Diese Sehfeldzahl ist allerdings nicht auf dem Okular eingraviert, sie kann lediglich dem Prospekt der Herstellerfirma entnommen werden. Ist die Sehfeldzahl bekannt, läßt sich der Durchmesser des Gesichtsfeldes nach folgender Gleichung errechnen:

$$\text{Gesichtsfelddurchmesser (in mm)} = \frac{\text{Sehfeldzahl des Okulars}}{\text{Eigenvergrößerung des Objektivs}} \qquad (1)$$

Ein Beispiel:
Das Okular 8× hat die Sehfeldzahl 18. Bei der Kombination mit dem Objektiv 10/n.A. 0,25 übersieht man demnach ein Gesichtsfeld mit dem ⌀ 18/10 = 1,8 mm. Bei der Benutzung des stärkeren Objektivs 40/n.A. 0,65 wird nur noch ein Gesichtsfeld von 0,45 mm ⌀ überblickt. Die Erfahrung, daß mit steigender Eigenvergrößerung der Objektive der Objektausschnitt immer kleiner wird, haben wir bei unseren mikroskopischen Übungen ja schon längst gemacht.

Das schwache Okular 5× besitzt die Sehfeldzahl 20, das starke Okular 25× hat die Sehfeldzahl 6,3. Im ersten Fall wird ein großer Objektausschnitt überblickt, im zweiten Fall nur ein kleiner. Weitwinkel-Okulare zeichnen sich durch hohe Sehfeldzahlen aus, das Gesichtsfeld ist deshalb größer als bei der Verwendung eines normalen Okulars mit der gleichen Eigenvergrößerung.

Das Bestimmen der Sehfeldzahl

Ist die Sehfeldzahl eines vorhandenen Okulars nicht bekannt, so kann mit Hilfe des Mikrometerwertes die Sehfeldzahl einfach ermittelt werden. Bei der Eichmessung für die Optik-Kombination Objektiv 10/n.A. 0,25 und Okular 10× haben wir für eine Okularmikrometereinheit den Mikrometerwert 15,4 µm erhalten. Das ganze Gesichtsfeld wird durch die 100 Teilstriche des Okularmikrometers gerade vollständig durchmessen, also beträgt der Durchmesser des Gesichtsfeldes

$$100 \times 15{,}4 \text{ µm} = 1540 \text{ µm}$$
$$1540 \text{ µm} = 15{,}4 \text{ mm}.$$

Durch Umformen der Gleichung (1) ergibt sich für die Sehfeldzahl, aus Gesichtsfelddurchmesser×Eigenvergrößerung des Objektivs, ein Wert von 1,54×10, also ungefähr 15,5. Beim Mikroskopieren mit dem Objektiv 40/n.A. 0,65 und dem gleichen Okular 10× errechnen wir mit Hilfe der selbstbestimmten Sehfeldzahl einen Gesichtsfelddurchmesser von $\frac{15{,}5}{40} = 0{,}39$ mm.

Wir machen nun bei dieser Optik-Kombination mit Hilfe des Objektmikrometers die Probe und stellen fest, ob das Gesichtsfeld von 39 Objektmikrometer-Teilstrichen genau durchmessen wird. Damit man sich eine gewisse Größenvorstellung einprägen kann, ist es gut, wenn man den Gesichtsfelddurchmesser für die vorhandene Optik-

Kombination kennt. Es ist auch ratsam, mit dem Fernsehmikroskop die Teilstriche des Objektmikrometers auf den Bildschirm zu projizieren. Man kann nun für jedes einzelne Objektiv des Fernsehmikroskops den Bildschirm ausmessen. Dieses Verfahren ist aber nur dann sinnvoll, wenn bei der Mikroprojektion die Fernsehkamera sich immer im gleichen Abstand über dem Mikroskop-Tubus befindet.

VII. Baustoffe der Organismen

Für das Verständnis der Lebensvorgänge und Leistungen eines Organismus ist die Kenntnis der chemischen Natur von Zellbestandteilen unerläßlich. Aufgabe der Biochemie ist es, die Lebenserscheinungen — also die physiologischen Prozesse — mit chemischen Methoden zu erforschen. Letztlich läßt sich jedes physiologische Problem auf biochemische Prozesse zurückführen.

In diesem Buch kann die Biochemie nicht in der Ausführlichkeit behandelt werden, wie es ihr auf Grund ihrer Bedeutung eigentlich zusteht. Wir beschränken uns hier auf die Darstellung und, soweit möglich, auf die Untersuchung der wichtigsten chemischen Stoffklassen.

Die Zahl der chemischen Verbindungen in einem Organismus ist ungeheuer groß, weil das Kohlenstoff-Atom in einzigartiger Weise zur Bildung von Bindungen befähigt ist. Erstaunlich klein ist dagegen die Zahl der verwendeten Atomarten: die vier Elemente Kohlenstoff (C), Wasserstoff (H), Stickstoff (N) und Sauerstoff (O) bauen 99% eines Organismus auf. Über die stoffliche Zusammensetzung einer Bakterienzelle gibt Tabelle 3 Auskunft. Die angeführten Stoffklassen sind für die Zelle eines jeden Organismus repräsentativ. Die Prozentangabe beschreibt allerdings nur den momentanen Zustand der Bakterienzelle nach dem Tode; für das Analysenverfahren mußte ja die Bakterienzelle abgetötet werden. In einer lebenden Zelle herrscht durch Aufbau und Abbau der Stoffe ein Fließgleichgewicht. Die Prozentzahlen für die einzelnen Stoffklassen wechseln ständig.

Tabelle 3: Stoffliche Zusammensetzung einer Bakterienzelle

Wasser	80 %
anorganische Stoffe	1,3%
kleine organische Moleküle	1,3%
Proteine	10 %
Ribonucleinsäuren	3 %
Desoxyribonucleinsäure	0,4%
Polysaccharide	2 %
Lipide	2 %
Gesamtmasse	100,0%

1. Die Proteine (Eiweißstoffe)

Die Proteine nehmen innerhalb der Stoffe des Protoplasmas eine Sonderstellung ein. Das Plasma ist chemisch kein einheitlicher Stoff, sondern ein kolloidales Gemisch zahlreicher Verbindungen. Davon werden 50% der organischen Bestandteile von den Proteinen gestellt. Die mikroskopische Untersuchung des Protoplasmas einer Amöbe kann jedoch keinen Aufschluß über den Aufbau der Proteine geben. Selbst mit dem Elektronenmikroskop können innerhalb der Zelle nur in seltenen Fällen Proteinmoleküle fotografiert werden. Durch ein mühsames biochemisches Verfahren kann man die Reihenfolge (Sequenz) der einzelnen Aminosäuren ermitteln, die die Bausteine der Proteine darstellen.

Die Proteine lassen sich nach Bau und Funktion in zwei Gruppen einteilen:
      die Faserproteine
      die globulären Proteine.

Zu den Faserproteinen gehören das Actin und Myosin der Muskelfasern. Zu nennen sind das Kollagen als Bestandteil von Bindegewebe, das Keratin in Horn, Haaren und Federn, sowie das Blutfibrin.

Die globulären Proteine sind am Aufbau der Enzyme beteiligt und können deshalb als Träger des Lebens bezeichnet werden. Ferner stellen sie wichtige Bestandteile der Körperflüssigkeit dar: z. B. die Globuline im Blutserum und das Hämoglobin der roten Blutkörperchen.

Proteinnachweise

Bedarf:
Hühnerei, Reagenzgläser, 1%ige Kupfersulfat-Lösung, 10%ige Natronlauge, Combur-Teststreifen (Boehringer), Wasser.

Wir verdünnen frisches Eiklar in einem Reagenzglas mit etwas Wasser, geben einen Tropfen 1%ige $CuSO_4$-Lösung dazu und 2 ml 10%ige NaOH. Es erfolgt eine schöne Violettrotfärbung, die sogenannte „Biuret-Reaktion".

In ein zweites Reagenzglas, das ebenfalls verdünntes Eiklar enthält, taucht man einen COMBUR-Teststreifen der Firma BOEHRINGER ein. Diese Teststreifen werden in der Medizin zur Harnuntersuchung auf Glukose und Eiweiß angewandt. Der Teststreifen enthält unter anderem einen Spezialindikator, der das vorhandene Eiweiß durch einen Farbumschlag von Hellgrün nach Blau anzeigt. Im Eiklar ist auch Traubenzucker (Glukose) enthalten; der Testbezirk für Glukose zeigt auf demselben Teststreifen einen Farbumschlag von Gelb nach Grün.

2. Die Kohlenhydrate

Die Kohlenhydrate sind in Pflanzen und Tieren durch eine umfangreiche Gruppe organischer Verbindungen vertreten. Die Glukose stellt als Produkt der Photosynthese auch für Tiere und Menschen den Energieträger dar. Glukose ist ein Monosaccharid. Die Monosaccharide werden nach der Anzahl der Kohlenstoff-Atome im Molekül benannt; die Glukose ist eine Hexose. Ribose und Desoxyribose als wichtige Bausteine der Nucleinsäuren besitzen in ihrem Molekül fünf C-Atome und werden deshalb als Pentosen bezeichnet. Zwei Monosaccharide können durch glykosidische Bindung unter Wasserabspaltung zu einem Disaccharid miteinander verknüpft werden. Kommt es zur glykosidischen Bindung von mehreren Tausend Monosaccharid-Molekülen, dann entstehen als Makromoleküle die Polysaccharide. Die wichtigsten Vertreter der Polysaccharide sind Stärke und Cellulose.

Stärkekörner unter dem Mikroskop

Mit der Rasierklinge schaben wir über die Schnittfläche einer Kartoffelhälfte, übertragen von der Schneide der Rasierklinge etwas Saft auf einen Objektträger und verteilen ihn in einem Tropfen Wasser. Unter dem Mikroskop erkennen wir eine Unzahl von muschelförmigen Körnern. Bei stärkerer Vergrößerung und eng geschlossener Kondensorblende entdecken wir in den einzelnen Körnern Schichtungen, die in Form von exzentrischen Kreisen um einen Bildungskern (Bild 44 a) angeordnet sind. Stärke ist der wichtigste Reservestoff der Pflanze, sie liegt in den Zellen in Form von Körnern vor. Je nach Pflanzenart sind die einzelnen Stärkekörner verschieden gestaltet.

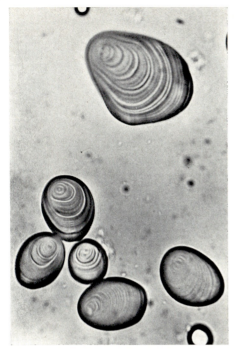

Bild 44a. Kartoffelstärke, Körner mit exzentrischen Kreisen.

Bild 44b. Stärkekörner im polarisierten Licht.

Eine Anleitung für die mikroskopische Untersuchung von Stärke in Nahrungsmitteln gibt KRAUTER in seinem Buch „Mikroskopie im Alltag". Stärke kann man in polarisiertem Licht leicht identifizieren. Mit wenigen Handgriffen kann das Schülermikroskop zu einem Polarisationsmikroskop ausgebaut werden. Das notwendige Zubehör ist nicht sonderlich teuer. Man benötigt einen Polarisator zum Einlegen in den Filterhalter am Mikroskopkondensor und einen Analysator zum Einlegen in das Okular. Zu Beginn der mikroskopischen Untersuchung stellt man durch Drehen des Okulars den Analysator so ein, daß das Gesichtsfeld hell erscheint. Dreht man nun das Okular um 90°, dann kann der polarisierte Lichtstrahl nicht mehr hindurchtreten, und das Gesichtsfeld bleibt dunkel. Die Körner der Kartoffelstärke lassen im polarisierten Licht vier helle Sektoren erkennen, die durch ein dunkles Kreuz voneinander getrennt sind (Bild 44 b). Der Vergleich mit Bild 44 a zeigt, daß sich im polarisierten Licht die beiden Balken an der Stelle kreuzen, an der der Bildungskern für die exzentrische Schichtung liegt.

Stärkenachweis mit Lugolscher Jodlösung

Der Stärkenachweis mit Lugolscher Jodlösung ist ein Routineexperiment. Die Jodprobe spricht auch noch auf die kleinsten Spuren von Stärke an. Die Kartoffel enthält nun aber eine solche Vielzahl von Stärkekörnern, daß beim Auftropfen von Lugolscher Jodlösung auf die Kartoffelschnittfläche eine so intensive Färbung eintritt, daß man sie nicht mehr als „blau" bezeichnen kann.
Auf ein fertiges Präparat von Kartoffelstärke bringt man mit einem Glasstab direkt

an den Deckglasrand einen Tropfen Lugolscher Lösung. Die Jodlösung fließt kapillar unter das Deckglas und vermischt sich dort mit der Flüssikeit. Die Stärkekörner, die sich an der Diffusionsgrenze zwischen Jodlösung und Wasser befinden, zeigen die Blaufärbung am schönsten.

Stärke setzt sich aus zwei Formen zusammen: Amylose und Amylopektin (Bild 45).

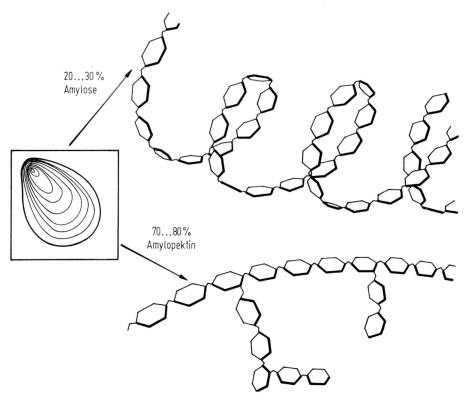

Bild 45. Aufbau der Stärke aus Amylose und Amylopektin.

Die Amylose besteht aus zahlreichen Glukoseeinheiten, die in einer schraubenförmig aufgerollten Kette angeordnet sind. Die Blaufärbung durch Jod läßt sich mit Hilfe der Molekülform der Amylose erklären: die Jodmoleküle lagern sich im Amylosemolekül in den Hohlräumen der Schraube an. Diese „Einschlußverbindung" führt zu einer starken Lichtabsorption, was sich in einer veränderten Farbe äußert. Der zweite Bestandteil der Stärke, das Amylopektin, ist ebenfalls aus Glukoseeinheiten aufgebaut, die hier in Form einer verzweigten Kette angeordnet sind.

Cellulose

Die Cellulose kommt in fast allen pflanzlichen Zellwänden als Gerüstsubstanz vor. Benachbarte Zellen werden durch die Mittellamelle (die aus Pektinsubstanzen besteht) voneinander getrennt. Auf die Mittellamelle lagert das Cytoplasma von beiden Seiten aus die Primärwand an. Bei Zellen, die eine ausgesprochene Stützfunktion haben, wird zusätzlich noch eine weitere Wandschicht angelagert: die Sekundärwand. Die Sekundärwand enthält bis zu 90%/o Cellulose.

Cellulose und Stärke sind beide aus Glukoseeinheiten aufgebaut. Der Unterschied besteht darin, daß bei der Stärke die Glukosemoleküle anders verknüpft sind (α-glykosidische Bindung) als bei der Cellulose (β-glykosidische Bindung). Die beiden Poly-

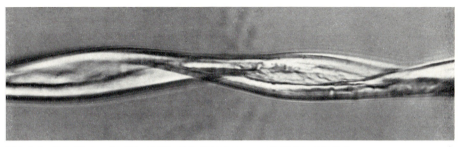

Bild 46. Baumwollhaar; die dicke Zellwand besteht fast ausschließlich aus Cellulose.

saccharide haben trotz der Ähnlichkeit in ihrem chemischen Bau grundverschiedene Funktionen: Stärke ist der wichtigste Pflanzenreservestoff, während die Cellulose als Gerüstsubstanz für die mechanische Festigkeit der Pflanzenzelle sorgt.

Mikroskopische Untersuchung eines Baumwollhaars

Beschaffung von Baumwollsamen: Botanische Gärten, größere Samenhandlungen, oft ist in der Schule ein Schaukasten „Baumwolle" vorhanden.

Von dem Baumwollsamen zupfen wir mit der Pinzette einige Haare ab und bringen sie auf einen Objektträger. Nun wird ein Tropfen Glycerin dazugegeben, ein Deckglas aufgelegt und mikroskopiert. Auffallend ist die Drehung des Baumwollhaars. Es dreht sich wiederholt, jedoch nicht regelmäßig um seine eigene Längsachse. Die dicke, wulstförmige Sekundärwand verleiht dem Baumwollhaar ein rinnenförmiges Aussehen (Bild 46). Die Sekundärwand besteht fast ausschließlich aus Cellulose. Bei Zugabe von Chlorzinkjod-Lösung wird die Cellulose blauviolett gefärbt. Für den Innenraum des Baumwollhaars — im lebenden Zustand wird dieser Raum vom Protoplasma eingenommen — steht also nur wenig Platz zur Verfügung. Bei der Reifung des Samens stirbt der Inhalt des Haares ab.

3. Die Lipide

Die eigentlichen Fette werden mit den fettähnlichen Stoffen — den Lipoiden — zur Gruppe der Lipide zusammengefaßt. Fette sind wie die Kohlenhydrate nur aus C-, H- und O-Atomen aufgebaut. In ihrem chemischen Aufbau sind Fette Veresterungsprodukte des dreiwertigen Alkohols Glycerin mit verschiedenen Fettsäuren. Fettsäuren, die wie die Ölsäure auch eine Doppelbindung zwischen den Kohlenstoffatomen in der Kohlenstoffkette aufweisen, heißen ungesättigt. Entsprechend spricht man von gesättigten Fettsäuren, wenn diese wie die Palmitin- und die Stearinsäure nur Einfachbindungen zwischen den Kohlenstoffatomen aufweisen. Fette, die viel gesättigte Säuren enthalten, haben einen höheren Schmelzpunkt. Sie sind bei Zimmertemperatur fest, während umgekehrt Fette mit viel ungesättigten Fettsäuren bei Zimmertemperatur flüssig oder ölig sind. Der Begriff „Öl" gibt somit keine chemische Struktur an, sondern eine Bezeichnung für die Konsistenz. Fette stellen eine kalorienreiche Nahrung dar, der Brennwert von 1 g Fett beträgt 9,3 Kcal. Zum Vergleich: 1 g Traubenzucker liefert 4,1 Kcal. Überschüssige Nahrungsstoffe werden deshalb in Fette umgewandelt und im tierischen Organismus als Reservestoff im Fettgewebe deponiert.

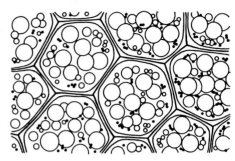

Bild 47. Fettkügelchen in Zellen des Rizinussamens. Aus Mandl, Mikrokosmos

Auch in den Samen von Pflanzen wird Fett gespeichert. Als bekanntes Demonstrationsobjekt gelten die Samen der Rizinuspflanze. Man kann sich diese aus der Apotheke besorgen, sie sind allerdings sehr giftig! Man entfernt die harte Samenschale und führt durch das darunterliegende weiße Nährgewebe möglichst dünne Querschnitte aus. Unter dem Mikroskop erkennt man, daß die Zellen des Nährgewebes mit Öltropfen, die durch ihre starke Lichtbrechung als helle Kugeln erscheinen, gefüllt sind (Bild 47).

Lipoide sind Stoffe, die sich in ihren Löslichkeitseigenschaften wie Fette verhalten. Zu den Lipoiden gehören auch die Phosphatide. Der bekannteste Vertreter ist das Lecithin, das in den Nervenzellen am Aufbau der Plasmagrenzmembranen beteiligt ist.

Fettnachweisreaktion

Bedarf:

Speiseöl, Farbstoff Sudan III (in Alkohol gelöst), Reagenzglas, Wasser.

In ein Reagenzglas gibt man 5 ml Wasser und überschichtet mit 2 ml Speiseöl. Nun tropfen wir 1 ml alkoholische Lösung des roten Farbstoffs Sudan III in das Reagenzglas und schütteln um. Danach trennen sich die beiden Schichten, und wir erkennen, daß der gesamte rote Farbstoff vom Öl festgehalten wird.

4. Die Nucleinsäuren

Im Zellkern befinden sich die Chromosomen. Jedermann weiß heute, daß die Chromosomen Träger der Erbanlagen (Gene) sind. Ferner ist allgemein bekannt, daß die Gene für die Ausbildung von Merkmalen verantwortlich sind. Dabei dürfen wir den Begriff „Merkmal" nicht zu eng fassen; es ist damit nicht nur die Blüten- oder Körperfarbe eines Lebewesens gemeint. Die Gene steuern den gesamten Aufbau eines Organismus und seine Stoffwechselvorgänge. Aus welcher chemischen Substanz bestehen aber die Gene? Im Jahre 1869 entdeckte MIESCHER beim Studium des Kernmaterials von Eiterzellen und Lachsspermien die Kernsäuren; seine Entdeckung wurde jedoch jahrzehntelang nicht weiter beachtet. Chromosomen bestehen nämlich auch aus Proteinen (Histone), man vermutete deshalb, daß als stofflicher Träger der Gene die Proteine in Frage kämen.

1944 veröffentlichte der amerikanische Forscher AVERY seine Versuchsergebnisse. Er experimentierte mit zwei Bakterienstämmen, von denen der eine als Merkmal eine Kapsel um die Zelle besaß, der andere Stamm hatte diese Fähigkeit zur Kapselbildung durch Mutation * verloren. AVERY isolierte aus den Zellen des kapselbildenden Stammes einen Zellextrakt, den er zu der Kulturflüssigkeit des nicht-kapselbildenden Stammes hinzufügte. Nach diesem Eingriff entwickelten sich auch hier kapselbildende Bakterien, die dieses Merkmal weitervererbten. Der Transformationsversuch glückte auch dann, wenn die Proteine im Zellextrakt zuvor zerstört wurden. Dagegen kam es zu keiner Übertragung des Merkmals „Kapsel", wenn eine Kernsäure, nämlich die Desoxyribonucleinsäure (DNA) ** aus dem Zellextrakt entfernt wurde. AVERY konnte also eindeutig nachweisen, daß nicht Eiweiß, sondern allein die DNA als Träger der genetischen Information in Frage kommt. Diese Ergebnisse, die an Bakterien gewonnen wurden, besitzen allgemeine Gültigkeit.

Nachdem man die biologische Bedeutung der Nucleinsäuren erkannt hatte, galt es nun, die räumliche Struktur des DNA-Moleküls zu erforschen. Hierbei kam es zu einem regelrechten Wettlauf zwischen verschiedenen Wissenschaftlern. Schließlich gelang WATSON und CRICK im Jahre 1953 die Aufklärung der räumlichen Struktur der DNA. Die Entdeckung der DNA-Struktur beschreibt WATSON in seinem spannend geschriebenen Buch „Die Doppelhelix".

Heute gilt die DNA als *die* Schlüsselsubstanz der molekularen Biologie. In jedem neueren Biologiebuch sind Bau und Struktur der DNA und RNA ausführlich dargestellt.

Wenig bekannt ist, daß sich die DNA durch ein Experiment gewinnen läßt. Das Ausgangsmaterial stellen die Zellen der Thymusdrüse (Bries) dar, die reichlich Nucleinsäure enthalten. (Man bezeichnete deshalb die DNA in der ersten Zeit auch als Thymonucleinsäure.)

Versuch: DNA-Darstellung aus Kalbsbries (nach Daumer), Anleitung nach Bild 48

Bedarf:
Ein kleines Stück frisches Kalbsbries, mehrere Bechergläser, Schere, Teesieb, Verbandsgaze, Trichter, Filtrierpapier, Pipetten, Glasstäbe, darunter einer mit ausgezogener Hakenspitze, Reibschale mit Pistill, 10%iges Natriumdodecylsulfat (SERVA, Heidelberg), 1 n HCl, destilliertes Wasser und Leitungswasser, Ammoniak, Aceton, Äthanol (im Kühlschrank aufbewahren).
Mikroskop und Mikroskopierkästchen.

Erster Teilschritt:
Suspension von Thymuszellen (Bild 48 a und b)

Man zerschneidet 2 g frisches Kalbsbries in einem schmalen Becherglas, das mit 20 ml Leitungswasser gefüllt ist. Wird das Wasser von dem abgeschabten Material trüb, so filtriert man die Suspension durch ein Teesieb, das zuvor mit zwei Lagen Verbandsgaze ausgelegt wurde. Von einem Tropfen der durchgelaufenen Suspension stellen wir auf die bekannte Art ein Ausstrichpräparat her (vergleiche hierzu Bild 22).
Unter dem Mikroskop erkennen wir bei starker Vergrößerung, daß die Suspension aus isolierten Zellen besteht (Bild 49). Thymuszellen sind ebenso wie Spermien fast ausschließlich aus Kernmaterial aufgebaut. Auf eine Abtrennung des Cytoplasmas kann

---
* Mutation: sprunghafte Veränderung des Erbguts.
** Die Bezeichnung DNA und RNA (früher DNS und RNS) leiten sich vom englischen acid = Säure her.

deshalb verzichtet werden. Die Membran des Zellkerns muß allerdings „aufgebrochen" werden, wenn man an den Kerninhalt herankommen will.

Zweiter Teilschritt:
Freisetzung des Kerninhalts (Bild 48 c und d)

Zu der Zellsuspension im Becherglas gibt man einige Tropfen der 10%igen Natriumdodecylsulfat-Lösung. Dieses kräftige Detergens* bricht die Zell- und Kernmembranen auf. Die zuvor trübe Zellsuspension wird sofort klar, es entsteht eine hochviskose Lösung. Durch kräftiges Saugen füllen wir davon eine Meßpipette und lassen sie langsam ausfließen. Es entsteht ein langer, zäher Faden, der die Länge von einem Meter erreichen kann. Die hohe Viskosität des Fadens ist ein direkter Hinweis darauf, daß es sich um eine hochmolekulare Substanz handelt. Allerdings besteht der viskose Faden nicht aus reiner DNA, denn schließlich enthalten Zellkerne außer den Nucleinsäuren auch noch Proteine. Im nächsten Teilschritt müssen wir also die Nucleinsäuren von den Proteinen trennen.

* Detergens = seifenfreie, synthetische Netz- oder Waschmittel.

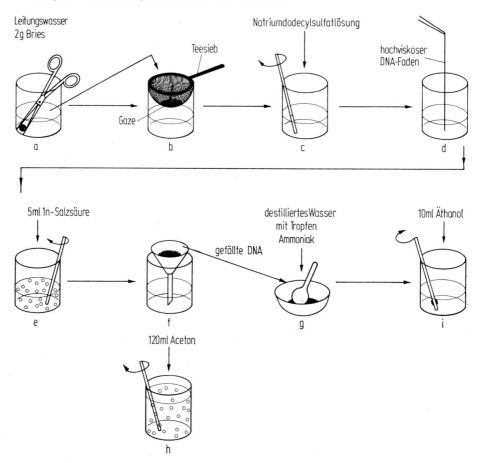

Bild 48. Versuchsanleitung zur DNA-Darstellung (Erläuterung im Text).

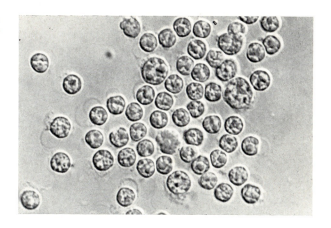

Bild 49. Thymuszellen bestehen fast ausschließlich aus Kernmaterial.

Dritter Teilschritt:
Trennung der Nucleinsäuren von den Proteinen (Bild 48 e bis g)

Unter ständigem Rühren gibt man in das Becherglas 5 ml 1 n HCl (Normal-Salzsäure). Die DNA fällt als weißlicher Niederschlag aus. Der Niederschlag wird rasch abfiltriert und die gefällte DNA in eine Reibschale übergeführt. In dieser befinden sich 10 ml destilliertes Wasser, das zuvor durch Zugabe eines Tropfens konzentrierten Ammoniaks leicht alkalisch gemacht wurde. Die DNA löst sich durch vorsichtiges Reiben mit dem Pistill im Wasser wieder auf. Zunächst wollen wir uns aber mit dem Filtrat beschäftigen, in dem sich nach der Trennung die gelösten Proteine befinden.

Vierter Teilschritt:
Fällung der Proteine durch Aceton (Bild 48 h)

Zu dem Filtrat gibt man unter kräftigem Rühren das sechsfache Volumen Aceton zu. Das Eiweiß fällt in Form weißer Flocken aus. Bei den Proteinen des Zellkerns handelt es sich hauptsächlich um die sogenannten Histone.

Fünfter Teilschritt:
Alkoholische Fällung der DNA (Bild 48 i)

Der letzte Teilschritt entspricht ziemlich genau einem Versuch von Avery. Aus der Reibschale (Bild 48 g) entnehmen wir mit der Pipette 5 ml der gelösten DNA und bringen diese in ein schmales Becherglas. Dort wird die DNA-Lösung mit 10 ml absolutem Alkohol überschichtet. Der Alkohol sollte kalt sein; er wird deshalb vor Versuchsbeginn im Kühlschrank aufbewahrt. Mit einem Glasstab, dessen Spitze zu einem Haken ausgezogen ist, rührt man im Becherglas um. An der Grenzschicht der beiden Flüssigkeiten fallen dichte DNA-Fäden aus, die sich um den Glasstab wickeln. Ziehen wir den Glasstab unter ständigem Rühren langsam hoch, so können wir die gesamte DNA ausfällen, indem wir sie auf den Glasstab aufwickeln und zur Demonstration bereitstellen.
Schließlich kann man in der gefällten DNA noch die Einzelbausteine der Nucleinsäuren nachweisen. (Biologie in unserer Zeit, 1. Jahrgang, Heft 3, S. 96)

5. Vitamine

Die Vitamine haben in breiten Schichten der Bevölkerung eine so große Popularität erlangt, daß eine Vorstellung beinahe überflüssig erscheint. Vitamine sind keine Nahrungsmittel im eigentlichen Sinn, sie sind aber unentbehrlich für den Ablauf der

Lebensvorgänge. Vitamine müssen deshalb mit der Nahrung aufgenommen werden. Je nach der Löslichkeit unterscheidet man „fettlösliche" und „wasserlösliche" Vitamine. In Ihrem Biologiebuch finden Sie sicher in Form einer Tabelle die Löslichkeit der Vitamine, die Mangelkrankheiten sowie den täglichen Vitaminbedarf des Menschen zusammengestellt. Es gibt auch eine ganze Reihe von interessanten Vitaminversuchen, die ohne viel Aufwand durchzuführen sind.

Mikrobiologischer Test

Vitamine kommen meist in verschwindend kleinen Mengen vor; trotzdem können sie noch nachgewiesen und bestimmt werden, nämlich durch mikrobiologische Tests. Als Beispiel wird der Vitamin B_{12}-Test angeführt, Testobjekt ist *Euglena gracilis* (Zucht S. 56). Der mikrobiologische Test beruht auf folgendem Prinzip: *Euglena gracilis* wächst optimal auf einem Nährmedium, das alle notwendigen Nähr- und Wuchsstoffe enthält. Die quantitative Zusammensetzung des Nährmediums muß bekannt sein. Läßt man nun einen Bestandteil aus dem Nährmedium weg — das zu testende Vitamin B_{12} —, wird die *Euglena*-Kultur in ihrem Wachstum gehemmt. *Euglena gracilis* kann ohne Vitamin B_{12} nicht leben. Werden nun dem Nährmedium Substanzen zugefügt, deren Vitamin B_{12}-Gehalt getestet werden soll, gedeihen die *Euglena*-Kulturen um so besser, je höher der Vitamin B_{12}-Gehalt der zu testenden Substanz ist. Das Erstaunliche bei diesem mikrobiologischen Test ist, daß damit noch verschwindend kleine Spuren von Vitamin B_{12} nachgewiesen werden können. So gedeiht eine *Euglena*-Kultur auch dann noch, wenn die Vitamin B_{12}-Konzentration im Kulturgefäß nur 1 : 30 Milliarden beträgt. Vitamine entfalten also bei kleiner Dosis eine große Wirkung.

VIII. Pflanzenphysiologische Untersuchungen

1. Das Phänomen der Plasmaströmung

Bedarf:
Mikroskop, Mikroskopierkästchen, Okularmikrometer, Stoppuhr, Wasserpest (*Elodea canadensis*) und *Vallisneria spiralis* aus einem Zoogeschäft besorgen, Wasser, Alkohol.

Von der Aquarienpflanze Wasserpest zupft man mit der Pinzette ein Blättchen ab und bringt es auf einen Objektträger in einen Tropfen Wasser. Nach Auflegen eines Deckglases untersuchen wir das Frischpräparat unter dem Mikroskop. Die Zellen enthalten viele Chloroplasten, dadurch wird das Auffinden des Zellkerns erschwert. Wir suchen bei schwacher Vergrößerung die Mittelrippe des *Elodea*-Blättchens auf und verschieben das Präparat so lange, bis sie sich in der Mitte des Gesichtsfeldes befindet. Unser Interesse gilt den langgestreckten Zellen in unmittelbarer Nähe der Mittelrippe (Bild 50). Wir beobachten sie bei 300- bis 500facher Vergrößerung und bei weit geöffneter Kondensorblende. Schon nach kurzer Zeit erkennen wir in diesen Zellen eine Bewegung. Es scheint, als ob die Chloroplasten die Zellwand entlang wanderten. In Wirklichkeit handelt es sich dabei aber nicht um eine aktive Bewegung der Chloroplasten, sondern um eine Strömung des Plasmas. Die Chloroplasten sind

Bild 50. Die Zellen der Wasserpest zeigen Plasmaströmung.

Bild 51. Zellen aus dem Blattgewebe der Wasserpflanze *Vallisneria*.

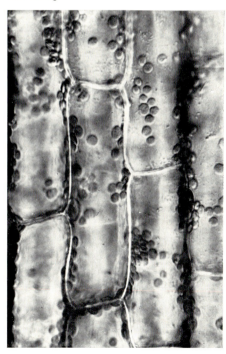
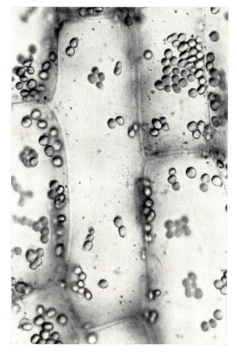

in das Plasma eingebettet, sie werden deshalb mitgeschleppt. Die *Elodea*-Zellen besitzen nur entlang der Wand einen Plasmabelag, die Plasmaströmung zeigt sich daher als typische Rotation *.

Die Zellen einer anderen Aquarienpflanze, nämlich von *Vallisneria spiralis* (Sumpfschraube), zeigen ebenfalls eine rotierende Plasmaströmung. Für die Herstellung eines Frischpräparats legt man ein Blattstück von *Vallisneria* über den Zeigefinger und hält mit Daumen und Mittelfinger die beiden Enden fest. Mit der Rasierklinge führen wir parallel zur Blattfläche einen Schnitt durch die Blattunterseite aus. Der Schnitt sollte etwa halb so dick sein wie das ganze Blatt. Es ist also mehr ein Abtragen der Blattunterseite als ein Schnitt. Bei der Fertigstellung des mikroskopischen Präparates müssen wir darauf achten, daß die Wundfläche des „Schnittes" oben, also unmittelbar unter dem Deckglas liegt. Die mikroskopische Untersuchung zeigt, daß im Präparat mehrere Zellagen übereinander liegen. Man beobachtet am besten bei geöffneter Kondensorblende, damit keine störenden Kontraste im mikroskopischen Bild entstehen. Es interessieren hier die langgestreckten Gewebezellen (Bild 51). Auch hier sind es wiederum die mitgeführten Chloroplasten, die den Strömungsverlauf des Plasmas anzeigen. Anhand der Ortsveränderung der Chloroplasten können wir die Strömungsgeschwindigkeit des Plasmas zumindest annäherungsweise ermitteln. Wie kommt es überhaupt zur Plasmaströmung? Das Plasma enthält Faserproteine (siehe Seite 71), die sich kontrahieren (zusammenziehen) können und so die Voraussetzung für die Plasmaströmung liefern.

Aufgabe 12:
Legen Sie das Okularmikrometer in das Okular ein. Suchen Sie unter dem Mikroskop in einem Frischpräparat von *Elodea canadensis* oder *Vallisneria spiralis* Zellen auf, die Plasmaströmung zeigen. Ordnen Sie nun durch Drehen am Okular die Skala des Okularmikrometers so an, daß Sie die Ortsveränderung einzelner Chloroplasten gut verfolgen können. Stoppen Sie ab, wie viele Sekunden ein Chloroplast braucht, um eine Strecke von 10 Okularteilstrichen zu „durchlaufen". Mit Hilfe des Mikrometers (siehe Seite 67) können Sie die Geschwindigkeit der Plasmaströmung in den untersuchten Zellen berechnen.

Plasmaströmung in den Zellen der Staubfadenhaare von Tradescantia

Bedarf:
Mikroskop, Mikroskopierkästchen, blühende *Tradescantia*, Zeichenblock und Zeichengeräte.

In den Sommermonaten bildet die Ampelpflanze *Tradescantia* Blüten aus, die rasch verwelken und abfallen. Wir nehmen einer *Tradescantia*-Pflanze eine junge Blütenknospe ab, die sich noch nicht geöffnet hat. Vorsichtig entfernt man die Kelch- und Blütenblätter und betrachtet die Rumpfblüte mit der Lupe. Bild 52 zeigt, wie ein ganzes Büschel von Haaren die Staubblätter so dicht umhüllen, daß von diesen nur noch die Staubbeutel zu erkennen sind. Der lange Griffel mit der Narbe ist deutlich zu sehen. Mit der Lupe erkennen wir, daß die einzelnen Haare, Staubfadenhaare genannt, abgeschnürt sind und somit einer Perlschnur gleichen. Mit der Pinzette zwicken wir einige der Staubfadenhaare kurz oberhalb ihrer Ansatzstelle am Blütenboden ab und übertragen sie sofort auf den Wassertropfen eines Objektträgers. Meist sind die

---

* Die Plasmaströmung bei *Elodea* setzt bei älteren Blättern und bei Pflanzen, die unter ungünstigen Bedingungen gehalten wurden, viel rascher ein als bei jungen Blättern und bei kräftigen, gesunden Pflanzen.

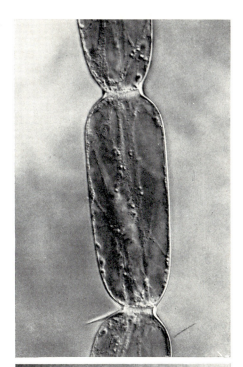

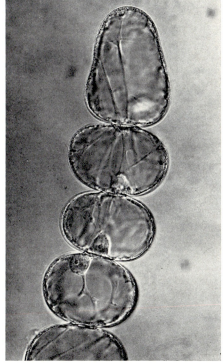

Bild 52 (oben). Staubfadenhaare in einer jungen Blütenknospe von *Tradescantia*. Die Blüten- und Kelchblätter wurden entfernt.

Bild 53 (oben rechts). Die Zellen der Staubfadenhaare sind ein ideales Objekt zum Studium der Plasmaströmung.

Bild 54 (rechts). Scharfeinstellung auf den Zellkern.

Staubfadenhaare dicht miteinander verschlungen; wir zupfen deshalb mit zwei Nadeln ein paar Haare frei, ehe wir das Deckglas auflegen. Unter dem Mikroskop erkennt man, daß die Staubfadenhaare aus einer einzigen Zellreihe aufgebaut sind. An der Basis des Haares sind die Zellen lang und oval, der Spitze zu werden sie kleiner und runder. Bei starker Vergrößerung ist das Plasma in den Zellen schön zu sehen (Bild 53). Es liegt als Wandsaum den Zellwänden an und durchzieht auch in feinen Strängen die ganze Zelle. Die Verteilung des Plasmas innerhalb der Zelle ändert sich ständig, wir bezeichnen diese Art von Plasmaströmung als Zirkulation.

Aufgabe 13:
a. Zeichnen Sie eine Zelle aus einem Staubfadenhaar der *Tradescantia* und zeigen Sie durch Pfeile die Strömungsrichtung des Plasmas an.
b. Wie verläuft die Plasmaströmung in zwei benachbarten Zellen?

Zellkern und Vakuole

Die Zellen der Staubfadenhaare zeigen auch schön den Zellkern mit dem Kernkörperchen (Bild 54). Allerdings liegt der Zellkern in einem anderen Schärfenbereich als die Plasmastränge; Zellen sind eben räumliche Gebilde, auch wenn man das beim Mikroskopieren gerne vergißt. Der Zellkern kann sich der Dynamik des Plasmas nicht entziehen, auch er erfährt ständig eine Ortsveränderung.
Die Vakuole — also der Zellsaftraum — interessiert uns auch. Wir vergleichen das Vakuolensystem der runden Zellen an der Haarspitze mit dem Vakuolen-System der langen Zellen, welche die Basis des Staubfadenhaares bilden. Bei den langgestreckten und somit ausgewachsenen Zellen beansprucht die Vakuole einen viel größeren Anteil des Zellvolumens als bei den kleinen, noch wachsenden Zellen. Wir können daraus schließen, daß das Wachstum der Pflanzenzelle zu einer Vergrößerung der Vakuole führt. Folglich müssen wachsende Zellen große Wassermengen zur Bildung des Zellsafts aufnehmen.

2. Verlagerung und Wiederherstellung der normalen Chloroplastenanordnung

Bedarf:
Zentrifuge, Mikroskop, Mikroskopierkästchen, Zeichenblock und Zeichengeräte, einige *Spirogyra*-Fäden, Petrischale.

Das Algenmaterial von *Spirogyra* darf nicht zerstört sein; wir kontrollieren deshalb unter dem Mikroskop, ob die einzelnen *Spirogyra*-Zellen geordnete Chloroplastenbänder aufweisen. In ein Zentrifugenröhrchen, das sauberes Wasser enthält, bringt man einige *Spirogyra*-Fäden und zentrifugiert fünf Minuten lang. Anschließend wird mikroskopiert. Die Chloroplasten-Bänder wurden durch das Zentrifugieren an das Zellende verschoben, auch der Zellkern liegt nicht mehr in der Zellmitte (Bild 55). Wir zeichnen eine solche Zelle. Die Verlagerung der Chloroplasten fällt bei den einzelnen *Spirogyra*-Arten recht unterschiedlich aus. Es kann auch vorkommen, daß die Chloroplasten — hauptsächlich nach längerem Zentrifugieren — zu einem ungeformten Haufen an das Zellende gedrückt werden. Solche Zellen erholen sich nicht mehr, die Chloroplasten bleiben desorganisiert. In Zellen, bei denen durch das Zentrifugieren die Chloroplasten lediglich verlagert, aber nicht zerstört wurden, stellt

Bild 55. Durch Zentrifugieren werden in den *Spirogyra*-Zellen die Chloroplasten verlagert.

sich die normale Chloroplastenanordnung wieder ein. Wir bringen die zentrifugierten Spirogyren in eine Petrischale mit Kulturwasser zurück und untersuchen die Zellen von Zeit zu Zeit unter dem Mikroskop. Nach vierundzwanzig Stunden kann man schon eine Rückverlagerung der Chloroplasten erkennen. Nach drei bis fünf Tagen haben in den meisten Zellen die Chloroplasten mit Hilfe der Plasmaströmung ihre Normallage wieder eingenommen.

3. Das osmotische Verhalten der Zellen

Grundversuch zur Osmose

Bedarf:

Osmosegerät nach Stoye (Firma KIND, Lichtenfels), Stativ, Muffe, Klemme, konzentrierte Zuckerlösung, Pipette, Spritzflasche mit destilliertem Wasser, Becherglas, Filzschreiber.

Die linke untere Glaszelle wird mit destilliertem Wasser gefüllt und mit Hilfe eines Stativs in ein Becherglas eingestellt, das ebenfalls destilliertes Wasser enthält (Bild 56). In die rechte obere Glaszelle bringen wir mit einer Pipette konzentrierte Zuckerlösung; beim Füllen dürfen keine Luftblasen entstehen. Auf das freie Ende der mit Zuckerlösung gefüllten Zelle wird ein kapillares Steigrohr aufgesetzt, den Stand des Meniskus im Steigrohr markiert man mit einem Filzschreiber. Die beiden Zellen sind durch eine Cellophanfolie voneinander getrennt, die die Eigenschaft einer halbdurchlässigen Membran aufweist. Im Zeitabstand von zehn Minuten mißt man den An-

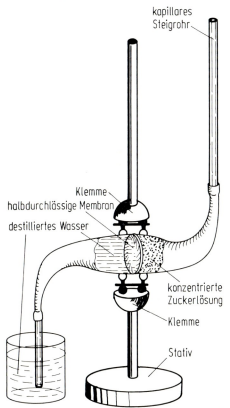

Bild 56. Versuchsaufbau mit dem Osmosegerät nach Stoye.

stieg der Lösung im Steigrohr ab. Verwendet man eine stark konzentrierte Zuckerlösung, dann steigt die Lösung im Steigrohr innerhalb einer Stunde um etwa zehn Zentimeter.

Aufgabe 14:
Füllen Sie nacheinander die rechte Zelle des Osmosegerätes mit einer 1-molaren, $1/2$-molaren und $1/4$-molaren Zuckerlösung. Messen Sie jeweils nach fünfundvierzig Minuten das Ansteigen der Flüssigkeitssäule ab.

Auswertung:
Die Poren der halbdurchlässigen Membran sind so beschaffen, daß zwar die Wassermoleküle passieren können, nicht aber die größeren Zuckermoleküle. Die mit reinem Wasser gefüllte linke Zelle enthält in der gleichen Volumeneinheit wesentlich mehr Wassermoleküle als die rechte Zelle, die ja außer den Wassermolekülen noch die gelösten Zuckermoleküle enthält. Es besteht somit ein Diffusionsdruck, der das Wasser von der linken in die rechte Zelle treibt. Anders ausgedrückt: die Zuckerlösung in der rechten Zelle besitzt eine Saugkraft für Wasser. Dadurch strömt Wasser in die rechte Zelle ein, die Volumenzunahme können wir direkt im Steigrohr ablesen. Die Flüssigkeitssäule im Steigrohr übt einen Druck auf die Lösung in der rechten Zelle aus, wir bezeichnen ihn als hydrostatischen Druck. Der hydrostatische Druck wirkt dem Diffusionsdruck, der zwischen dem reinen Wasser und der Zuckerlösung herrscht, entgegen. In dem Osmosegerät strömt nur so lange Wasser von der linken Zelle in die rechte, bis der hydrostatische Druck im Steigrohr ein weiteres Ansammeln von Wassermolekülen nicht mehr zuläßt. Ist dieser Zustand erreicht, dann entspricht der hydrostatische Druck direkt dem „osmotischen Wert" der Lösung.

Übertragung:
Das Osmose-Gerät ist ein Modell, das auf die osmotischen Verhältnisse einer lebenden Zelle übertragen werden kann. Wie wir gesehen haben, sind für den Vorgang der Osmose die folgenden beiden Voraussetzungen notwendig:
   a. ein Konzentrationsgefälle
   b. eine halbdurchlässige Membran

Zu a.
Die Vakuolen der Pflanzenzellen sind mit Zellsaft gefüllt. Der Zellsaft besteht aber nicht aus reinem Wasser, er enthält eine Vielzahl von gelösten Stoffen und besitzt dadurch einen beträchtlichen osmotischen Wert. Es herrscht also ein Gefälle zwischen dem Wasser als Außenmilieu und der Zellsaftkonzentration als Innenmilieu.

Zu b.
Die Funktion der halbdurchlässigen Membran wird in der Pflanzenzelle *nicht* von der Zellwand, sondern von dem darunterliegenden Plasmaschlauch übernommen. Auch tierische Zellen, die ja keine Zellwand besitzen, sind zur Wasseraufnahme durch Osmose befähigt. Die Rolle der halbdurchlässigen Membran wird also von dem Plasma-Wandschlauch übernommen. Die Zellwand der Pflanzenzelle hat die gleiche Funktion wie die Wassersäule im Steigrohr des Osmosegeräts von Bild 56.
Nimmt die Vakuole durch Osmose Wasser auf, dann wirkt der Druck der Zellwand einer Volumenvergrößerung der Vakuole entgegen. Man bezeichnet den Wanddruck meist mit dem Begriff „Turgordruck", kurz Turgor, und Zellen mit einem maximalen Turgordruck werden entsprechend als „vollturgescent" bezeichnet. Wie vollturgescente Zellen aussehen, kann uns einmal mehr das Zwiebelhäutchen-Präparat zeigen, für dessen Herstellung in diesem Fall destilliertes Wasser verwendet werden muß.

Verhalten von Pantoffeltierchen und von Euplotes in destilliertem Wasser

Bedarf:
Mikroskop, Mikroskopierkästchen, Kulturen von Pantoffeltierchen und von *Euplotes* (siehe Seite 211), Watte, destilliertes Wasser.

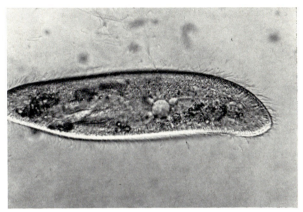

Bild 57. Die kontraktile Vakuole des Pantoffeltierchens dient der Regulation des osmotischen Wertes.

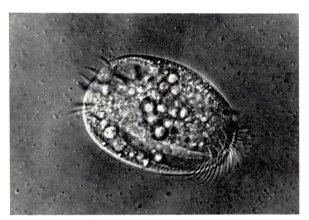

Bild 58. *Euplotes* ist ein Meeres-Einzeller.

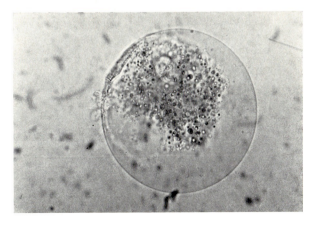

Bild 59. Osmose-Effekt bei *Euplotes* im destillierten Wasser. Für *Euplotes* ist dies eine hypotonische Lösung, da der osmotische Wert des Außenmediums kleiner ist als der des Zellinhaltes.

In die Mitte eines Objektträgers legen wir einige Wattefasern, geben einen größeren Tropfen destilliertes Wasser dazu und bringen dann mit der Pipette Pantoffeltierchen hinein. Nach Auflegen eines Deckglases können wir mikroskopieren. Die Tiere bewegen sich rasch, durch die eingelegten Wattefasern sind sie in ihrer Bewegungsfreiheit etwas eingeschränkt, so daß zumindest einige Tierchen nicht aus dem Gesichtsfeld hinausschwimmen können. Diese Tierchen beobachten wir bei mittlerer Vergrößerung. Die starke Vergrößerung wäre allerdings noch besser geeignet; wenn wir ein ruhiges Pantoffeltierchen finden, so wählen wir die starke Vergrößerung. Im Zelleib des Pantoffeltierchens können wir zwei Bläschen — die sogenannten kontraktilen Vakuolen — beobachten. Die eine Vakuole befindet sich im vorderen, die andere im hinteren Drittel des Zelleibs; beide Vakuolen sind jedoch nicht gleichzeitig sichtbar, sie wechseln sich in ihren Aktionen ab. Um die Vakuolen herum sehen wir Zuführungskanäle in sternförmiger Anordnung (Bild 57). Durch diese Kanäle erfolgt die Füllung der Vakuole mit Wasser; sie schwillt dadurch an. Schließlich erfolgt die Kontraktion der Vakuole; sie zieht sich zusammen und verschwindet dadurch kurzfristig für das Auge. Durch die Kontraktion wurde das Wasser, das sich in der Vakuole angesammelt hatte, nach außen entleert. Wir ermitteln nun, wie viele Sekunden bis zur nächsten Entleerung einer kontraktilen Vakuole vergehen. Die kontraktile Vakuole dient der Osmose-Regulation. Der Zellinhalt des Pantoffeltierchens besitzt naturgemäß einen höheren osmotischen Wert als das reine Wasser. Durch Osmose dringt jetzt ständig Wasser in das Tier ein. Es müßte platzen, wenn es nicht mit der kontraktilen Vakuole eine Einrichtung besäße, durch die das Wasser laufend aus dem Zelleib hinausgeschafft werden kann.

Wir untersuchen nun, wie sich Meereseinzeller im destillierten Wasser verhalten. Dazu bringt man mit der Pipette einige Euploten auf einen Objektträger und fügt einen größeren Tropfen destilliertes Wasser hinzu. Von dem Meerwasser aus der *Euplotes*-Kultur sollte dabei möglichst wenig auf den Objektträger kommen, damit das Konzentrationsgefälle zwischen Zellinhalt und Außenmilieu groß bleibt. Unter dem Mikroskop können wir verfolgen, was mit den Euploten geschieht, wenn sie vom Seewasser in destilliertes Wasser übertragen werden. Zum Vergleich ziehen wir die Bilder 58 und 59 heran. Man kann es kaum glauben, daß es sich hierbei um das gleiche Tier handeln soll. Dieser Einzeller besitzt eine kontraktile Vakuole, die extrem langsam arbeitet. Wird er in destilliertes Wasser überführt, so ist er dem eindringenden Wasser hilflos ausgeliefert. *Euplotes* lebt unter natürlichen Bedingungen im Meerwasser, sein Zellinhalt besitzt einen entsprechend hohen osmotischen Wert. Bei unserem Versuch herrscht deshalb ein enormes Konzentrationsgefälle zwischen dem reinen Wasser als Außenmilieu und dem Zellinhalt des *Euplotes* als Innenmilieu. Das Tier quillt deshalb rasch auf und platzt schließlich.

4. Der Plasmolysevorgang

Grundversuch zur Plasmolyse (Anleitung siehe Bild 60)

Bedarf:
Glasküvette, die sich in den Diaprojektor einstellen läßt, Messingblech, Schere, Nagel, Kartoffel, Messer, Filtrierpapier, Glycerin, Diaprojektor.

Aus Messingblech schneiden wir einen Streifen aus, der nach erfolgtem Abwickeln genau in die Glasküvette paßt. Der hochgestellte Blechstreifen wird auf halber Höhe mit einem Nagel durchbohrt, auf diese Weise entsteht eine Halterung. Die Glasküvette füllt man knapp mit Glycerin. Nun schneiden wir aus einer Kartoffel einen kleinen Würfel aus, trocknen ihn mit Filtrierpapier sorgfältig ab und setzen ihn auf die Nagelspitze auf. Die Halterung mit aufgestecktem Kartoffelwürfel senkt man in die mit Glycerin gefüllte Küvette. Die Beobachtung — am besten mit Hilfe des Diaprojektors — muß sofort erfolgen.

Dem Kartoffelwürfel wird Wasser entzogen. Da Wasser spezifisch leichter als Glycerin ist, steigt das dem Kartoffelgewebe entzogene Wasser an die Oberfläche. Wir dürfen uns durch die Projektion nicht irritieren lassen, hier entsteht ja bekanntlich ein umgekehrtes und seitenverkehrtes Bild. Die Wasserschlieren heben sich somit optisch deutlich vom Glycerin ab.

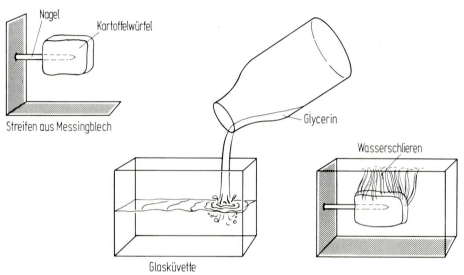

Bild 60. Grundversuch zur Plasmolyse: Dem Kartoffelwürfel wird Wasser entzogen.

Erklärung:
Der osmotische Wert von Glycerin ist wesentlich höher als der osmotische Wert des Zellsafts in den Vakuolen der Kartoffelzellen. Dadurch strömt Wasser aus dem Kartoffelgewebe heraus in das umgebende Medium hinein. Der Wasseraustritt dauert so lange an, bis der osmotische Wert des Zellsafts in den Kartoffelzellen mit dem osmotischen Wert des Außenmediums Glycerin im Gleichgewicht steht. Wir bezeichnen diesen Vorgang insgesamt als Plasmolyse. Es bereitet experimentell keinerlei Schwierigkeiten, den Plasmolysevorgang in Pflanzenzellen zu beobachten. Mikroskopische Untersuchungen zur Plasmolyse sind deshalb Routineexperimente. Es gibt auch wohl keinen anderen physiologischen Zellvorgang, der schon so häufig untersucht worden ist wie gerade die Plasmolyse. Bevor wir ebenfalls mit der mikroskopischen Untersuchung beginnen, müssen allerdings einige Begriffe bekannt sein:

Protoplast:
Der Protoplast ist der Zelleib mit Zellkern. Bei Pflanzenzellen ist er von der Zellwand umschlossen; die meisten ausgewachsenen Pflanzenzellen enthalten im Protoplasten eine Vakuole mit Zellsaft, deren Volumen das Volumen des Protoplasten oft um ein Vielfaches übersteigt.

Molare Lösungen:
Eine 1-molare Lösung enthält im Liter Lösung ein Mol des gelösten Stoffes. Beispiel: Man erhält eine 1-molare Rohrzuckerlösung, wenn man 342 g Rohrzucker (1 Mol) zunächst in 700 bis 800 ml reinem Wasser auflöst und nach dem Umschütteln mit reinem Wasser auf genau einen Liter auffüllt.

Hypertonische Lösung:
Griechisch hyper = über, tonus = Spannung. Es handelt sich um eine Lösung, die einen höheren osmotischen Wert besitzt als die Vakuolenflüssigkeit der betreffenden Zellen.

Plasmolytikum:
Als Plasmolytikum bezeichnet man eine hypertonische Lösung, in die die Zellen eingelegt werden und die den Vorgang der Plasmolyse auslöst.

Mikroskopische Untersuchungen

Bedarf:
Mikroskop, Mikroskopierkästchen, Zeichenblock und Zeichengeräte, Uhr, reife Ligusterbeeren, Blätter von *Rhoeo discolor* oder von der Ampelpflanze *Tradescantia*, Küchenzwiebel, Waage, Rohrzucker, Kaliumnitrat (KNO_3), Calciumnitrat $(Ca(NO_3)_2 \times 4 H_2O)$, Kaliumrhodanid (KCNS), destilliertes Wasser, Meßzylinder, eine größere Anzahl Erlenmeyerkolben.

Plasmolyse der Ligusterbeeren-Zellen

Von Herbst bis Winter stehen reife Ligusterbeeren zur Verfügung. Wir halbieren eine reife Ligusterbeere und schaben mit einer Lanzettnadel oder Rasierklinge das bläulich aussehende Fruchtfleisch direkt unter der Außenhaut ab. Wir verteilen das

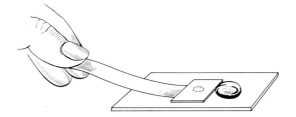

Bild 61. Mit einem Streifen Filtrierpapier kann man Flüssigkeiten durch das Präparat saugen.

Material in einem Tropfen Wasser auf dem Objektträger und legen dann ein Deckglas auf. Unter dem Mikroskop suchen wir isolierte Zellen mit gefärbtem Zellsaft auf. Diesen Zellen wird nun eine hypertonische Lösung angeboten. Wir setzen direkt neben den Deckglasrand einen Tropfen konzentrierte Zuckerlösung. Am gegenüberliegenden Deckglasrand wird ein Filtrierpapierstreifen angesetzt. Auf diese Weise wird die Zuckerlösung durch das Präparat gesaugt (Bild 61). Unter dem Mikroskop können wir verfolgen, wie in den Zellen der Protoplast schrumpft und sich teilweise von der Zellwand abhebt (Bild 62). Die Färbung des Zellsaftes wird intensiver; dafür gibt es eine einleuchtende Erklärung: durch Plasmolyse wird dem Zellsaft lediglich Wasser entzogen, die halbdurchlässige Membran des Plasmaschlauchs verhindert ja ein Austreten der Farbstoffmoleküle. Die Stoffkonzentration des Zellsafts wird durch den Wasserverlust erhöht, während das Volumen der Vakuole immer mehr abnimmt.
Der Protoplast löst sich schließlich von der Zellwand ab und nimmt die Form einer

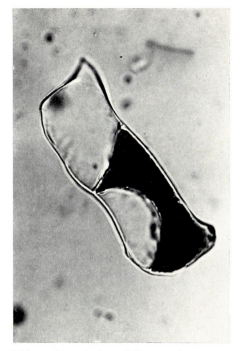 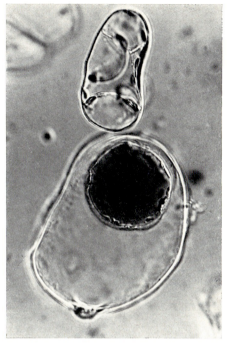

Bild 62. Plasmolysierte Zelle aus dem Fruchtfleisch der Ligusterbeere.

Bild 63. Der Protoplast hebt sich von der Zellwand ab.

Kugel an. Bild 63 zeigt, daß die mit Zellsaft gefüllte Vakuole vom Plasmaschlauch umschlossen wird. Der Plasmolysevorgang ist jetzt abgeschlossen, da die Konzentration der im Zellsaft gelösten Stoffe der Konzentration des Plasmolytikums entspricht. Es herrscht ein osmotisches Gleichgewicht zwischen Außenmedium und Innenmedium *.

Man kann nun im Präparat das Plasmolytikum, also die konzentrierte Zuckerlösung, durch reines Wasser ersetzen. Mit dem Filtrierpapierstreifen (siehe Bild 61) saugen wir jetzt einen größeren Tropfen destilliertes Wasser durch das Präparat. Überlegen Sie zunächst, wie sich jetzt die plasmolysierten Zellen verhalten. Der Versuch wird Ihnen dann zeigen, ob Ihre Überlegung richtig war.

Versuche mit Rhoeo discolor oder Zebrina pendula

Die Beschaffung von *Rhoeo discolor* bereitet einige Schwierigkeiten, da diese Pflanze meist nur in botanischen Gärten gehalten wird. Dagegen ist *Zebrina pendula*, eine Verwandte der *Tradescantia* mit rot-violett gefärbter Blattunterseite, in jeder Gärtnerei zu haben. Sie kann auch ohne weiteres im Zuchtraum gepflanzt werden (siehe Seite 56).

---

* Die Zuckerkonzentration muß für diesen Versuch sehr hoch gewählt werden, da der Zellsaft der Ligusterbeeren einen hohen osmotischen Wert hat. Vorversuche mit einer 1-molaren Rohrzuckerlösung (= Rübenzucker!) sind anzuraten. Je nach dem physiologischen Zustand der Beeren kann der osmotische Wert der Zellen schwanken. Grundsatz (auch bei allen anderen Experimenten): Der Lehrer muß jeden Versuch mit dem gegebenen Material *vor* dem Unterricht erproben.

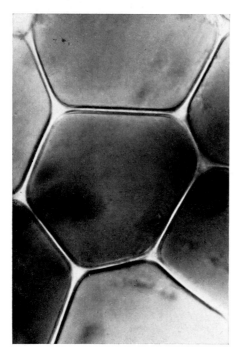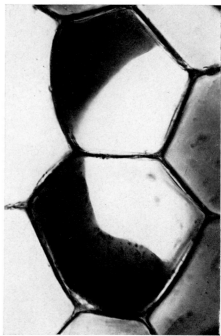

Zur Herstellung eines Flächenschnittes legt man ein Blatt von *Rhoeo discolor* oder von *Zebrina pendula* mit der Unterseite nach oben über den Zeigefinger und hält es mit Daumen und Mittelfinger fest. Nun führen wir mit einer scharfen Rasierklinge entlang der Mittelrippe und parallel zur Blattfläche Schnitte durch; lediglich die untere Zellage, die Blattepidermis, soll erfaßt werden. Man macht am besten eine ganze Reihe von Schnitten und scheidet die unbrauchbaren, die noch mit grünem Gewebe behaftet sind, aus. Die abgelöste rot-violette Epidermisschicht wird mit der Wundseite nach unten auf den Wassertropfen eines Objektträgers gebracht. Man legt ein Deckglas auf und sucht bei kleiner Vergrößerung unter dem Mikroskop nach einer günstigen Präparatstelle. Bei stärkerer Vergrößerung erkennen wir schöne regelmäßige Zellen. Die Zellwände sind durch den Turgordruck gespannt, die im Zellsaft gelösten Anthocyane verleihen der Vakuole ihre rote Farbe (Bild 64). In einer Zeichnung halten wir das Bild einer solchen turgescenten Zelle fest.

Nun saugt man — wiederum mit Hilfe des Filtrierpapierstreifens — einen Tropfen 1-molarer KNO_3-Lösung durch das Präparat. Wir schauen auf die Uhr, wie lange es dauert, bis die ersten Zellen ein Abheben des Plasmas von der Zellwand, also Plasmolyse, zeigen. Von einer markanten Präparatstelle fertigen wir eine Skizze der Zellumrisse an und zeichnen am besten mit verschiedenen Farben im Abstand von fünf Minuten die Umrisse der plasmolysierten Protoplasten ein.

Plasmolyseform und Einfluß des Plasmolytikums

Die Protoplasten verschiedener Zellen verhalten sich beim Plasmolysevorgang nicht einheitlich. Man unterscheidet deshalb — je nach Form des plasmolysierten Protoplasten — zunächst zwischen Konkav- und Konvexplasmolyse. Die Zellen der Ligu-

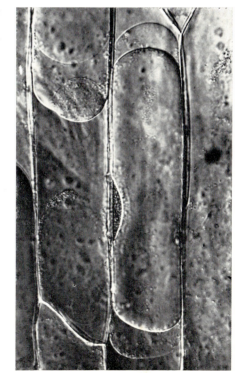

Bild 64 (linke Seite außen). Zellen der Blattepidermis von *Tradescantia*.

Bild 65 (linke Seite innen). Plasmolysierte Epidermiszellen.

Bild 66 (oben). Konvexplasmolyse in den Zellen des Zwiebelhäutchens.

Bild 67 (oben rechts). Das Plasmolyticum beeinflußt die Plasmolyseform.

Bild 68 (rechts). Kappenplasmolyse (Erläuterung im Text).

sterbeeren (Bild 62) und die Blattepidermiszellen von *Rhoeo* oder *Tradescantia* (Bild 65) bilden zumindest im Anfangsstadium eine Konkavplasmolyse aus. Der Protoplast hebt sich nicht gleichmäßig von der Zellwand ab, dadurch weist er Einbuchtungen auf. Wir bezeichnen diese Form des Protoplasten als Konkavplasmolyse. Plasmolysiert man die Zellen des Zwiebelhäutchens mit einer 0,75-molaren Traubenzuckerlösung, dann zeigen die Protoplasten das Bild einer Konvexplasmolyse (Bild 66). Am Anfang kommt es auch zur Ausbildung einer Konkavplasmolyse, doch schließlich folgt das Plasma den Kräften der Oberflächenspannung, der Protoplast rundet sich ab zur Konvexplasmolyse.

Die Plasmolyseform hängt auch vom verwendeten Plasmolytikum ab. Nimmt man als Plasmolytikum eine stark hypertonische Lösung, z. B. eine 2-molare Zuckerlösung, schrumpft der Protoplast durch Wasserverlust zusammen. Man bezeichnet diesen Vorgang als Krampfplasmolyse. Der Protoplast stirbt dabei ab.

Ferner üben Kalium- und Calciumionen eine unterschiedliche Wirkung auf das Plasma aus. Wir stellen zunächst eine 1-molare Kaliumnitrat- und dann eine 0,7-molare Calciumnitrat-Lösung her. Nun fertigt man unter Verwendung der beiden hypertonischen Lösungen zwei Zwiebelhäutchenpräparate an. Die mikroskopische Untersuchung zeigt, daß die Zellen in der KNO_3-Lösung am Anfang zwar konkav plasmolysieren, nach zwanzig Minuten jedoch ist eine schöne Konvexplasmolyse erreicht. Die Zwiebelzellen in der $Ca(NO_3)_2$-Lösung dagegen zeigen auch noch nach einer Stunde eine krampfartige Konkavplasmolyse. Es gibt dafür folgende Erklärung: Kaliumionen bewirken eine Quellung und Verflüssigung des Plasmas, der plasmolysierte Protoplast kann sich abrunden. Die Calciumionen dagegen bewirken eine Entquellung des Plasmas, es verfestigt sich

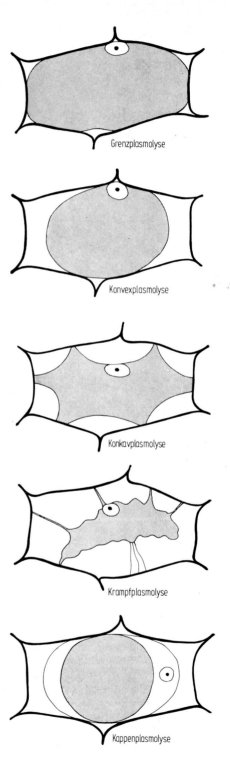

Bild 69. Verschiedene Plasmolyseformen.

Tabelle 4: Testlösungen zur Ermittlung des Grenzplasmolysewerts von Pflanzenzellen

Molarität	$C_6H_{12}O_6$ pro 100 ml H_2O
2,00	36,0 g
1,50	27,0 g
1,00	18,0 g
0,75	13,5 g
0,50	9,0 g
0,35	6,3 g
0,30	5,4 g
0,25	4,5 g
0,20	3,6 g
0,15	2,7 g
0,10	1,8 g

dadurch und wird ausgesprochen zähflüssig.

Äußerst interessant verläuft der Plasmolysevorgang, wenn man den Zwiebelzellen als Plasmolytikum eine 1-molare Lösung von KCNS (Kaliumrhodanid) anbietet. Die Plasmolyse setzt schlagartig ein, und die Volumenverringerung der Protoplasten schreitet so rasch voran, daß der Eindruck entsteht, es handle sich bei dem beobachteten Vorgang um Zeitraffer-Aufnahmen. Die stark abgerundeten Protoplasten füllen schließlich nur noch einen kleinen Teil des Zellvolumens aus (Bild 67). Bei Verwendung dieses Plasmolytikums platzen in manchen Zellen die Protoplasten ruckartig. Die Kaliumrhodanid-Lösung verursacht als Plasmolytikum eine außerordentlich starke Plasmaquellung. Die Verflüssigung führt so weit, daß nach zwanzig bis dreißig Minuten an den Polen einzelner Protoplasten regelrechte „Plasmakappen" entstanden sind (Bild 68).

Quantitative Auswertung des Vorgangs der Grenzplasmolyse

Bietet man Zellen als Plasmolytikum eine Lösung an, deren osmotischer Wert nur minimal höher liegt als der osmotische Wert der Zellsaftkonzentration, dann zeigen die Zellen gerade die ersten Anzeichen einer Abhebung des Plasmaschlauchs von der Zellwand. Diese Situation wird als Grenzplasmolyse bezeichnet. In Bild 69 ist neben einigen anderen Plasmolyseformen auch die Grenzplasmolyse dargestellt.

Für die Ermittlung des Grenzplasmolysewertes bringt man das zu untersuchende Gewebe in verschieden konzentrierte Testlösungen. Unter dem Mikroskop ermittelt

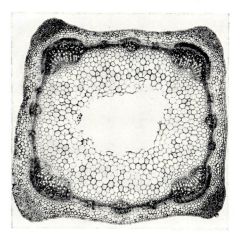

Bild 70. Querschnitt durch den Stengel der Taubnessel. Aufnahme nach einem Lieder-Präparat.

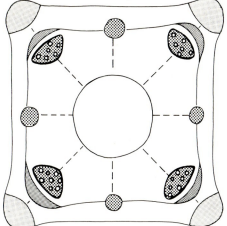

Bild 71. Querschnitt durch den Stengel der Taubnessel. Die gestrichelten Linien deuten die verschiedenen T-Träger-Systeme an.

man dann diejenige molare Lösung, die bei 50% der untersuchten Gewebezellen zu einer Grenzplasmolyse führt. Für die Testlösungen sind Rohr- oder Traubenzuckerlösungen besser geeignet als Salzlösungen, da letztere beim Lösungsvorgang in Ionen dissoziieren. Bei Pflanzenzellen entspricht der osmotische Wert des Zellsafts im allgemeinen einer 0,2- bis 0,8-molaren Zuckerlösung. Zur Ermittlung des Grenzplasmolysewerts benötigt man jetzt Testlösungen mit ansteigender molarer Konzentration. In Tabelle 4 ist eine solche „osmotische Orgel" zusammengestellt. Wir wollen nun den Grenzplasmolysewert von Zwiebelzellen ermitteln. Als Testlösungen verwenden wir Traubenzuckerlösungen mit folgenden molaren Konzentrationen:

0,15   0,2   0,25   0,3   0,35

Die Zwiebelhäutchen müssen von der gleichen Zwiebel genommen werden; die Beobachtungszeit sollte jedesmal fünfzehn Minuten dauern. Stellen Sie nun fest, bei welcher molaren Lösung 50% der untersuchten Zellen eine Grenzplasmolyse zeigen.

5. Warum stehen Pflanzen aufrecht?

Bedarf:
Mikroskop, wenn vorhanden Stereomikroskop (Binokular), Mikroskopierkästchen, als Untersuchungspflanzen Taubnessel und einen Roggenhalm, Meterstab.

Die Pflanze kann sich aufrecht halten, weil ihre Zellen durch den Turgordruck gestrafft werden. Der Turgor stellt somit für Pflanzen ein wichtiges Festigungsprinzip dar. Selbstverständlich ist diese Turgorfestigung nur dann möglich, wenn genügend Wasser zur Verfügung steht und vor allem der Wassernachschub nicht unterbrochen wird. Pflücken wir einige Sumpfdotterblumen, die an ihrem Standort doch so kräftig und stabil aussehen, so verwelkt der Blumenstrauß rasch in der Hand. Durch den Turgorverlust geht die Zellspannung verloren, die Pflanze erschlafft und ist in ihrem ganzen Aussehen verändert. Man bezeichnet diesen durch Wasserverlust verursachten Vorgang als Welken. Die Sumpfdotterblume, die ja an einem extrem feuchten Stand-

Bild 72. Der hohle Roggenhalm wird an den Knoten von einer Querwand durchzogen.

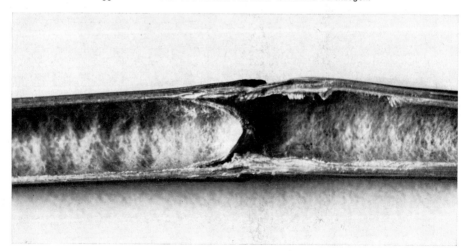

ort lebt, wird durch die Turgorfestigung aufrecht gehalten. Das heißt aber nicht, daß Pflanzen ausschließlich durch den Turgordruck stabilisiert werden. Außer Standfestigkeit muß der Pflanzenstengel auch eine Biegungsfestigkeit aufweisen.
Wir untersuchen den Stengel der Weißen Taubnessel. Mit der Rasierklinge stellt man einen dünnen Querschnitt her. Das Scheibchen wird auf einen trockenen Objektträger gelegt und dann mit der Lupe betrachtet. Das Stereomikroskop („Binokular") ist für die Beobachtung sehr zu empfehlen. Auf den ersten Blick fällt auf, daß der Stengel innen hohl ist und die vier Ecken des Stengels pfeilartig verstärkt sind. Vier kräftig ausgebildete Gefäßbündel sind wiederum auf die Ecken ausgerichtet.
Zur besseren Orientierung ziehen wir Bild 70 heran, das ebenfalls einen Stengelquerschnitt der Taubnessel zeigt. Wir erkennen, daß die Außenseiten der vier großen Gefäßbündel durch einen schmalen Zellstreifen in Form eines Ringes miteinander verbunden sind. Genau in der Mitte zwischen zwei großen Leitbündeln ist ein kleineres Leitbündel in den Ring eingelagert. Beim Stengel der Taubnessel ist ein Bauprinzip verwirklicht, das auch in der Bautechnik unentbehrlich ist: die Erhöhung der Biegungsfestigkeit durch Verwendung von Doppel-T-Trägern. Beim Taubnesselstengel bilden die vorgewölbten Eckpfeiler und die darunterliegenden Leitbündel die „Gurtungen" von zwei Doppel-T-Trägern, die über Kreuz angeordnet sind. Wir halten dies in einer schematischen Zeichnung fest (Bild 71). Die „Füllung" der Träger ist durch den Hohlraum in der Stengelmitte unterbrochen. Die stützende Wirkung des Trägersystems wird dadurch nicht beeinträchtigt, weil ein T-Träger durch Druck und Zug in seinem Innern überhaupt nicht beansprucht und verändert wird.
Die Eckpfeiler sind durch die Außenseiten des Stengels ebenso miteinander verbunden wie die auf einem Ring angeordneten Gefäßbündel. Der Stengel ist somit auch gegen Seitenwirkungen durch den Wind gesichert.

Der Roggenhalm

Ein Roggenhalm muß mit der Ähre ein Gewicht tragen, das schwerer ist als der gesamte Halm. (Nachprüfen!) Dabei beträgt bei einem reifen Halm das Verhältnis Durchmesser zu Höhe nur 1 : 400. (Ebenfalls nachprüfen!) Wie kann sich ein solcher Halm überhaupt halten? Diese Frage wollen wir durch eine Untersuchung beantworten. Wir entfernen von einem Roggenhalm — oder auch von einem Schilfrohr — die Blattscheide, die als Röhre die Halmstücke umschließt. Dann spalten wir mit der Rasierklinge ein Halmstück in Längsrichtung. Wir stellen fest: der Halm ist hohl, im Innern der Knoten wird er von einer Querwand durchzogen (Bild 72). Durch diese Querwände erhöht sich die Bruchfestigkeit des Roggenhalms; eine einzige lange Röhre wird vom Wind viel leichter geknickt als mehrere kleine Röhren. Die Hohlbauweise bedeutet einmal eine Materialersparnis; ferner wird das Gewicht des Halmes gering gehalten und die Biegungsfestigkeit gewährleistet.
Entfernt man von einem Halmstück die Blattscheide, so erkennt man am Halm dunkle Linien, die in Längsrichtung von unten nach oben ziehen. Für die weitere Untersuchung eignet sich das Stereomikroskop gut. Die Außenwand des Roggenhalms ist nicht kreisrund, sie erinnert in ihrer Form an Wellblech. Bearbeitet man die Außenwand mit der Lanzettnadel, dann läßt sich die Epidermis und das darunterliegende grüne Gewebe leicht abschaben. Das wellenförmige Festigungsgewebe liegt frei. Die Stützrippen — von außen als Längsstreifen sichtbar — haben die Funktion eines Stützkorsetts, das für die Biegungsfestigkeit des Halms sorgt. In der hellen Innenschicht sind die großen Leitbündel eingelagert. Ein Querschnitt durch den Roggenhalm soll der Zusammenfassung unserer Beobachtungen dienen.

6. Der Transport von Wasser

Wurzelhaare und Wurzel

Bedarf:
Mikroskop, Mikroskopierkästchen, Kressesamen, Fleißiges Lieschen, Schwertlilienwurzeln, Luftwurzeln von Grünlilie oder Philodendron, Becherglas, Alkohol (Spiritus).

Als Organ für die Wasseraufnahme dienen die Wurzelhaare. Um Wurzelhaare zu erhalten, läßt man Kressesamen auf feuchtem Filtrierpapier so lange keimen, bis die Wurzelspitze einen filzigen Überzug aufweist. Stecklinge von der Topfpflanze „Fleißiges Lieschen" bewurzeln sich im Wasser rasch und bilden Wurzelhaare aus, die sich für eine mikroskopische Untersuchung gut eignen. Unter dem Mikroskop erkennen

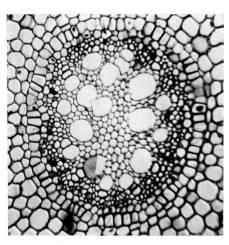

Bild 73. Querschnitt durch die Wurzel von Iris, Zentralzylinder.

wir, daß in einiger Entfernung von der Wurzelhaube die Zone der Wurzelhaare beginnt. Die Wurzelhaare entstehen durch Auswachsen der Epidermiszellen. Zuerst entstehen nur kleine Ausbuchtungen, die sich dann zu schlauchförmigen Gebilden ausstülpen. Dadurch wird die Oberfläche der Wurzel beträchtlich vergrößert. Die Pflanze nimmt mit den Wurzelhaaren durch Osmose Wasser aus der Erde auf. Noch nicht ganz geklärt ist, wie die Aufnahme der Nährsalze in das Plasma erfolgt. Das Wasser und die darin gelösten Nährsalze werden in allen Pflanzenteilen benötigt, es stehen daher für den Transport innerhalb der Pflanze besondere Bahnen zur Verfügung. Diese sind im Totalpräparat nur schwer zu erkennen; anhand eines Wurzelquerschnitts können wir uns einen besseren Überblick verschaffen.

Als Untersuchungsmaterial wählt man stärkere Wurzeln der Schwertlilie *(Iris germanica)* oder Luftwurzeln von der Grünlilie *(Chlorophytum)* oder vom Philodendron. Das Material läßt sich besser schneiden, wenn es zuvor zwei bis drei Tage in Alkohol (Spiritus) gelegt wurde; es wird dadurch härter. Wir bemühen uns, einen möglichst dünnen Querschnitt herzustellen. Ist dies geglückt, überträgt man den Schnitt mit einem Pinsel in einen Tropfen Wasser auf die Mitte des Objektträgers und legt ein Deckglas auf. Mit der Lupenvergrößerung des Mikroskops verschaffen wir uns einen Überblick über den Bau der Wurzel. Sie gliedert sich in ein mächtig entwickeltes Rindengewebe und einen zentralen Zylinderstrang. Der äußere Abschluß der Wurzel wird von einer mehrschichtigen Epidermis gebildet, der Zentralzylinder ist ebenfalls durch eine Epidermis vom Rindengewebe abgegrenzt. Unser Interesse gilt dem Zentralzylinder. Wenn es die Schnittdicke gestattet, gehen wir jetzt zu einer stärkeren Vergrößerung über. Bild 73 zeigt den Zentralzylinder einer Iriswurzel. Die weiten, hellen Öffnungen fallen besonders auf. Es handelt sich hierbei um Röhren, in denen der Wassertransport erfolgt. Bei der Untersuchung des Stengels werden wir diese Leitgefäße noch eingehend betrachten.

Für das Studium von Pflanzenorganen wie Wurzel, Stengel, Blatt sind brauchbare

Schnitte unerläßlich. Wir müssen uns deshalb in die Technik des Handschnittes einarbeiten.

Zur Technik des Handschnittes

Einklemmen

Manche Pflanzenorgane sind von Natur aus zu weich zum Schneiden, sie werden deshalb zwei bis drei Tage in Spiritus gehärtet. Sonst wird mit frischem Material gearbeitet, „saftfrische" Hölzer lassen sich besonders gut schneiden. Blätter oder Nadeln, die wegen ihrer Form oder geringen Größe unhandlich sind, werden in ein anderes schneidbares Material eingeklemmt. Zum Einklemmen verwendet man am besten Holundermark aus vorjährigen Zweigen oder Korkscheiben*. Beim Einklemmen geht man folgendermaßen vor: Das Holundermark — es muß größer als das zu schneidende Objekt sein — wird in Längsrichtung zur Hälfte oder zu drei Vierteln tief eingeschnitten. Nun spreizt man die beiden Hälften etwas auseinander und klemmt das Objekt ein. Das feste, ungespaltene Ende des Holundermarkstückes verleiht dem eingeklemmten Objekt einen gewissen Halt.

Rasiermesser oder Rasierklinge?

Zur Herstellung von Handschnitten eignet sich ein Rasiermesser vorzüglich. Der Umgang mit diesem Instrument — vor allem auch dessen Pflege — ist aber heute kaum jemandem mehr vertraut. Wir können für die Herstellung von Handschnitten auch gute Rasierklingen verwenden. Die Schneide einer scharfen und neuen Rasier-

Bild 74. Eine Rasierklinge wird mit Stearin auf die Schneide eines Küchenmessers aufgeschmolzen (links). Zum Schneiden dreht man das Messer um (rechts). Nach Lindauer, aus Mikrokosmos

klinge steht einem guten Rasiermesser kaum nach. Leider biegt sich die Rasierklinge beim Schneiden leicht durch. Um dies zu verhindern, empfiehlt LINDAUER für die Halterung der Rasierklinge eine bestechend einfache Methode: Man schmilzt die Rasierklinge in einem heißen Tropfen Stearin auf ein Küchenmesser auf und erhält dadurch ein Rasiermesser. Im einzelnen gehen wir dabei so vor: Auf die Schneide des Küchenmessers legt man ein kleines Stück Stearin oder Paraffin und bringt dieses über einer kleinen Flamme zum Schmelzen. Dann nimmt man das Messer aus der Flamme heraus und legt eine neue Rasierklinge so in den heißen Stearintropfen, daß die Schneide der Rasierklinge etwa zwei Millimeter über den Messerrand hervorsteht (Bild 74 a). Durch senkrechten Druck mit dem Rücken eines Bleistifts wird die Rasierklinge auf dem Küchenmesser festgedrückt und sofort unter einen schwachen Strahl kalten Leitungswassers gehalten. Die Klinge haftet augenblicklich. Für die Schneidetechnik wird das Küchenmesser umgedreht (Bild 74 b). Die Rasierklinge verschiebt sich bei paralleler Schnittführung nicht. Ist die Schneide stumpf geworden, drückt man senkrecht von oben auf den vorstehenden Teil der Rasierklinge, sie springt

---

* Als Ersatz für Holundermark wird vielfach Styropor empfohlen. Dieses Material ähnelt äußerlich dem Holundermark, macht aber jede Klinge nach wenigen Schnitten stumpf. Von der Verwendung von Styropor ist daher abzuraten.

dann sofort ab. Wir können nach dem gleichen Verfahren die noch nicht benützte Schneide oder auch eine neue Rasierklinge befestigen.

Ziehend schneiden!

Zuerst schafft man am Objekt mit einer schon gebrauchten Rasierklinge — nicht mit unserem „Rasiermesser" — eine saubere und ebene Anschnittsfläche. Objekt und Messer werden jetzt befeuchtet, bei Frischpräparaten mit Wasser, sonst mit Alkohol. Nun versuchen wir möglichst dünne, gleichmäßige Schnitte anzufertigen. Man setzt das Messer flach am äußersten hinteren Rand auf die Querfläche des Objekts auf. Schneidend ziehen wir nun das Messer der ganzen Länge nach durch das Objekt, von links oben nach rechts unten in Richtung zum Körper. Man verwendet also für jeden einzelnen Schnitt die ganze Schneide der Rasierklinge. Während des Schneidens soll das Messer mit seiner ganzen Fläche auf dem Objekt aufliegen, dadurch wird schiefes Schneiden verhindert. Wurde trotzdem einmal schief in das Objekt eingeschnitten, schaffen wir uns wiederum mit der gebrauchten Rasierklinge eine ebene Schnittfläche. Die brauchbaren Schnitte entfernt man mit einem befeuchteten Pinsel von der Schneide der Rasierklinge und überträgt sie in ein Blockschälchen mit Wasser bzw. mit Alkohol. Sobald wir mehrere Schnitte im Blockschälchen beieinander haben, können wir die guten aussortieren. Auf einem Objektträger werden sie mit Hilfe eines Pinsels in einer Reihe nebeneinander angeordnet, durch Zugabe von Wasser oder Alkohol wird ein Austrocknen der Schnitte verhindert. Mit der Lupe mustern wir die Schnitte durch. Dicke Schnitte werden weggeworfen, von den dünnen Schnitten und von solchen mit „Auskeilungen" stellen wir ein Präparat her.

Nur wirkliche *Quer*-Schnitte sind brauchbar. Schrägschnitte, also Schnitte, die nicht genau senkrecht zur Achse des Objektes verlaufen, sind schwer zu deuten und für den Anfänger irreführend.

Untersuchung des Sprosses

Bedarf:

Mikroskop, Mikroskopierkästchen, Polarisationsfilter, „Rasiermesser", Zeichengeräte und Zeichenblock, verschiedene ein- und zweikeimblättrige Pflanzen wie Mais, Tulpe, *Iris*-Arten und Hahnenfuß, Sonnenblume, Fleißiges Lieschen, Großer Wegerich, Rhabarber, saftfrische Lindenzweige; Becherglas, Butanbrenner, Dreifuß.

Für das Studium des Sprosses eignet sich im Prinzip jede Pflanze; wir können also für die mikroskopische Untersuchung irgendeine Pflanze, die gerade bereitsteht,

Bild 75. Querschnitt durch den Maisstengel. Bei einkeimblättrigen Pflanzen sind die Leitbündel über die gesamte Querfläche verteilt.

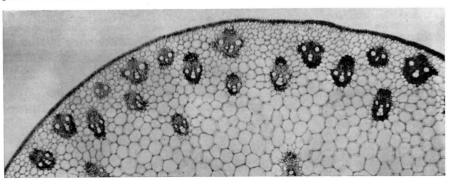

nehmen. Andererseits gibt es auch hier eine ganze Reihe von Standardobjekten, die in jedem Praktikumsbuch empfohlen werden.

Zunächst fertigen wir vom Mais oder einer anderen einkeimblättrigen Pflanze dünne Stengelquerschnitte an. Der Schnitt braucht nicht die ganze Sproßfläche zu umfassen, es genügt, wenn er durch die Hälfte der Sproßfläche geführt wird oder nur einen Sektor darstellt. Den gesamten Stengelquerschnitt kann man sich gedanklich leicht ergänzen. Im Stengelquerschnitt fallen uns die Leitbündel schon bei Betrachtung mit dem „unbewaffneten" Auge auf. Bei der mikroskopischen Untersuchung genügt zunächst die Lupenvergrößerung. Wir erkennen dann, daß die Leitbündel über den ganzen Stengelquerschnitt verteilt sind (Bild 75). Das Gewebe, in dem die Leitbündel eingebettet sind, besteht aus relativ großen Zellen. Ist der Schnitt dünn genug, können wir ein einzelnes Leitbündel auch bei stärkerer Vergrößerung betrachten. Die weiten Öffnungen der Leitgefäße — man spricht in diesem Zusammenhang von weitlumigen* Gefäßen — fallen besonders auf. Es sind wieder die Leitgefäße, die uns schon vom Zentralzylinder der Wurzel her bekannt sind.

Als nächstes Objekt wählen wir den Sproß einer zweikeimblättrigen Pflanze. Wir betten ein kleines Sproßstück vom Scharfen Hahnenfuß — am besten als Alkohol-

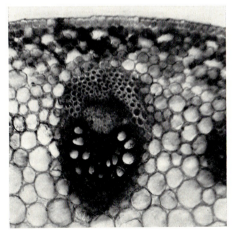

Bild 76. Aufnahme eines Leitbündels vom Hahnenfuß-Sproß (Handschnitt).

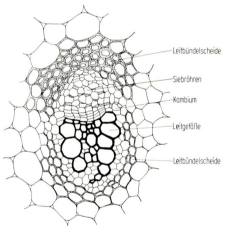

Bild 77. Querschnitt durch ein Leitbündel vom Hahnenfuß-Sproß (Zeichnung). Nach Strasburger-Koernicke

material — in Holundermark ein und fertigen wiederum dünne Querschnitte an. Das Übersichtsbild mit der Lupenvergrößerung zeigt, daß bei zweikeimblättrigen Pflanzen die Leitbündel ganz anders angeordnet sind als bei den einkeimblättrigen. Die Leitbündel liegen alle auf einem Kreis an der Peripherie des Sprosses. In zwei schematischen Skizzen vergleichen wir die Leitbündelanordnung bei Einkeimblättrigen und Zweikeimblättrigen.

Man mustert sämtliche Sproßquerschnitte nach einer dünnen Präparatstelle durch, in der ein quergetroffenes Leitbündel liegt. Diese wird nun bei stärkerer Vergrößerung betrachtet. Ein Handschnitt kann nicht so dünn ausfallen, daß nur eine einzige Zellage erfaßt wird. Dafür vermittelt ein Handschnitt — wie aus Bild 76 ersichtlich

* Lumen = Öffnung.

— ein räumliches Bild von der Anordnung der Gewebe. Die weitlumigen Leitgefäße sind wieder deutlich sichtbar. Um das Leitbündel herum bilden Zellen mit verdickten Zellwänden eine Leitbündelscheide; am oberen Pol des Leitbündels ist sie gut zu erkennen. Wir wollen den vollständigen Aufbau des Leitbündels kennenlernen und ziehen deshalb eine Zeichnung zu Rate (Bild 77). Ein Leitbündel ist aus zwei funktionell verschiedenen Elementen aufgebaut: Gefäßteil und Siebteil. Ein Gewebestreifen, das sogenannte Kambium, trennt beide Teile voneinander. Die Zellen des Kambiums können sich teilen; diese Tatsache erscheint erst dann interessant, wenn man weiß, daß alle anderen Gewebezellen ihre Teilungsfähigkeit eingebüßt haben.

Wir zerzupfen ein Leitbündel

Über den Verlauf der Leitgefäße in Längsrichtung der Sproßachse gibt ein Längsschnitt Aufschluß. Die Herstellung von dünnen Sproßlängsschnitten bereitet technisch einige Schwierigkeiten. Es gibt aber ein ganz einfaches Verfahren, um einzelne Gefäße der Länge nach zu isolieren: Mit zwei Nadeln zerzupft man ein Leitbündel. Als Material verwenden wir kleine Sproßstücke vom Fleißigen Lieschen, ebensogut

Bild 78. Isolierte Ringgefäße im polarisierten Licht.

eignet sich ein Stengel von Rhabarber oder Großem Wegerich. Man kann die Stengel auch zuvor einige Zeit in eine Eosinlösung stellen, damit sich die Leitgefäße rot färben. Einige kleine Sproßstücke werden kurz in Wasser abgekocht, dann schneiden wir ein oder zwei Leitbündel heraus und übertragen sie in einen größeren Wassertropfen auf die Mitte des Objektträgers. Nun beginnt die eigentliche Arbeit, die einige Geduld erfordert. Wir zerzupfen mit zwei Nadeln den Leitbündelstrang so lange, bis er zerfasert. Das dicke Material wird vom Objektträger entfernt, ehe das Deckglas aufgelegt wird. Abschließend drücken wir senkrecht auf das Deckglas, das Leitbündel wird dabei auseinandergepreßt. Die mikroskopische Untersuchung zeigt, daß die Leitgefäße die Dimension von kapillaren Röhren aufweisen. Es handelt sich hierbei um abgestorbene Zellen, die keine Querwände besitzen. Dem Wasserdruck können die Gefäße dadurch standhalten, daß ihre Längswände Versteifungen haben. Je nach Form unterscheidet man dabei Ring-, Schrauben- oder Netzgefäße. Unter dem Polarisationsmikroskop (Einzelheiten siehe S. 73) sind die Gefäßaussteifungen schön zu erkennen. Sie leuchten auf dunklem Untergrund hell auf (Bild 78).

Arbeitskasten MIKROSKOPIE: Doppelfärbung Holz/Zellulose

Durchführung nach Arbeitsplan 3 des KOSMOS-Arbeitskastens Mikroskopie
Wir haben festgestellt, daß die Leitgefäße nicht aus lebenden Zellen bestehen, sondern Röhren mit „verholzten" Zellwänden darstellen. Man nennt den Gefäßteil eines

Leitbündels deswegen auch Holzteil. Es gibt nun eine Färbemethode, um die beiden Grundbausteine Holz und Zellulose verschiedenfarbig darzustellen, die Doppelfärbung mit Astrablau—Safranin. Der Arbeitsplan 3 des KOSMOS-Arbeitskastens MIKROSKOPIE enthält alle für die Präparation notwendigen Angaben (Bild 79). Die benötigten Reagenzien — sie werden in dem Arbeitskasten mitgeliefert — sind in den Kreismarkierungen des Planes genannt, ebenso die Zeitangaben. Der Präparationsgang ist mit Pfeilen vorgezeichnet. Das Untersuchungsmaterial wird auch gestellt, in unserem Fall ein Mikrotomschnitt durch einen Pflanzenstengel.
Eigene Handschnitte müssen fixiert werden.
Wollen wir unsere selbst hergestellten Sproßquerschnitte nach Arbeitsplan 3 zu einem Dauerpräparat verarbeiten, müssen die Schnitte zuvor fixiert werden. Bei der Fixierung wird das lebende Objekt so schonend abgetötet, daß die mikroskopische Betrachtung nur geringfügige Abweichungen gegenüber dem Bild vom lebendfrischen Material zeigt. Als Fixierungsgemisch eignet sich Alkohol/Eisessig im Verhältnis 3 : 1, besser ist ein Gemisch aus

<pre>
    Alkohol (70%ig)   90 ml
    Eisessig   5 ml
    Formol (40%ig)   5 ml.
</pre>

Den 70%igen Alkohol stellt man aus einer Mischung von drei Teilen Brennspiritus und einem Teil destillierten Wasser her. Die Schnitte sollten wenigstens vierundzwanzig Stunden fixiert werden. Sie können aber auch für längere Zeit in dem Fixierungsgemisch aufbewahrt werden, da dieses gleichzeitig die Wirkung einer Konservierungsflüssigkeit hat. Es ist praktischer, wenn nicht erst die Sproßquerschnitte fixiert werden, sondern schon das Ausgangsmaterial, also kleine Sproßstücke. Nach einem Aufenthalt von vierundzwanzig Stunden im Fixiergemisch sind die Sproßstücke nicht nur fixiert, sondern auch so weit gehärtet, daß sie sich gut schneiden lassen. Vor der Weiterverarbeitung der Schnitte muß das Fixiergemisch mit Leitungswasser herausgewaschen werden.

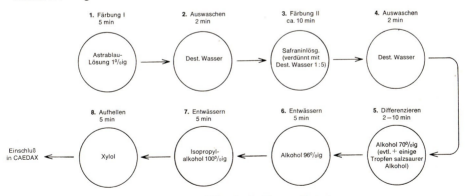

Bild 79. Arbeitsplan 3 aus dem Arbeitskasten Mikroskopie (Kosmos-Verlag).

Kehren wir wieder zur Färbung nach Arbeitsplan 3 zurück. Zunächst wird eine Vorfärbung der Zellulosebestandteile mit Astrablau vorgenommen. Die Holzteile des Pflanzenstengels bleiben in der Astrablau-Lösung ungefärbt. Nach dem Auswaschen in destilliertem Wasser erfolgt in Safraninlösung die Färbung der Holzteile. Die Blaufärbung der Zellulosebestandteile wird in der Safraninlösung stark überdeckt, so daß der Schnitt ziemlich rot erscheint, wenn er anschließend an die Färbung zum Wässern

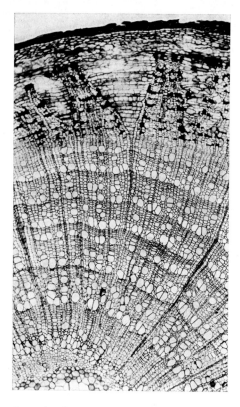

Bild 80. Querschnitt durch einen Lindenzweig (Mikrotomschnitt). Aufnahme Roeser

überführt wird. Die übermäßige Rotfärbung wird auf das gewünschte Maß reduziert. Man bezeichnet diesen wichtigen Schritt als Differenzieren. Der Schnitt kommt hierfür so lange in 70%igen salzsauren Alkohol, bis die überschüssige Rotfärbung beseitigt und eine klare Trennung der Farben Rot und Blau erreicht ist. Der weitere Präparationsgang bis zum fertigen Dauerpräparat ist im Arbeitsplan 3 aufgezeigt.

Es gibt heutzutage eine unüberschaubare Zahl von Färbemethoden. Hiervon eine repräsentative Auswahl zu treffen ist sicher nicht einfach. Beim Arbeitskasten MIKROSKOPIE wurde dieses Problem jedoch gut gelöst. Er enthält acht methodische Arbeitspläne zur Herstellung von Dauerpräparaten.

Querschnitt durch einen Lindenzweig

Wir holen uns vom lebenden Baum einen „saftfrischen" Lindenzweig. Kann das Material nicht gleich verarbeitet werden, legen wir kleine Stückchen davon einige Tage in ein Gemisch von Alkohol und Glyzerin (Verhältnis 1 : 1). Für Handschnitte empfiehlt es sich, einen dünnen, etwa drei- bis vierjährigen Zweig zu halbieren. Beim Schneiden hält man ihn dann am besten zwischen dünnen Korkscheibchen fest. Von den brauchbaren Querschnitten stellen wir Frischpräparate her. Für die erste Orientierung genügt die Lupenvergrößerung des Mikroskops. Vorteilhafter ist es jedoch, wenn wir den Querschnitt unter dem Stereomikroskop (Binokular) untersuchen. Die Beobachtung erfolgt hier im Auflicht, und dafür sind auch die dickeren Querschnitt-Scheibchen geeignet. Das Übersichtsbild zeigt eine deutliche Gliederung in Mark, Holzkörper und Rinde. Interessant ist die Grenze zwischen Holzkörper und Rinde. Bei dünnsten Schnitten ist hier eine Lage äußerst zartwandiger, kleiner Zellen zu sehen. Es ist das Kambium, das den ganzen Holzkörper wie einen Zylinder umschließt und von der Rinde trennt. Im Mikrotomschnitt von Bild 80 ist dieser Kambiumzylinder gut zu sehen. Die Zellen des Kambiums teilen sich während einer Wachstumsperiode laufend und produzieren dadurch Tochterzellen, die entweder nach innen oder nach außen abgegeben werden. Die nach innen abgegebenen Zellen werden zu Elementen des Holzes umgebildet, die nach außen abgegliederten Zellen bilden die Rinde (Bast). Das Kambium, das für das Dickenwachstum der Bäume verantwortlich ist, liegt also zwischen seinen beiden Produkten.

Die Rinde des Baumes ist kompliziert gebaut. Sie enthält die Siebröhren für den Transport der organischen Stoffe und neben anderem Gewebe auch Bastfasern.

Der Holzkörper dient dem Wasser- und Nährsalztransport sowie der mechanischen Verstärkung der Pflanze. Für diese Aufgaben stehen dem Holzkörper dreierlei Zelltypen zur Verfügung: Gefäße, Holzfasern und Grundgewebezellen. Die Gefäße erkennen wir auch schon bei schwacher Vergrößerung, im Querschnitt sehen sie aus wie Löcher. Für die Darstellung der Holzfasern empfiehlt sich eine andere Methode. Durch ein besonderes Verfahren — man nennt es Mazerieren — können die Holzfasern aus ihrem Gewebeverband isoliert werden. Eine Anleitung für diese Methode sowie für weitere Holzuntersuchungen findet man bei KRAUTER: „Mikroskopie im Alltag". Bei Leitgefäßen und Holzfasern handelt es sich um Zellen ohne lebenden Inhalt; sie sind abgestorben. Der Holzkörper als Ganzes ist aber nicht tot. Er wird von Grundgewebezellen durchzogen, die das ganze Holz in Streifen und Bänder auffächern. Die deutlich erkennbaren Markstrahlen formieren sich z. B. aus Zellen des Grundgewebes.

Bei Holzuntersuchungen interessieren selbstverständlich auch die Jahresringe. Es sind dies die Grenzlinien zwischen sehr engen, dickwandigen Zellen und weiten Zellen mit dünneren Wänden. Wie kommen diese zustande? Im Frühjahr, wenn der Baum viel Wasser benötigt, produziert das Kambium Gefäße mit weitem Lumen und relativ dünnen Wänden. Im Sommer und Herbst werden zunehmend Elemente mit engerem Lumen und dickeren Wänden ausgebildet. Im Winter schließlich stellt das Kambium seine Tätigkeit ein, und im nächsten Frühjahr wiederholt sich das Ganze. Wir können im Wald an gefällten Bäumen die Jahresringe schon mit bloßem Auge sehen; aber erst die mikroskopische Untersuchung enthüllt, daß der Jahresring eine Grenzlinie zwischen englumigem Spätholz und weitlumigem Frühholz darstellt.

Der Mechanismus des Spaltöffnungsapparates

Bedarf:
Mikroskop, Mikroskopierkästchen, als Versuchspflanzen *Tradescantia*, *Iris*-Arten, Pfingstrose; 1-molare KNO_3-Lösung, destilliertes Wasser.

Das meiste Wasser, das die Pflanze aufnimmt und transportiert, wird in Form von Wasserdampf wieder ausgeschieden. Die gasförmige Abgabe des Wassers bezeichnet man als Transpiration, sie erfolgt über die Spaltöffnungen. Als Objekt für das Studium der Spaltöffnungen wählen wir die Versuchspflanze *Tradescantia,* weil hier die Spaltöffnungen in der unteren Blattepidermis besonders schön ausgebildet sind. Man kann aber auch jedes andere Pflanzenblatt heranziehen; denn schließlich handelt es sich bei den Spaltöffnungen um lebensnotwendige Einrichtungen, auf die keine Pflanze verzichten kann.

Von der Unterseite eines *Tradescantia*-Blattes ziehen wir ein Epidermishäutchen ab. Dazu wird mit der Rasierklinge eine kleine Kerbe in die Blattfläche geritzt, das Epidermishäutchen ist nun für die Pinzette zugänglich*. Auf einen Objektträger bringen wir einen Tropfen destilliertes Wasser, geben das abgelöste Epidermishäutchen mit der Wundseite nach unten in diesen Wassertropfen und legen ein Deckglas auf. Mit der Lupenvergrößerung verschaffen wir uns eine Vorstellung von der Zahl der Spaltöffnungen pro Quadratmillimeter Blattfläche. Diese Aufgabe ist nicht schwierig, wenn man die Größe des überblickten Gesichtsfeldes kennt (siehe S. 69). Wir wollen nun den Bau der Spaltöffnungen studieren und wählen deshalb eine starke Vergrößerung. In Bild 81 erkennt man zwei längliche Schließzellen, die nach innen zu einen offenen Spalt begrenzen. Die Schließzellen sind von vier Nebenzellen umgeben, die in ihrem Bau wesentlich von den übrigen Epidermiszellen abweichen.

---

* Gelingt das Abziehen nicht, macht man mit der Rasierklinge einen dünnen Flachschnitt. Die Stellen des Schnittes, die nicht grün, sondern farblos erscheinen, eignen sich für die Untersuchung.

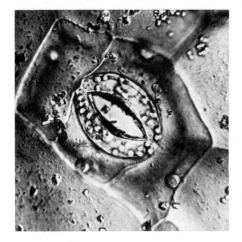
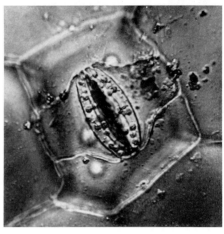

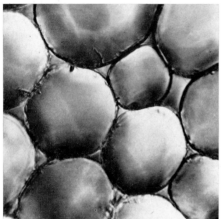

Bild 81 (oben links). Spaltöffnungsapparat an der Blattunterseite von *Tradescantia*, die Schließzellen geben hier einen Spalt frei.

Bild 82 (oben rechts). Sinkt der Turgor in den Schließzellen, dann erschlaffen sie, und es kommt zum Spaltenschluß.

Bild 83 (links). Zwischen den abgerundeten Zellen des Grundgewebes sind als kleine Aussparungen die Interzellularen ausgebildet.

Die gesamte Funktionseinheit, bestehend aus Spalt, Schließzellen und Nebenzellen, bezeichnet man als Spaltöffnungsapparat. Mit dem Filtrierpapierstreifen saugen wir jetzt eine 1-molare KNO_3-(Kaliumnitrat-)Lösung durch das Präparat. Das Resultat sehen wir in Bild 82: Es kommt zum Spaltenschluß. Die Erklärung für diesen Mechanismus ist in Volumenveränderungen der Schließzellen zu suchen. Die Zellwände der Schließzellen sind nicht gleichmäßig dick. Die dem Spalt zugekehrten Zellwände sind wesentlich dicker und deshalb nicht so elastisch wie die Rückwände. Durch Wasseraufnahme nimmt der Turgor in den Schließzellen zu. Sind die Schließzellen „vollturgescent", d. h. mit Wasser prall gefüllt, dann dehnen sich nur die Rückwände aus, und die weniger elastische Bauchwand wird nachgezogen. Ergebnis: Der Spalt öffnet sich.
Durch Plasmolyse wird den Schließzellen Wasser entzogen, der Turgor sinkt. Dadurch entspannen sich die Rückwände, und die Schließzellen erschlaffen. Ergebnis: Der Spalt schließt sich. Durch Öffnen und Schließen der Spaltöffnungen wird die Wasserdampfabgabe reguliert. Bei unserem Experiment haben wir den Zellen ein Plasmolytikum angeboten, weil wir den Spaltöffnungsmechanismus studieren wollten.

Prinzipiell dieselbe Erscheinung ergibt sich unter natürlichen Verhältnissen, wenn das Blatt unter Wassermangel leidet: Dem Zellsaft wird Wasser entzogen, der Turgordruck sinkt, die Wände der Schließzellen erschlaffen, die Spaltöffnungen schließen sich. Aber auch andere Vorgänge bewirken ein Öffnen oder Schließen der Spaltöffnungen. So enthalten die Schließzellen, im Gegensatz zu den übrigen Epidermiszellen, Chloroplasten; es ist deshalb anzunehmen, daß das Licht einen entscheidenden Einfluß auf die Spaltöffnungsbewegungen ausübt. Für diese Annahme sprechen übrigens auch direkte Befunde.

Durch die Spaltöffnungen erfolgt nicht nur die Wasserdampfabgabe, sondern auch der Gasaustausch von O_2 und CO_2 zwischen Pflanze und äußerer Atmosphäre. Wie wir wissen, erfolgt der Wassertransport innerhalb der Pflanze in einem eigenen Gefäßsystem, der Gastransport dagegen geschieht ausschließlich durch Diffusion in den luftgefüllten Zwischenzellräumen. Diese Interzellularen entstehen im Laufe der Entwicklung, wenn die embryonalen Zellen zu Dauerzellen auswachsen. Bei Sproßquerschnitten findet man zwischen den Zellen des Grundgewebes meist kleine Aussparungen, die in Form von Drei- oder Vierecken angeordnet sind (Bild 83). Zwischen den abgerundeten Zellen des Grundgewebes treten sie deutlich hervor, wenn man die Mikrometerschraube betätigt.

Aufgabe 15:
Untersuchen Sie unter dem Mikroskop bei der Schwertlilie und bei einem Gras (Rispen- oder Knäuelgras) den Bau der Spaltöffnungen. Zeichnen Sie.

7. Der Transport organischer Moleküle

Zwischen den Protoplasten benachbarter Zellen ist ein Stoffaustausch möglich. Durch die Tüpfel der Zellwände hindurch ermöglichen feine Plasmastränge, die Plasmodesmen, einen Stofftransport von Zelle zu Zelle. Für die Demonstration der Plasmodesmen muß man das mikroskopische Präparat vorbehandeln und anschließend bei stärkster Vergrößerung untersuchen. Das ideale Untersuchungsobjekt — der Samen der Brechnuß — ist leider äußerst giftig. Wir unterlassen deshalb das Experiment und begnügen uns mit Bild 84.

Der Austausch von organischen Stoffen ist nicht nur auf benachbarte Zellen beschränkt. Für die Pflanze ist es lebensnotwendig, daß die im Blatt erzeugten Produkte der Photosynthese auch über weite Strecken im Pflanzenkörper dorthin gelangen, wo sie gebraucht oder gespeichert werden. Der Ferntransport organischer Stoffe erfolgt im Siebteil der Leitbündel. Der Siebteil besteht aus lebenden Zellen, die hier in einer besonderen Form, als Siebröhrenglieder, angeordnet sind. Durch eine Siebplatte werden die einzelnen Röhrenglieder abgeteilt, jedoch nicht vollständig voneinander getrennt. Die Siebplatte weist Poren auf; dadurch ist eine Verbindung zwischen den einzelnen Siebröhrengliedern hergestellt. Es wird somit offenkundig, daß die Poren der Siebplatten den Plasmodesmen benachbarter Zellen funktionell entsprechen. Als Objekt für das mikroskopische Studium von Siebplatten wählt man im allgemeinen Stengelstücke vom Kürbis. Wir benötigen dünne Stengelquerschnitte; sie brauchen allerdings nicht vollständig zu sein. Wichtig ist, daß ein auf dem Innenring angeordnetes Leitbündel gut getroffen ist. Durch den Schnitt wurden die Siebröhren quer abgeschnitten. Diejenigen Siebplatten, die genau in der Schnittebene liegen, werden nun freigelegt. Wir mustern deshalb das mikroskopische Präparat nach vereinzelt

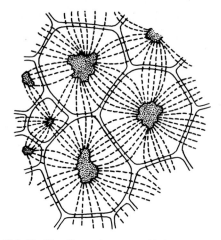 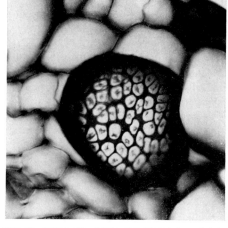

Bild 84. Die Plasmodesmen verbinden benachbarte Zellen miteinander. Dadurch wird ein Stofftransport von Zelle zu Zelle möglich. Aus Mandl

Bild 85. Durch die Poren der Siebplatte erfolgt der Ferntransport organischer Moleküle.

liegenden Siebplatten durch. Dieses Vorgehen ist nur sinnvoll, wenn ein wirklich dünner Querschnitt durch ein Leitbündel vorliegt, da bei starker mikroskopischer Vergrößerung untersucht werden muß. Durch die Anordnung der Poren sehen die Siebplatten aus wie ein Einkaufsnetz. Wir können sie nicht übersehen. Als weitere Hilfe für das Auffinden dient auch Bild 85.

Versuche mit der Mimose

Bedarf:

Topfpflanzen von *Mimosa pudica,* Stativ, Muffe, Universalklemme, Injektionsspritze mit Nadel, Wasser, Stoppuhr, Lineal, Bleistift und Zeichenpapier, Mikroskop, Mikroskopierkästchen, Pinsel, Streichholz.

Auch Pflanzen können sich bewegen, wie das auffallende Beispiel der Mimose zeigt. Das doppeltgefiederte Blatt setzt sich aus einem primären Blattstiel und vier sekundären Blattstielen mit Fiederblättchen-Paaren zusammen. Sämtliche Blattabschnitte sind mit „Gelenken" ausgestattet. Wird nun ein Fiederblättchen am oberen Ende eines sekundären Blattstiels durch Erschütterung kurz „gereizt", dann klappen die Fiederblättchen paarweise schräg nach oben. Die Einfaltung der Fiederblättchen-Paare schreitet in Richtung „Gelenk" am Grunde des sekundären Blattstiels fort (Bild 86). Wir wollen dieses Bewegungsphänomen jetzt näher untersuchen.

Ermittlung der „Reizschwelle"

Eine Injektionsspritze wird mit 2 ml Wasser gefüllt und in eine Universalklemme eingespannt. Die Klemme ist durch eine Muffe am Stativ befestigt. Die Spritze wird nun durch Verschieben der Muffe am Stativ so eingestellt, daß die Nadelspitze nur wenige Millimeter über den Fiederblättchen eines Mimosenblattes steht. Die Versuchspflanze darf dabei nicht erschüttert werden. Nun spritzt man auf die Fiederblättchen eine größere Zahl von Wassertropfen. Die Fiederblättchen zeigen nach dem ersten und auch nach vielen weiteren Wassertropfen keine Reaktion. Wir vergrößern jetzt durch Anheben der Muffe den Abstand zwischen Nadelspitze und

 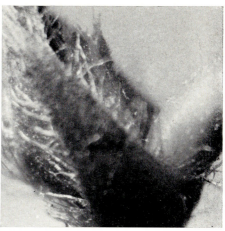

Bild 86. Das Blatt der Mimose zeigt auffallende Bewegungen.

Bild 87. Primärgelenk am Blattstiel des Mimosenblattes.

Fiederblättchen. Die fallenden Wassertropfen erreichen jetzt eine größere Geschwindigkeit. Daraus ergibt sich ein stärkerer Kraftstoß, es kommt also zu einer Erhöhung der „Reizintensität". Ergebnis: Es erfolgt eine Reaktion, nach jedem Treffer richtet sich ein Fiederblättchen schräg nach oben.

Weiterleitung der Erregung

Vor Versuchsbeginn fertigen wir eine Strichskizze von der Versuchspflanze an. Nun wird ein Blatt, das etwa in die Sproßmitte der Mimose einführt, lokal „gereizt". Dazu sengen wir mit einer Streichholzflamme ein Fiederblättchen am oberen Ende eines sekundären Blattstiels kurz an. Die Weiterleitung der Erregung, erkennbar an den Reaktionen der Blattabschnitte, wird mit der Stoppuhr gemessen. Die Reaktionszeit tragen wir in die vorbereitete Strichskizze ein. Zum Schluß mißt man mit dem Lineal die Strecken ab und berechnet aus Weg und Zeit die Geschwindigkeit der Reizleitung pro Sekunde. Das Blatt der Mimose zeigt nach der Reizung folgende Reaktionen: Einfaltung der Fiederblättchen-Paare, Annäherung der vier sekundären Blattstiele, Senkung des primären Blattstiels im „Hauptgelenk" an der Sproßachse. Nach kurzer Zeit reagieren auch die Nachbarblätter, die oberhalb und unterhalb des gereizten Blattes am Sproß der Pflanze sitzen.

Anatomische Untersuchungen

Die „Primärgelenke" der Blätter sind als Anschwellungen des Blattstiels deutlich erkennbar. Streicht man bei einer ungereizten Pflanze mit einem kleinen Pinsel leicht über die Oberseite der „Primärgelenke", so reagiert das Blatt nicht. Streichen wir anschließend genauso leicht über die Unterseite der „Primärgelenke", dann erfolgt eine sofortige Senkung des Blattstiels. Durch die Anordnung des Blattpolsters ist die genaue Bahn vorgezeichnet, in der sich der Blattstiel bewegen kann. Wie Bild 87 deutlich zeigt, kann sich der Blattstiel am „Primärgelenk" nur nach unten senken und von hier aus langsam in der Erholungsphase zur Ausgangslage zurückkehren.

Wir haben also festgestellt, daß ein Unterschied in der „Reizempfindlichkeit" von Ober- und Unterseite eines Gelenks besteht. Nach der „Reizung" werden in den

Zellen der Gelenkunterseite die osmotischen Verhältnisse grundlegend geändert. Durch Abgabe von Zellsaft in die Zellwand und in die Interzellularen verlieren die Zellen der Gelenkunterseite ihren Turgor, sie erschlaffen. Die Zellen der Gelenkoberseite behalten ihren Turgor, und aus der Situation straffer Gelenkoberseite und erschlaffter Gelenkunterseite resultiert eine Abwärtsbewegung des Blattstiels. Wir wollen uns nun informieren, wie die Leitbündel innerhalb des Blattstiels verlaufen. Zu diesem Zweck nimmt man einer Topfpflanze am Stamm ein Blatt ab. Wir stellen jetzt Querschnitte vom Blattstiel her und zwar von der Mitte des Blattstiels, vom Anfang eines Primärgelenks und von dessen Mitte. Unter dem Mikroskop stellen wir fest, daß die Leitbündel in der Mitte des Blattstiels die normale Anordnung auf einem Ring an der Außenseite zeigen. Am Anfang des Gelenks rücken die Leitbündel auf die Mitte zu, um sich schließlich in der Gelenkmitte zu einem zentralen Strang zu vereinigen. Die Konstruktion in der Gelenkmitte leuchtet ein: der Leitbündelstrang ist somit der Biegung des Blattstiels angepaßt.

Welche Vorgänge im einzelnen bei der Erregungsleitung in der Mimose ablaufen, ist auch heute noch nicht vollständig geklärt. Es gibt Hinweise dafür, daß eine organische Säure als Erregungssubstanz in Frage kommt. So viel steht fest: Dem Phänomen der Blattbewegungen muß ein Schnelltransport bestimmter Stoffe zugrunde liegen. Manches deutet darauf hin, daß die Erregungsleitung bei der Mimose nach einem ähnlichen Muster abläuft wie die Erregungsleitung in tierischen Zellen.

8. Euglena sucht das Licht auf

Bedarf:
Euglena-Kultur, kleines Glasgefäß, Glasküvette, Wasser, Alufolie, Mikroskopierkästchen, Fernsehmikroskop, Grün- und Rotfilter, kleine Schachtel, Tesaband.

Am Beispiel Mimose wurde deutlich, daß die Fähigkeit, Bewegungen auszuführen, keineswegs ein Privileg der Tiere ist. Wie *Euglena gracilis* auf das Licht reagiert, wollen wir jetzt ermitteln. Bei *Euglena gracilis* handelt es sich um einen pflanzlichen Einzeller, der Zusatzname „Augentierchen" paßt nicht so richtig zu ihr. Aus einer frischen *Euglena*-Kultur füllen wir einige Pipetten voll mit Euglenen in ein kleines Gläschen ab. Sie werden dort mit Leitungswasser verdünnt, so daß eine leicht grüne Aufschwemmung entsteht. Dieses Gläschen wird mit Alufolie umhüllt und dadurch abgedunkelt. Jetzt ritzen wir mit einer Rasierklinge einen schmalen Schlitz (10 mm hoch, 2 mm breit) in die Folien-Umhüllung und stellen das kleine Gefäß so am Fenster auf, daß Licht in den schmalen Schlitz einfallen kann.

Bereits nach zehn bis fünfzehn Minuten erscheint dieser Lichtschlitz tiefgrün. Nehmen wir die Folie ab, so wird der Farbunterschied zwischen dem belichteten Streifen, an dem sich die Euglenen angesammelt haben, und dem übrigen Gefäßinhalt besonders deutlich. Der tiefgrüne Lichtschlitz wird nach Abnahme der Umhüllung rasch blasser und verschwindet schließlich ganz. Das muß so sein, denn das Licht fällt jetzt gleichmäßig auf das ganze Gläschen. *Euglena* sucht also das Licht auf, und daraus machen wir einen Schauversuch.

Euglena kann „schreiben"

Wir füllen die Euglenen in eine Glasküvette ab und verdünnen wiederum mit Leitungswasser. Zur Herstellung einer Verdunklungseinrichtung müssen wir dieses

Mal mehr Zeit aufwenden. Mit der Rasierklinge stanzen wir aus der Vorderseite der Alufolien-Umhüllung das Wort EUGLENA aus. Diese Folie stülpt man jetzt über die Glasküvette und stellt sie so auf, daß die Lichtstrahlen parallel auf die aufgestanzten Buchstaben einfallen können. Als Lichtquelle wählt man am besten eine Mikroskopierleuchte oder eine Schreibtischlampe (Bild 88 a). Erscheinen die Buchstaben von außen grün, nehmen wir die Folien-Umhüllung ab und beobachten sofort. Die Schau ist gelungen, *Euglena* hat ihren eigenen Namen „geschrieben".

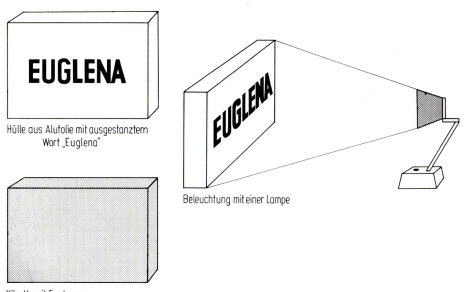

Bild 88a. Anleitung zu dem Versuch „*Euglena* kann schreiben".

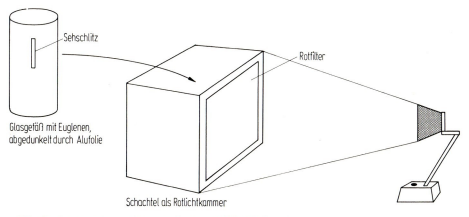

Bild 88b. Anleitung zu dem Versuch „*Euglena* sieht Rotlicht nicht".

Euglena sieht Rotlicht nicht

Bis jetzt haben wir uns nur makroskopisch mit den Massenansammlungen von *Euglena* beschäftigt. Auch mit dem Mikroskop kann man demonstrieren, daß *Euglena* das Licht aufsucht. Ein Fernsehmikroskop, das eine Beleuchtung nach dem KÖHLERschen Prinzip gestattet, ist für das Vorhaben besonders geeignet. Die Leuchtfeldblende wird zunächst geschlossen und durch Verstellen der Kondensorhöhe das Bild der Leuchtfeldblende scharf eingestellt. Man öffnet nun die Leuchtfeldblende so weit, daß das beleuchtete Feld kleiner als das Gesichtsfeld bleibt. Von einer frischen *Euglena*-Kultur stellen wir ein Präparat her, das mit dem Fernsehmikroskop demonstriert wird. Waren zu Beginn der Beobachtung wenige Euglenen im hellen Gesichtsfeld, so sammeln sie sich nach kurzer Zeit massenweise im Lichtfleck an (Bild 89). An der Grenze des Lichtflecks kann man häufig Umkehrreaktionen der Euglenen beobachten. Wir verschieben jetzt den Objektträger so, daß eine andere Präparatstelle ins Blickfeld gelangt. Vielleicht gelingt es uns zu zählen, wie viele Neuzugänge von Euglenen im Lichtfleck zu verzeichnen sind.

Wird ein Rotfilter in den Strahlengang gebracht, tritt das zuvor beobachtete Verhalten nicht ein. Die Euglenen zeigen an der Grenze zwischen Licht und Dunkel keine Umkehrreaktionen, sie können offenbar kein Rotlicht wahrnehmen. Insgesamt erscheinen die Bewegungen von *Euglena* im Rotlicht wesentlich „fahriger" als im Weißlicht. Beleuchten wir jetzt mit Grünlicht — der Rotfilter wird durch einen Grünfilter ersetzt —, zeigen die Euglenen wieder die bekannte Lichtreaktion. Es läßt sich auch makroskopisch nachweisen, daß *Euglena* Rotlicht nicht sieht. Für diesen Versuch basteln wir uns eine einfache Rotlichtkammer. Aus dem Deckel einer kleinen Schachtel schneidet man ein Stück heraus und setzt dafür ein Rubinglas (einen Rotfilter) ein, das mit Tesaband befestigt wird. Ein Gläschen mit Euglenen erhält eine Umhüllung von Alufolie, die wiederum einen schmalen Lichtschlitz aufweist. Wir stellen dieses Gläschen aufrecht in die Schachtel, verschließen mit dem Deckel, der das Rubinglas enthält, und beleuchten mit der Lampe (Bild 88 b). Es kommt in diesem Fall zu keiner Ansammlung von Euglenen am Lichtschlitz. Auch wenn wir das Gläschen eine Stunde lang mit Rotlicht bestrahlen, kann man nach Abnahme der Alufolie nicht sagen, an welcher Stelle sich der Lichtschlitz befand.

Bild 89. Die Euglenen sammeln sich am Lichtfleck an.

Bild 90. Am vorderen Pol des Einzellers ist die schwingende Geißel zu erkennen.

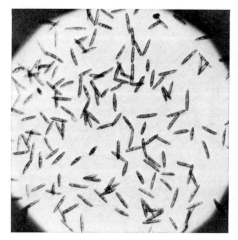
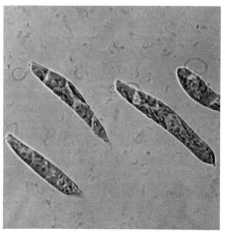

Zum Schluß interessiert uns noch die Bewegungseinrichtung von *Euglena*. Bei Euglenen, die sich nur langsam fortbewegen, kann man unter dem Mikroskop am vorderen Pol eine schwingende Geißel erkennen. Wir müssen allerdings eine starke Vergrößerung wählen und durch enges Schließen der Kondensorblende eine Kontraststeigerung erzielen. Die Geißel, die den Einzeller *Euglena* vorwärtstreibt, zeigt sich dann wie in Bild 90. Ganz vorzüglich demonstrieren läßt sich die *Euglena*-Geißel im Phasenkontrastverfahren mit dem Fernsehmikroskop.

9. Wie das Pflanzenblatt gebaut ist

Bedarf:
Mikroskop, Mikroskopierkästchen, Blatt von Christrose oder *Clivia* (beides auch vom Gärtner), Holundermark, Rasiermesser.

Um einen Einblick in den Aufbau des Pflanzenblattes zu erhalten, benötigt man Flächen- und Querschnitte vom Blatt. Für die Anfertigung von Querschnitten ist die Einbettung kleiner Blattstücke in Holundermark unerläßlich. Wichtig ist auch, welches Objekt wir wählen. Das zu schneidende Blatt sollte relativ dick und von derber Beschaffenheit sein. Die Christrose *(Helleborus niger)* — sie wächst auf kalkhaltigem Boden — entspricht diesen Anforderungen in idealer Weise. Stößt deren Beschaffung auf Schwierigkeiten, wählen wir aus den vorhandenen Zimmerpflanzen (z. B. *Clivia*) ein Blatt aus, das die richtige Konsistenz zum Schneiden besitzt. Die Querschnitte werden wiederum mit dem „Rasiermesser" hergestellt. Wir werden allerdings von den Schnitten ziemlich enttäuscht sein; denn von Abbildungen oder Modellen her ist uns der Bau des Blattes bekannt, und diese Bildqualität erreicht natürlich unser Blattquerschnitt nicht. Unter dem Mikroskop mustern wir sämtliche Querschnitte nach besonders dünnen Präparatstellen durch. Auf diese Weise erhalten wir eine Vielzahl von Einzelbildern, die dann zusammengesetzt als Mosaikbild den Bauplan eines Pflanzenblattes ergeben. Es ist deshalb zu empfehlen, daß Sie sich von Ihren Tisch-

Bild 91. Querschnitt durch das Blatt der Christrose, obere Epidermis mit Palisadenschicht.

Bild 92. Querschnitt durch das Pflanzenblatt, räumlich dargestellt.

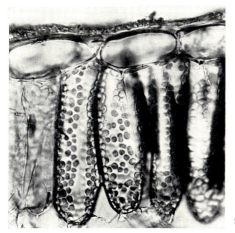
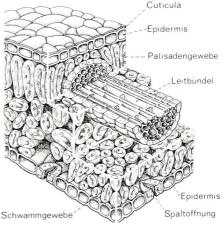

nachbarn auch deren Schnitte unter dem Mikroskop zeigen lassen. Ab und zu gelingt als „Volltreffer" auch ein genauer Querschnitt durch den Spaltöffnungsapparat. Ein solch gelungenes Präparat wird natürlich in der Mikroprojektion vorgeführt.
Doch nun zum Blattbau im einzelnen. Die Ober- und Unterseite werden von der Epidermis begrenzt, deren Zellen frei von Chloroplasten sind. Die obere Epidermis ist von einem wachsähnlichen Häutchen, der Cuticula, überzogen. Unter der Epidermis liegt eine Schicht langgestreckter Zellen, die alle senkrecht zur Blattoberfläche ausgerichtet sind. In ihrer Form erinnern sie an Palisaden, das Gewebe wird deswegen als Palisadenschicht bezeichnet. Diese Zellen enthalten besonders viele Chloroplasten (Bild 91). Sie stellen somit den Hauptort der Photosynthese dar. Ist der Schnitt zu dick geraten, erscheint die Palisadenschicht verschmiert. Die darunterliegenden Zellen sind nicht mehr so regelmäßig angeordnet. Sie bilden ein lockeres, von vielen Interzellularräumen durchsetztes Schwammgewebe. Dieses Gewebe enthält weniger Chloroplasten, aber viele Lufträume, besonders erweiterte unmittelbar hinter den Spaltöffnungen. Die Unterseite des Blattes erscheint deshalb auch makroskopisch wesentlich heller als die Blattoberseite. Die Leitbündel in der Blattmitte sind bei dem Schnitt quer getroffen.
Als nächstes stellen wir mehrere Flächenschnitte von der Ober- und Unterseite des *Helleborus*-Blattes her. Dabei legt man einen Teil der Schnitte mit der Wundseite nach unten, die anderen umgekehrt mit der Wundseite nach oben in den Wassertropfen auf einen Objektträger. Aus der Kombination der Flächenschnitte mit dem Blattquerschnitt können wir auf die räumliche Anordnung der Gewebe im Blatt schließen; Bild 92 ist dabei sicherlich behilflich.
Wir sollten noch die Funktionen von Epidermis, Palisadenschicht, Schwammgewebe, Leitbündel und Spaltöffnungsapparat in Form einer Tabelle zusammenstellen.

Chlorophyllauszug und Chromatogramm

Die Chloroplasten sind Träger der Farbstoffe. Diese sind nicht einheitlich grün, es liegt vielmehr eine Mischung aus mehreren Farbkomponenten vor. Durch das Chromatographie-Verfahren ist eine Auftrennung dieser Mischung möglich.

Bedarf:
Schere, Mörser mit Pistill, Seesand, Aceton, Pipette mit fein ausgezogener Spitze, Meßzylinder, Reagenzgläser, Standzylinder mit dazu passendem Deckel oder Korkstopfen, Chromatographiepapier, Klebstoff, Laufmittel (Benzin, Petroläther, Aceton im Verhältnis 10 : 2,5 : 2), Gras.

Man zerschneidet etwas Gras mit der Schere und zerreibt es in einem Mörser unter Zusatz von etwas Seesand und 30 ml Aceton so lange, bis eine intensiv grün gefärbte Chlorophyll-Lösung entsteht. Diese wird in ein Reagenzglas abgefüllt und für kurze Zeit abgestellt. Nun füllen wir den Standzylinder (das Chromatographie-Gefäß) etwa 2 cm hoch mit dem Laufmittel und entnehmen mit der Pipette eine kleine Flüssigkeitsmenge von der Oberfläche der Chlorophyll-Lösung. Man trägt damit etwa 2 cm über dem unteren Ende des Chromatographiepapier-Streifens eine etwa 2 mm breite Startlinie auf. Um genügend Farbstoff auf das Chromatographiepapier zu bekommen, trägt man auf die gleiche Startlinie zwei- oder dreimal etwas Chlorophyll-Lösung auf und läßt sie zwischendurch eintrocknen. Der Chromatographiestreifen wird mit Klebstoff am Deckel oder Stopfen des Standzylinders so angeklebt, daß die Startlinie nicht in das Laufmittel eintaucht, sondern sich etwa 1 cm darüber befindet. Nach 30 Minuten Laufzeit sind die einzelnen Farbkomponenten weit genug voneinander getrennt. Mit der Front des Laufmittels wandert die orangegelbe Zone der Karotine, dann folgen das zitronengelbe Xantophyll, mit weiterem Abstand davon das blaugrüne Chlorophyll a und am Schluß schließlich das gelbgrüne Chlorophyll b.

Chromoplasten

Bedarf:
Mikroskop, Mikroskopierkästchen, Blüte der Kapuzinerkresse, Karotte, Tomate.

Manche Pflanzenteile wie Blüten, Früchte oder Rüben weisen eine gelbe oder gelbrote Färbung auf. Die Träger dieser Farbstoffe, die sogenannten Chromoplasten, werden unter dem Mikroskop sichtbar. Die Präparation ist dabei denkbar einfach. Als erstes Objekt wählen wir die gelb gefärbten Kelchblätter einer Kapuzinerkresse-Blüte. Mit der Pinzette sticht man in die Oberseite eines Kelchblattes ein und zieht dann einen Gewebestreifen ab, der in einen Wassertropfen auf die Mitte eines Objektträgers gelegt wird. Nach Auflegen des Deckglases wird sofort mikroskopiert, weil die Chromoplasten unter dem Einfluß des Wassers anschwellen und zerfließen. Zu Beginn der Untersuchung sind aber die zahlreichen gelben Körperchen in den Zellen gut zu sehen.

In den Zellen der Gelben Rübe (Karotte) findet man rechteckige oder nadelförmige Körper. Hier ist in den Chromoplasten der Farbstoff Karotin auskristallisiert. Zur Herstellung eines Präparats entfernt man die Rindenschicht der Karotte und schabt mit der Rasierklinge oder Lanzettnadel von dem darunterliegenden, intensiv gefärbten Gewebe etwas Material ab. Die Karotinkristalle sind sehr klein, deshalb muß eine starke mikroskopische Vergrößerung gewählt werden.

Schließlich untersuchen wir auch noch das Fruchtfleisch einer Tomate. Mit einer Lanzettnadel schabt man von einer frischen Schnittfläche unterhalb der Schale etwas Fruchtfleisch-Material ab und stellt davon ein Frischpräparat her. Es zeigt sich einmal mehr, wie praktisch die Lanzettnadel für den Mikroskopiker ist. Die mikroskopische Untersuchung sollte auch hier rasch einsetzen. Schon bei schwacher Vergrößerung erkennt man große, ballonförmige Zellen mit einer dünnen und faltigen Zellwand. Im Zellinnern entdecken wir wiederum zahlreiche Chromoplasten, besonders der Zellkern wird von einem Kranz dieser goldgelb gefärbten Körperchen umgeben. Der Farbstoff ist hier Lycopin, ein eng verwandter Stoff des Karotins. Im polarisierten Licht leuchten die Lycopinkristalle wunderschön auf. Die Tomatenzellen (Bild 93) sind für mikroskopische Untersuchungen übrigens sehr interessant, auch wenn das wenig bekannt ist.

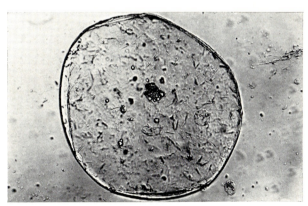

Bild 93. Isolierte Zelle aus dem Fruchtfleisch der Tomate.

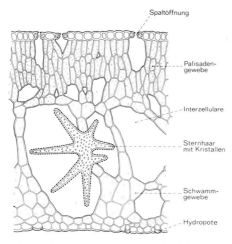
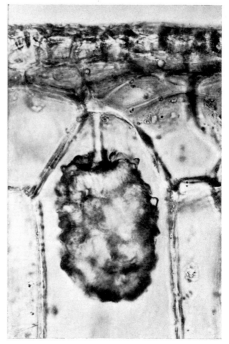

Bild 94 (oben). Querschnitt durch das Blatt der Seerose.

Bild 95 (rechts). Ein Cystolith als Einschlußkörper im Blatt des Gummibaums.

Das Blatt der Weißen Seerose

Das Schwimmblatt der Weißen Seerose liegt auf der Wasseroberfläche. Wir wollen untersuchen, wie diese Anpassung an die Umwelt ermöglicht wird. Man hält das Blatt einer Seerose unter Wasser und bläst in den Stiel. Von der Blattoberfläche steigen kleine Luftperlen auf, ein Beweis dafür, daß an der Blattoberfläche Spaltöffnungen liegen. Nun betrachten wir einen Stengelquerschnitt mit der Lupe. Im Innenraum ist ein mächtiges Durchlüftungsgewebe ausgebildet; die großen, sechseckigen Luftkanäle sieht man schon mit bloßem Auge. Mit der Lupe oder besser mit dem Stereomikroskop erkennen wir in den Luftkanälen vereinzelt sternförmig angeordnete Haare. In den Luftkanälen wird der Sauerstoff zu dem nichtgrünen Teil im Wurzelstock geleitet; ferner erhält der Blattstiel durch die Luftkammern einen Auftrieb.
Als nächstes stellen wir einen Blattquerschnitt her, das weiche Blatt muß unbedingt in Holundermark eingebettet werden. Den Bauplan des Seerosen-Schwimmblattes zeigt uns Bild 94. Die Spaltöffnungen in der oberen Epidermis sind denkbar einfach gebaut, die Schließzellen stoßen nur mit einer Kante aneinander. Das Palisadengewebe ist mehrschichtig, die großen Luftkammern erhöhen den Auftrieb und ermöglichen das Schwimmen des Blattes. In die spitzen Sternhaare sind Kristalle eingelagert, sie erhalten dadurch eine rauhe Oberfläche. Eine interessante Einrichtung sind die sogenannten Hydropoten an der Blattunterseite. Durch diese spezialisierten Epidermiszellen nehmen die Schwimmblätter Wasser auf.

Das Blatt des Gummibaums

Das Blatt des Gummibaums läßt sich wiederum gut schneiden. Zur Herstellung eines Blattquerschnitts bettet man kleine Blattstreifen in Holundermark ein. Die mikroskopische Untersuchung zeigt eine starke Abweichung von dem normalen Bauplan des Pflanzenblattes, wie wir ihn in Bild 91 kennengelernt haben. So bestehen obere und untere Blattepidermis jeweils aus drei Zellschichten; ferner ist unterhalb des Schwammgewebes noch eine kleine Palisadenschicht ausgebildet, so daß das Blatt insgesamt einen symmetrischen Aufbau zeigt. Die auffallendsten Erscheinungen sind jedoch die Cystolithen (Bild 95). Wir finden sie auf der Blattoberseite in den großen Zellen, die weit bis in das Palisadengewebe hineinreichen. Cystolithen sind Wandverdickungen, die mit einem Stiel aus Kieselsäure an der Zellwand befestigt sind und traubenförmig ins Zellinnere hineinragen. Die Cystolithen sind meist von Kristallen eingehüllt. Bei den Cystolithen und ebenso bei den Sternhaaren der Seerose handelt es sich um rätselhafte Phänomene.

Pflanzen haben im Gegensatz zu Tieren nicht die Möglichkeit, geformte Stoffwechselprodukte auszuscheiden. Deshalb ist es denkbar, daß die Kristallkörper eine Anhäufung von Abfallstoffen darstellen. Dafür spricht zumindest die Tatsache, daß die Kristalle vor allem in solchen Organen angehäuft sind, die von der Pflanze von Zeit zu Zeit abgestoßen werden, nämlich in Blättern und Rinden.

10. Kristalle und Sekretbehälter

Bedarf:
Mikroskop, Mikroskopierkästchen, braune Zwiebelschalen, Blüten vom Fleißigen Lieschen, Alkohol, Glycerin, Petrischale, Blatt der Schwertlilie, Rhabarberwurzel, Efeu, *Begonia*, Sauerklee, Wolfsmilch-Arten.

Kristalle sind in Pflanzenteilen häufig anzutreffen, wie die folgenden ausgewählten Beispiele zeigen. Aus der äußeren braunen Zwiebelschale schneidet man ein kleines Stück heraus und fertigt davon ein Präparat an. Die zahlreichen Luftblasen stören uns nicht, wesentlich ist, daß wir in jeder der langgestreckten Zellen einen prismatischen Kristall finden, bisweilen liegen auch zwei Kristalle als Durchwachsungszwillinge kreuzweise aneinander.

Ein Blütenblatt vom Fleißigen Lieschen zerschneidet man in kleinere Teile und legt diese so lange in eine Petrischale mit Alkohol, bis ihnen der Farbstoff entzogen worden ist. Der ausgebleichte Blütenblatt-Streifen wird in 50%iges Glycerin übertragen, für das mikroskopische Präparat verwenden wir ebenfalls Glycerin. Die Kristallnadeln liegen hier in Form von Bündeln vor.

In einem Querschnitt vom Irisblatt findet man im mittleren Blattgewebe lange, schmale Zellen, die Kristallspieße enthalten.

Kristalldrusen sind in der Rhabarberwurzel, im Stiel eines Efeublatts oder in den Blattstielen der *Begonia* anzutreffen, wie man sich an Querschnitten überzeugen kann.

Ein Längsschnitt durch den Stiel des Sauerklees läßt Zellen mit großen Calciumoxalat-Zwillingskristallen erkennen.

Gelöste Absonderungsprodukte, wie z.B. Milchsäfte oder ätherische Öle, werden ebenfalls in der Pflanze deponiert. Der Sproß einer Wolfsmilchpflanze enthält ungegliederte Milchröhren; an einem dünnen Längsschnitt können sie mikroskopisch untersucht werden. Von einem Tropfen Milchsaft der Pflanze fertigen wir ein Frischpräparat an. Unter dem Mikroskop erkennen wir zahlreiche Tröpfchen und Körnchen, die sich in Brownscher Molekularbewegung befinden. Nicht zu übersehen sind auch die Stärkestäbchen.

Als Objekte für das Studium von Ölbehältern gelten die Blätter der Weinraute, des Getüpfelten Johanniskrauts, sowie Apfelsinen- oder Mandarinenschalen. Benötigt werden jeweils dünne Querschnitte.

Das Brennhaar der Brennessel — eine vollkommene Injektionsspritze

Jedermann weiß, daß die Brennessel „brennt", weil sie Brennhaare besitzt. Wir wollen uns jetzt die Mühe machen und ein Brennhaar genauer untersuchen. Zunächst benützen wir die Lupe, noch besser geeignet ist freilich ein Stereomikroskop. Das Blatt der Pflanze sowie der Sproß sind überall mit Brennhaaren besetzt, besonders dicht sitzen sie am Stengelansatz der Blattunterseite. Unter dem Stereomikroskop sehen wir, daß das einzelne Brennhaar an der Basis kolbenförmig verdickt ist, sich nach der Spitze zu verjüngt und dort in einem winzigen Köpfchen endet. Berühren wir mit der Präpariernadel das Köpfchen des Brennhaares, so bricht dieses sofort ab. Es muß also eine besonders brüchige Stelle haben. Wir gehen jetzt zur mikroskopischen Untersuchung über und müssen deshalb ein mikroskopisches Präparat herstellen. Mit der Lanzettnadel oder Rasierklinge tragen wir intakte Brennhaare unterhalb ihrer Ansatzstelle von einer Blattrippe ab und bringen sie in einen großen Wassertropfen auf die Mitte des Objektträgers. Die vier Ecken des Deckgläschens versieht man mit Vaselinefüßchen, damit das Brennhaar nicht flachgedrückt wird. Unter dem Mikroskop stellen wir fest, daß das einzellige Brennhaar an der Basis in einen mehrzelligen Gewebebecher eingesenkt ist. Ferner fällt uns auf, daß wir das ganze Brennhaar mitsamt dem Köpfchen im mikroskopischen Bild nicht gleichzeitig scharf bekommen (Bild 96). Der Grund: Das Köpfchen ist etwas abgewinkelt, da es seitlich schief auf dem Brennhaar sitzt. Bricht es ab, so entsteht also keine gerade, sondern eine schräge Bruchstelle. Dadurch wird eine scharfe Haarspitze garantiert, die wie eine Injektionsspritze in die Haut eindringen kann. In die entstehende Wunde fließt dann der giftige Zellinhalt ein. Es sollen sogar in der Medizin Injektionsspritzen verwendet werden, die eine Nachbildung des „Modells Brennhaar" darstellen.

Uns interessiert noch die Zellwanddicke des Brennhaars, wir müssen deshalb eine starke Vergrößerung wählen. Als Ergebnis unserer Beobachtung stellen wir fest, daß die Zellwand im Verlauf des Brennhaars nicht gleichmäßig dick ist. Die Wand des Köpfchens ist relativ dick; direkt unterhalb des Köpfchens, an der Knickstelle, ist die Zellwand äußerst dünn. Hier ist also eine „Sollbruchstelle" vorprogrammiert. Anschließend weist das Brennhaar wieder eine dicke Zellwand auf, lediglich an der Basis verliert sie wieder an Dicke. Zur Ergänzung sei noch erwähnt, daß in die Zellwand Kieselsäure eingelagert ist und dadurch das Brennhaar starr gehalten wird.

Aufgabe 16:
Zeichnen Sie nach dem mikroskopischen Bild die Spitze eines intakten und eines abgebrochenen Brennhaars.

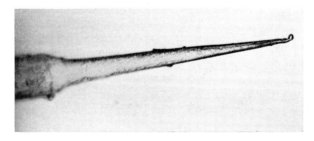

Bild 96. Das Brennhaar der Brennessel besitzt am Ende ein abgewinkeltes Köpfchen.

IX. Untersuchungen an Pilzen

Spricht man von Pilzen, denkt man in erster Linie an die Großpilze, die im Wald und auf der Wiese wachsen. Es gibt jedoch an die hunderttausend verschiedene Pilzarten, und jährlich wird in wissenschaftlichen Arbeiten über Hunderte neuer Arten berichtet, die zum ersten Mal beobachtet worden sind. Freilich handelt es sich hierbei meist um sogenannte Niedere Pilze, die nur einen wissenschaftlichen Namen besitzen und den Laien wohl kaum interessieren. Die Einteilung der Pilze richtet sich in den meisten Fällen nach der Art und Weise ihrer Vermehrung, nach dem Aufbau des Pilzkörpers und dem Bau der sporenbildenden Organe. Nach diesen Gesichtspunkten werden die Pilze in drei große Klassen eingeteilt. In Tabelle 5 sind diese drei Klassen übersichtlich dargestellt, ferner sind hier einige ausgewählte Vertreter genannt, mit denen wir uns bei den folgenden mikroskopischen Untersuchungen beschäftigen werden. Doch zuvor noch ein kurzer historischer Rückblick.

Tabelle 5: Die Einteilung der Pilze

In der Geschichte der Menschheit haben die Pilze als Nahrungsmittel — der Trüffel gar als Delikatesse — stets eine bedeutende Rolle gespielt. Von den Babyloniern ist uns bekannt und durch Keilschrift dokumentiert, daß die Gärkraft der Hefe für Brauzwecke ausgenutzt wurde und sich daraus ein regelrechtes Großunternehmen entwickelte. In viertausend Jahre alten ägyptischen Gräbern hat man mumifizierte Brotlaibe gefunden, die offenbar mit Hefe zubereitet worden waren. Verheerende Folgen haben Pilze als Nahrungsmittelverderber. So führten wiederholte Kartoffel-Mißernten durch Pilzbefall zur irischen Hungersnot in den vierziger Jahren des letzten Jahrhunderts; eine Million Menschen mußte daraufhin das Land verlassen. Dreißig Jahre später brachte der eingeschleppte Mehltaupilz den französischen Weinbau an den Rand des Ruins. Mit der „Bordeauxbrühe" wurde der Pilz schließlich wirksam bekämpft. Auf Ceylon war es der Kaffeerostpilz, der eine Umstellung vom Kaffeeanbau auf Teeplantagen erzwang. Im Jahre 1960 starben in England hunderttausend Truthühner an Leberkrebs. Sie waren mit Erdnußmehl, das von einem Schimmelpilz befallen war, gefüttert worden. Andrerseits können aus bestimmten Schimmelpilzen wertvolle Vitamine und Antibiotica hergestellt werden.
Diese wenigen Beispiele zeigen, daß Pilze im positiven und negativen Sinne für die Menschen von großer Bedeutung sind.

1. Champignonzucht in der Tüte

Äußerst praktisch und bequem ist die Haltung einer Champignon-Zimmerkultur. Man hat das Pilzmaterial dann ständig parat und kann das Wachstum der Pilze von Tag zu Tag verfolgen. Eine Bezugsquelle für Champignon-Kulturen ist z. B. die Firma Horstmann & Co, 22 Elmshorn, Postfach 540. Die Lieferung besteht aus einem Plastikbeutel, der Erde mit Pilzmycel enthält, und einem kleineren Beutel mit Reserveerde. Ferner wird eine ausführliche Kulturanleitung mitgeliefert.

Das rasche Wachstum der Pilze ist ja geradezu sprichwörtlich. Ein Pilz, der sich innerhalb eines Tages auf die dreifache Höhe streckt, vergrößert dabei sein Volumen auf das zwanzig- bis dreißigfache. Wir warten mit der Ernte, bis die Pilze im Kulturbeutel eine ansehnliche Größe erreicht haben und sich der Hut geöffnet hat (Bild 97).

Bild 97. Champignonzucht in der Tüte.

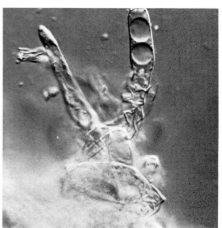
Bild 98. Vakuolen in den Hyphen des Champignons.

Mikroskopische Untersuchungen

Die Bodenprobe — den weißen Rasen von der Erdoberfläche im Kulturbeutel — betrachtet man zunächst unter dem Stereomikroskop. Auf Erdpartikelchen und Humusresten breitet sich ein feines Netz aus dünnen Pilzmycelwatten aus. Dieses Pilzmycel finden wir auch im Laubwald an einer Stelle, wo Pilze wachsen. Man hebt die faulende, feuchte Laubschicht vom Waldboden ab, und die weißen Fäden des Pilzmycels liegen dann wie ein Spinnennetz da. Von der „Watte" des Pilzmycels überträgt man etwas auf einen Objektträger, zerzupft es dort mit zwei Nadeln in Wasser, legt ein Deckglas auf und mikroskopiert. Zunächst erscheint uns das Präparat als ein unübersichtlicher, dunkler Haufen, aus dem einzelne Fäden herausragen. Diesen gilt unser Interesse, es handelt sich hierbei um die *Hyphen,* aus denen das Pilzmycel aufgebaut ist. Es sind langgestreckte, farblose Zellen. Querwände können wir auch entdecken, wenn wir den Verlauf einer freigelegten Hyphe unter dem Mikroskop verfolgen. Im Präparat befinden sich außer den Hyphen auch Bodenpartikelchen. Hier kann man bei starker Vergrößerung und enger Kondensorblende Bakterien erkennen, die im Boden massenweise vorhanden sind.

Nach der Untersuchung des Pilzmycels beschäftigen wir uns jetzt mit dem Fruchtkörper. Man schneidet einen Champignon der Länge nach durch und schabt mit der Lanzettnadel oder einer Rasierklinge vom Stengel und vom Hut ein winziges Stückchen ab. Mit zwei Nadeln zerzupft man die Stückchen nacheinander in Wasser auf zwei Objektträgern. Es ist ein kleines Geduldsspiel, denn das Pilzmaterial läßt sich nur schwer mit Wasser benetzen; es verklebt auch oft zu einer unansehnlichen Masse. Schließlich gelingt doch die Isolierung einiger Hyphen, ein leichtes Quetschen durch Druck auf das Deckglas kann dabei von Vorteil sein. Auch hier ergibt der erste Eindruck unter dem Mikroskop ein undifferenziertes und monotones Bild. Wir sehen ein dichtes Paket von Hyphen. Der Pilzkörper besteht also nur aus einem einzigen Bauelement, das sich verzweigt und vergabelt. Nach sorgfältigem Durchmustern des Präparats findet man eine Stelle, bei der die Hyphen nicht zu dicht übereinanderlagern. Bei starker Vergrößerung sehen wir deutlich die Querteilung der Hyphen und bisweilen auch die Vakuolen (Bild 98).

Pilzsporenbild und sporentragendes Gewebe
Bedarf:
Champignon, Messer, weißer Karton, Glasglocke, Sprühdose mit Klarlack, Mikroskop, Mikroskopierkästchen.

Man schneidet von einem Champignon den Stiel knapp unterhalb des Hutes ab. Nun legen wir den Hut in natürlicher Lage auf einen weißen Karton und stülpen zum Schutz gegen Luftzug eine Glasglocke darüber. Im Laufe einiger Stunden sammelt sich auf dem Karton eine Menge von mehlfeinem Pulver an. Die herausgefallenen Sporen füllen auf dem Karton die Zwischenräume zwischen den einzelnen Lamellen aus. Dadurch entsteht ein strahliges Negativbild der Lamellen. Durch senkrechtes Besprühen mit Klarlack werden die Sporen auf dem Karton fixiert, und wir bekommen ein haltbares Sporenbild. Die mikroskopische Untersuchung soll uns zeigen, wie die Sporen in dem sporentragenden Gewebe — den Lamellen — angeordnet sind. Von einzelnen Lamellen schneidet man quer möglichst dünne Scheibchen ab und stellt davon ein Präparat her. Bei der mikroskopischen Untersuchung müssen wir intensiv mit der Mikrometerschraube arbeiten, damit wir den relativ dicken Querschnitt in seiner gesamten Tiefe durchmustern können. Wir orientieren uns dabei an Bild 99. In der Mitte sehen wir eine breite Zone längsgestreckter Hyphen, an die beiderseits eine schmale, dunkel erscheinende Zone von kleinen, rundlichen Zellen anschließt. Darauf sitzen senkrecht angeordnete Ständerzellen, die sogenannten Basidien. Sie sind namengebend für diese Klasse der Ständer- oder Basidienpilze. Auf den Basidien sitzen die abgeschnürten Sporen auf, die leicht abfallen. Beim Zuchtchampignon trägt jede Basidie nur zwei Sporen, beim Waldchampignon dagegen sind es vier.

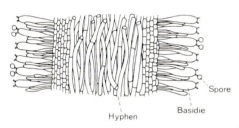

Bild 99. Querschnitt durch die Lamelle eines Champignons.

Zur Bestimmung einzelner Pilzarten wird auch die Sporenform herangezogen. Die winzigen Objekte erfordern jedoch eine starke mikroskopische Vergrößerung. Beim Champignon erkennen wir dann, daß die Sporen eine braune Membran besitzen, elliptisch geformt sind und einen kleinen, seitlich abstehenden Dorn aufweisen. Der Knollenblätterpilz besitzt farblose und kugelige Sporen.

2. Schimmel auf Nahrungsmitteln

Nahrungsmittel werden oft von Schimmelpilzen befallen und verderben. Das Problem eines biologischen Verderbs von Nahrungsmitteln ist heutzutage aktueller denn je. In Supermärkten kauft man die Nahrungsmittel im großen ein, im Haushalt wird dann die Lagerung und Aufbewahrung zu einem Problem. Oft handelt es sich dabei um leicht verderbliche Waren, auf denen sich Mikroorganismen stark vermehren können und dabei giftige Stoffwechselprodukte bilden. Lebensmittelvergiftungen werden meist von Bakterien oder Schimmelpilzen verursacht (Tabelle 6). Für den Mikroskopiker bieten schimmelbefallene Lebensmittel eine willkommene Gelegenheit zu mancherlei Beobachtungen. Die Materialsammlung ist denkbar einfach. Wir inspizieren zunächst die selbsteingemachten Marmeladevorräte. Zum Züchten von Schimmel verdünnt man ein wenig Marmelade mit Wasser auf das doppelte Volumen und läßt das Gefäß offen stehen. Nach einigen Tagen haben sich Schimmelkolonien gebildet, die dafür notwendigen Schimmelsporen sind offensichtlich in der Luft vorhanden. Ein ebenfalls günstiger Nährboden für Schimmelpilze sind feuchtes Schwarzbrot, reife, faulende Früchte (besonders Pfirsiche), ferner Zitronenschalen oder gar Pferdemist. Man kann in der Regel schon makroskopisch zwei verschiedene Wuchsformen unterscheiden. Einmal eine locker, watteartig wachsende Kolonie von weißer oder grauer Farbe, in der mit der Lupe feine schwarze Kügelchen zu erkennen sind: „Köpfchenschimmel". Die andere Wuchsform — nämlich die von *Aspergillus,* dem Gießkannenschimmel — zeigt sich als flach wachsende, samtartige Kolonie, deren Mittelpunkt sich nach einiger Zeit blau, grün oder schwarz färbt. Blaugrün wachsende Überzüge sind meist Kolonien des Pinselschimmels *Penicillium.*

Tabelle 6: Schimmelpilze und Bakterien, die Lebensmittelvergiftungen verursachen

Zeitpunkt der Gift-Entstehung		Name	Vorkommen
Das Gift entsteht im Nahrungsmittel vor dessen Verzehr	Schimmelpilze	*Aspergillus flavus*	Getreideprodukte, Nüsse, Apfelsaft, Käse, Rosinen
		Aspergillus ochraceus	Hülsenfrüchte, Getreide, Haferflocken
		Penicillium islandicum	Reis
	Bakterien	*Clostridium botulinum*	Hülsenfrüchte, Tomaten, Mais, Spinat, Fleisch, Wurst, Käse, Fisch
		Staphylokokken	Kartoffeln, Fleisch, Wurst, Milch, Speiseeis
Das Gift entsteht im Darm nach Verzehr befallener Lebensmittel	Bakterien	*Salmonellen*	Eier und Eierprodukte, Hackfleisch
		Clostridium perfringens	gekochte Fleischwaren

Köpfchenschimmel (Mucor)

Wir betrachten das verschimmelte Substrat zunächst unter dem Stereomikroskop und erkennen dann ein Gewirr aus feinen Fäden. Diese Hyphen dringen teilweise in das Substrat ein, andere wachsen dagegen in den Luftraum hinein und tragen oben ein

Bild 100. Köpfchenschimmel unter dem Stereomikroskop.

„Köpfchen". Ein Vergleich mit Stecknadeln charakterisiert die Köpfchenschimmel treffend, wie auch Bild 100 bestätigt. Bei der Herstellung eines mikroskopischen Präparats machen wir wieder die Erfahrung, daß sich die zerzupften Pilze nur schwer mit Wasser benetzen lassen und viele Luftblasen entstehen. Deshalb wird als Medium für die mikroskopische Untersuchung von Pilzen folgendes Gemisch empfohlen:

Alkohol, 96%ig	25 ml
Ammoniak, 10%ig	25 ml
Glycerin	15 ml
destilliertes Wasser	30 ml

Einfacher und ebensogut ist als Untersuchungsmedium Leitungswasser, dem reichlich Haushaltsspülmittel (z. B. Pril) beigemengt ist.

Die Hyphen des Köpfchenschimmels besitzen keine Querwand. Aus diesem Grund wird der Köpfchenschimmel der Klasse der Algenpilze (Niedere Pilze) zugeordnet. Die Bezeichnung „Schimmelpilz" dagegen ist kein systematischer Begriff, sondern eine Sammelbezeichnung für Pilzmycelien, die auf der *Oberfläche* von organischen Stoffen wachsen.

Die schwarz gefärbten „Köpfchen" eignen sich für die mikroskopische Untersuchung schlecht, besser sind die noch durchsichtig erscheinenden Köpfchen.

Aspergillus als Beispiel für einen Schlauchpilz

Bei den hellgrünen und flach anliegenden Rasen auf feuchtem Schwarzbrot handelt es sich meist um Kolonien des Gießkannenschimmels *Aspergillus*. *Mucor* und *Aspergillus* treten häufig auf dem gleichen Substrat auf, dabei entwickelt sich *Aspergillus* später. Das mikroskopische Bild zeigt Hyphen mit Querwänden, dieser Befund spricht also für einen Höheren Pilz. Die Endhyphe des Pilzes ist kugelig ausgebeult. Darauf sitzen flaschenförmige Zwischenzellen, die ihrerseits wieder nach außen abgeschnürte Sporen tragen. Die ganze Form erinnert tatsächlich an die Mündung einer Gießkanne. Einige *Aspergillus*-Arten werden in der Technik zur Gewinnung von Zitronensäure, Enzymen, Farbstoffen verwendet; andere Arten wiederum bilden Gifte, die zu den stärksten krebserzeugenden Substanzen gehören. Deshalb sollte man von Schimmel befallene Lebensmittel — hauptsächlich Säfte — nicht mehr verwenden.

Eine Schimmelspore zeigt den Weg zum Penicillin

Im Jahre 1929 entdeckte der schottische Bakteriologe ALEXANDER FLEMING das Penicillin. Diese Entdeckung beschreibt P. BOURTEMBOURG folgendermaßen: „Fleming wandte sich seinen Bakterien-Kulturen zu, die sich in gewohnter Unordnung auf dem Tisch häuften. Da entdeckte er plötzlich etwas beinahe Hübsches: auf einer völlig verfilzten Kultur hatte sich ein leichter Schimmel gebildet, um den herum sich eine klare Zone zog, umgeben von winzigen Tautropfen. Vermutlich ist die Spore eines Schimmelpilzes auf die offene Schale gefallen und hat sich auf der Kultur angesiedelt, überlegte er. Aber woher kommen die Tautropfen? Das ist nicht anders zu erklären, als daß der Schimmel eine Säure produziert hat, die Bakterien auflöst. Ja, nur so kann die klare Zone rings um den Schimmel entstanden sein." Diese Entdeckung gab den Hinweis, daß es Schimmelpilze gibt, die einen biologischen Stoff — ein Antibioticum — produzieren, der hemmend auf das Wachstum von Bakterien wirkt. Bei diesem Schimmelpilz handelt es sich um *Penicillium rubrum;* er besitzt die Fähigkeit, das Antibioticum Penicillin zu bilden, das die Zellwand wachsender Bakterienzellen auflöst.

Aus der modernen Medizin sind die Antibiotica nicht mehr wegzudenken, viele Menschen verdanken ihnen buchstäblich ihr Leben. Die Fähigkeit, Antibiotica zu bilden, ist nicht nur auf Pilze der Gattung *Penicillium* beschränkt. Etwa zwei Drittel der bisher bekannten Antibiotica (es sind weit über fünfhundert) werden von Strahlenpilzen der Gattung *Streptomyces* erzeugt. Auch Bakterien der Gattung *Bacillus* produzieren verwendbare Antibiotica. Für den Laien klingt dies überraschend, denn für ihn gelten ja Bazillen pauschal als Krankheitserreger.

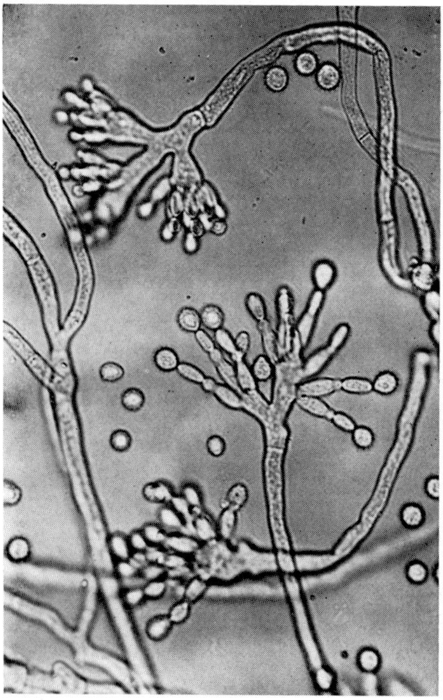

Mikroskopische Betrachtung des Schimmelpilzes Penicillium

Die Materialbeschaffung dürfte keine Schwierigkeit bereiten, *Penicillium* stellt an das Substrat keine besonderen Nahrungsansprüche. Er wächst auf allen feuchtliegenden Nahrungsmitteln und Früchten. Die mikroskopische Untersuchung zeigt, daß die Hyphen von *Penicillium* Querwände aufweisen, also ein Höherer Pilz vorliegt. Das Auffallende bei *Penicillium* ist die Endhyphe mit den vielen kurzen Verzweigungen und den von außen nach innen abgegliederten Sporen. Der deutsche Name für *Penicillium* ist Pinselschimmel, und Bild 101 macht deutlich, daß dieser Name treffend gewählt wurde.

Bild 101. Ein Pinselschimmel der Gattung *Penicillium*.

3. Bau und Leistung der Hefepilze

Mikroskopische Untersuchung
Bedarf:
Mikroskop, Mikroskopierkästchen, Bäckerhefe, Bierhefe (aus der Brauerei besorgen), Malzextrakt, Becherglas, Methylenblau, Kaliumdihydrogenphosphat (KH_2PO_4), Meßzylinder, Hohlschliffobjektträger, Petrischale, Filtrierpapier.

Wir stellen ein Frischpräparat von Backhefe her. Auf einen Objektträger bringt man einen Wassertropfen und verrührt in ihm mit der Lanzettnadel ein winziges Stückchen Backhefe. Ist die Aufschwemmung zu dicht — und das ist meistens der Fall —, übertragen wir einfach mit einer feinen Pipette einen kleinen Tropfen der Hefeaufschwemmung auf einen zweiten Objektträger und verdünnen ihn dort mit Leitungswasser. Nach Auflegen des Deckglases wird mikroskopiert. Hefezellen sind im wahren Sinne des Wortes Mikroorganismen, sie besitzen eine Größe von nur 5—15 µm. Wir müssen deshalb die stärkste Vergrößerung wählen, und selbst dann erkennt man nichts Besonderes: nur ovale Zellen mit zarter Membran und einer oder zwei Vakuolen im Zellinnern (Bild 102). Fertigen wir auf die gleiche Weise ein Frischpräparat von Bierhefe an, so werden wir fast genau das gleiche mikroskopische Bild erhalten; die Zellen sind vielleicht etwas größer. Bei Bäcker- und Bierhefe handelt es sich nämlich um ein und dieselbe Art, um *Saccharomyces cerevisiae*. Von dieser Art züchtet man je nach Verwendungszweck verschiedene Rassen. Besonders wertvolle Heferassen werden in den Labors der Gärindustrie sorgfältig gepflegt und weitergezüchtet, nicht selten stellen sie ein Betriebsgeheimnis dar.

Unterscheidung von toten und lebenden Hefezellen

In der Gärindustrie interessiert der Anteil der abgestorbenen Hefezellen. Zur Unterscheidung verwendet man unter anderem in starker Verdünnung den Farbstoff Methylenblau, der tote Zellen blau färbt. Wir verwenden eine 0,02%-ige Methylenblau-Lösung, die vor Gebrauch mit einer 0,5-molaren KH_2PO_4-Pufferlösung gemischt wird, und zwar im Verhältnis Farblösung zu Pufferlösung wie 1 zu 5000. Im einzelnen geht man so vor: Ein Tropfen der Hefeaufschwemmung wird auf dem Objektträger mit zwei Tropfen der gepufferten Methylenblaulösung gemischt. Nach fünf Minuten legen wir ein Deckglas auf und mikroskopieren. In lebenden Hefezellen wird durch ein Enzymsystem Methylenblau in eine farblose Verbindung überführt, tote Zellen färben sich dagegen blau. Frischhefe enthält etwa 0,5% bis 1% tote Zellen.

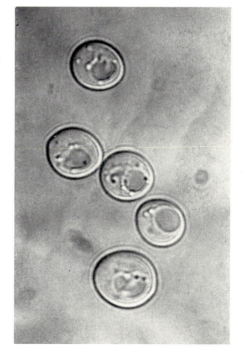

Bild 102. Stark vergrößerte Hefezellen.

Ungeschlechtliche Vermehrung

Hefepilze vermehren sich in einem zuckerhaltigen Nährmedium besonders stark. Geeignet hierfür ist ein wäßriger Auszug aus getrockneten Pflaumen oder Rosinen, der Auszug sollte nach Möglichkeit sterilisiert werden. Als Kulturmedium können wir auch mit gutem Erfolg eine 5%ige Malzextraktlösung verwenden. Wir füllen diese in ein Becherglas ab, geben dazu ein Stück Backhefe und rühren mit dem Glasstab um. Wir lassen das Gefäß über Nacht im warmen Zimmer stehen und können am nächsten Morgen feststellen, daß das Volumen der Hefe in dem Kulturgefäß stark zugenommen hat. Für die mikroskopische Untersuchung der Hefesprossung verwenden wir am besten einen Hohlschliff-Objektträger. Dies ist ein Objektträger aus dickerem Glas, der in der Mitte eine schalenförmige Höhlung aufweist. In diese Höhlung füllen wir als Kulturmedium einen Tropfen 5%ige Malzextrakt-Aufschwemmung, streuen ein winziges Körnchen Backhefe ein und verrühren mit einer Nadel. Das Deckglas wird mit Vaseline umrandet und dann aufgelegt. Nach 30 bis 45 Minuten sind unter dem Mikroskop sprossende Hefezellen zu beobachten. Aus einer Mutterzelle treibt eine Ausstülpung heraus, die sichtlich weiterwächst und sich nach einiger Zeit von der Mutterzelle durch eine Membran abgrenzt und schließlich frei wird. Mutter- und Tochterzelle können auch miteinander verbunden bleiben (Mikrometerschraube!) und dann ihrerseits wieder Tochterzellen ausbilden, so daß schließlich ein Sproßverband von Hefezellen entsteht. Damit wir die Sprossung der Hefezellen über einen längeren Zeitraum hinweg mikroskopisch verfolgen können, müssen wir das mikroskopische Präparat in einer „feuchten Kammer" aufbewahren: In den Boden einer Petrischale bringen wir feuchtes Filtrierpapier, der Deckel wird ebenfalls mit feuchtem Filtrierpapier ausgekleidet. In diese feuchte Kammer legen wir nun den Hohlschliffobjektträger, in dessen Höhlung sich Hefezellen in einer 5%igen Malzextraktsuspension befinden (kein Deckglas auflegen!). Für die mikroskopische Beobachtung der Hefesprossung kann man nun das Präparat kurzfristig aus der feuchten Kammer entnehmen und für die Betrachtung späterer Stadien wieder zurücklegen.

Versuch zur Hefegärung

Die mikroskopische Untersuchung führt uns zu den Lebensleistungen dieser Mikroorganismen. In der Biologie steht hinter der Untersuchung der Gestalt die Frage nach der Funktion. Form und Funktion gehören zusammen, das eine bedingt das andere. Eine morphologische (gestaltliche) Untersuchung leitet zwangsläufig zu einer physiologischen (funktionellen) Untersuchung über. Betrachtet man Hefezellen, so denkt man dabei an Gärungsprozesse. Zur Physiologie der Hefe gibt es eine große Zahl von Experimenten; wir beschränken uns hier auf den wenig bekannten Gärungsversuch nach BOTTLE. Dieses Experiment ist mit einfachen Mitteln durchführbar, ferner lassen sich die Ergebnisse quantitativ auswerten.

Bedarf:
Traubenzucker, Kochsalz, Mehl, Plastikdose, Backhefe, Schneebesen, Wasser, hohe Meßzylinder, Stoppuhr, Thermometer.

In einer Plastikdose (Backschüssel) mischt man 5 g Traubenzucker und 2 g Kochsalz mit 100 g Mehl. Nun werden 7 g Backhefe in 120 ml Wasser aufgeschlämmt und das Hefewasser mit dem Schneebesen gleichmäßig in das Mehl eingerührt, so daß ein dünner Teig entsteht. Von diesem Teig füllt man eine gewisse Menge in den hohen

Meßzylinder ab und notiert sofort das Teigvolumen. In zeitlichen Abständen von drei Minuten ermitteln wir das jeweilige Teigvolumen im Meßzylinder und notieren die Werte. Nach etwa einer Stunde, wenn keine Volumenzunahme mehr erfolgt, brechen wir den Versuch ab.

Aufgabe 17:
Stellen Sie die erhaltenen Meßwerte in einem Schaubild dar (X-Achse = Zeit, Y-Achse = Volumen).

Erklärung des Versuchs:

Durch die CO_2-Entwicklung bei der Gärung „treibt" der Teig, sein Volumen nimmt also zu. Die Hefe vergärt den freien Traubenzucker, diese Reaktion läßt sich durch folgende Gleichung ausdrücken:

$$C_6H_{12}O_6 \xrightarrow{\text{(Hefe)}} 2\ C_2H_5OH + 2\ CO_2 + 21\ \text{Kcal}.$$

Wie wir sehen, übernimmt die Hefe die Rolle eines Katalysators, besser: eines Biokatalysators. Die Enzyme der Hefezellen (Zymase-Komplex) katalysieren in mehreren Stoffwechselschritten die Vergärung des Traubenzuckers in Alkohol und CO_2.

Enzym oder Ferment?

Die Namen Enzym und Ferment werden heute nebeneinander gebraucht, es sind zwei verschiedene Bezeichnungen für denselben Begriff. Im vorigen Jahrhundert unterschied man noch zwischen „geformten" Fermenten, die nur im Zellganzen wirksam sind, und den „ungeformten Enzymen", die als Katalysatoren auch außerhalb der Zelle wirken können. Die Unterscheidung in Ferment und Enzym beruhte jedoch auf einem Irrtum. Im Jahre 1897 erbrachte BUCHNER durch ein berühmt gewordenes Experiment den Nachweis, daß auch zellfreie Hefeextrakte Zucker in Alkohol und CO_2 vergären können. Damit war bewiesen, daß Enzyme (Fermente) zwar in Organismen entstehen, ihre katalytische Wirkung aber sowohl innerhalb als auch außerhalb der Zelle ausüben können. Der Begriff Ferment ist somit historisch zu verstehen.

4. Enzym-Grundversuch mit Urease

Bedarf:
Urease (MERCK, Bestellnummer 8489), Phenolphthalein, Harnstoff, Thioharnstoff, Reagenzgläser und Reagenzglasständer, Bechergläser, Spatel, Butanbrenner, Reagenzglashalter, destilliertes Wasser, Glasstäbe. Pipetten.

Wir füllen zwei Reagenzgläser mit je 10 ml einer 5%igen Harnstofflösung und geben jeweils 3 Tropfen einer alkoholischen Phenolphthalein-Lösung hinzu. Auch nach dem Umschütteln darf sich die Farbe der Harnstoff-Lösung nicht verändern (sonst frischen Harnstoff aus der Apotheke besorgen!). In Reagenzglas I werden 8 Tropfen einer 1%igen Urease-Aufschwemmung zugesetzt, in Reagenzglas II die gleiche Menge destilliertes Wasser. Der Inhalt von Reagenzglas I färbt sich langsam rot, bei Reagenzglas II ist das nicht der Fall. Das Enzym Urease spaltet den Harnstoff in Ammoniak und CO_2, sekundär entsteht Ammoniumcarbonat. Dadurch wird die Lösung alkalisch und färbt sich mit Phenolphthalein rot. Die Reaktionsformel lautet:

$$O=C\begin{smallmatrix}\diagup NH_2\\ \diagdown NH_2\end{smallmatrix} + H_2O \xrightarrow{\text{Urease}} 2\,NH_3 + CO_2$$

Harnstoff   Ammoniak

$$2\,NH_3 + CO_2 + H_2O \longrightarrow (NH_4)_2CO_3$$
Ammoniumcarbonat

In Reagenzglas III füllen wir 10 ml einer 5%igen Thioharnstoff-Lösung, geben wiederum drei Tropfen Phenolphthalein-Indikatorlösung hinzu und anschließend acht bis zehn Tropfen der 1%igen Ureaseaufschwemmung. Es erfolgt kein Farbumschlag, da kein Ammoniumcarbonat entsteht. Das Enzym Urease setzt nur Harnstoff um, nicht aber den chemisch nahe verwandten Thioharnstoff. Enzyme sind also substratspezifisch; d. h. ein bestimmtes Enzym kann nur ein ganz spezifisches Substrat umsetzen.

Wir arbeiten jetzt wieder mit der 5%igen Harnstoff-Lösung, bringen davon 10 ml in Reagenzglas IV, ebenso drei Tropfen Phenolphthalein-Lösung. In dieses Reagenzglas geben wir acht Tropfen einer Urease-Aufschwemmung, die zuvor bis zum Kochen erhitzt wurde. Es erfolgt nun keine Farbreaktion. Am Aufbau der Enzyme sind Eiweißkörper beteiligt (siehe S. 72), die durch das Erhitzen zerstört wurden. Die Enzymwirkung kann auch durch Gifte blockiert werden, wie man durch Zufügen einer Silbernitrat- oder Bleichlorid-Lösung zeigen kann. Es gibt noch viele Möglichkeiten, die Enzym-Versuche mit Urease zu variieren.

Aufgabe 18:
Machen Sie zunächst einen Plan für den Aufbau und die Durchführung der Versuche
„Abhängigkeit der Ureasewirkung von der Temperatur"
und
„Abhängigkeit der Harnstoffspaltung von der Enzymkonzentration". Besprechen Sie vor Durchführung des Versuchs den Plan oder Vorschlag mit Ihrem Lehrer.

Enzymatischer Abbau der Kartoffelstärke

Bedarf:
Mikroskop, Mikroskopierkästchen, Kartoffel, Hohlschliffobjektträger, α-Amylase (SERVA Bestellnummer 13418).

Von einer Kartoffelhälfte schaben wir mit der Rasierklinge etwas Material ab. Mit einer Pipette spülen wir das abgeschabte Material in ein Uhrgläschen oder in die Vertiefung eines Hohlschliffobjektträgers hinein. Zu dieser „Kartoffelbrühe" geben wir einige Tropfen einer 5%igen Amylase-Aufschwemmung. Der Objektträger oder das Uhrgläschen wird für fünfzehn Minuten bei 30°C in den Wärmeschrank gebracht oder in der Nähe der Zimmerheizung abgestellt. Von früheren mikroskopischen Untersuchungen ist uns die Form der Kartoffelstärke-Körner bekannt. Doch durch den Einfluß des Enzyms Amylase hat sich die Form der Stärkekörner wesentlich verändert. Sie sind deutlich kleiner geworden und erscheinen abgeschmolzen. Beim Durchmustern des Präparats finden wir auch Stärkekörner, die Zerfallserscheinungen zeigen. Von außen her führen Spalten und Rinnen zur Mitte des Stärkekorns, schließlich schreitet der enzymatische Abbau so weit voran, daß das ganze Korn „verdämmert" (Bild 103).

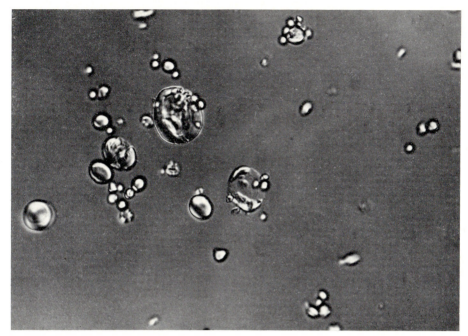
Bild 103. Enzymatischer Abbau der Stärkekörner durch Amylase.

X. Kristalle als Hobby

Bis jetzt haben wir das Mikroskop immer als Arbeitsgerät des Biologen kennengelernt. Für den Liebhaber-Mikroskopiker, der am Formen- und Farbenspiel eine besondere Freude hat, bietet sich die Möglichkeit, reizvolle mikroskopische Bilder von Kristallen zu betrachten. Er kann sogar unter dem Mikroskop das Wachstum von Kristallen verfolgen. Während große, gut ausgebildete Kristalle meist sehr teuer sind, benötigen wir für unsere mikroskopischen Kristalle nur einige Chemikalien aus dem Chemikalienschrank und natürlich das Mikroskop.
Selbstverständlich gehen wir mit den Chemikalien sorgfältig um und achten besonders darauf, daß die Chemikalien oder Lösungen *nie* mit den Objektiven des Mikroskops in Berührung kommen.

1. Herstellung der Präparate

Wir beschaffen uns zunächst einige anorganische Substanzen, wie $CuSO_4$ (Kupfersulfat), $MgSO_4$ (Magnesiumsulfat), $(NH_4)_2HPO_4$ (Ammoniumphosphat), NaCl (Kochsalz), Na_2CO_3 (Natriumcarbonat). Von jeder Substanz stellen wir in verschiedenen Bechergläsern gesättigte Lösungen her. Jedes Becherglas erhält ein Etikett, auf dem der Name der Lösung steht. Auf die Mitte eines sauber gereinigten Objektträgers bringen wir mit dem Glasstab einen Tropfen der $CuSO_4$-Lösung. Von den anderen Lösungen stellen wir in gleicher Weise ein solch einfaches Präparat her. Es ist zu empfehlen, daß man sich von jeder Lösung zwei oder drei Präparate anfertigt. Wir wollen nämlich die Kristalle durch das Verdunstungsverfahren gewinnen. Die günstigsten Wachstumsbedingungen sind bei langsamem Verdunsten des Lösungsmittels gegeben. Wir bewahren deshalb einige Objektträger mit den verschiedenen Lösungen — *ohne* Deckgläschen — an einem staubgeschützten Platz im Klassenzimmer oder zu Hause auf. Nach ein bis zwei Tagen sind die Substanzen auskristallisiert, und wir können dann die Kristalle, am besten bei 100facher Gesamtvergrößerung, betrachten. Wir können aber auch beim Entstehen der Kristalle zuschauen. Ideal als Demonstrationsgerät ist hierfür der Mikroprojektor LEITZ-MIKRO-PROMAR. Auf dem waagrecht angeordneten Objekttisch wird mit Hilfe der Tischklemmen der Objektträger festgeklemmt, auf dem sich z. B. ein Tropfen NaCl-Lösung befindet. Mit der schwächsten Vergrößerung projizieren wir den Flüssigkeitstropfen, unser Interesse gilt dabei besonders dem Rand des Tropfens. Dort bilden sich plötzlich Punkte, die rasch zu kleinen Würfelchen auskristallisieren. Im nächsten Augenblick kommt es auch in der Mitte des Tropfens zur Ausbildung von größeren Kristallwürfeln, und was die Sache so besonders reizvoll macht: wir können zuschauen, wie die Kristalle wachsen. Zum Schluß erscheint das Präparat übersät von Kochsalz-Kristallwürfeln.
Wir lassen nun auf die gleiche Weise eine Na_2CO_3-Lösung auskristallisieren; der ganze Vorgang spielt sich ja bei dieser Art der Projektion in einem Zeitraum von zehn bis fünfzehn Minuten ab. Beim Verdunsten der Na_2CO_3-Lösung entstehen lange, stielartige Kristalle. Bei der $CuSO_4$-Lösung bilden sich zunächst feine Kristall-

nadeln. Durch das rasche Verdampfen der Lösung entsteht eine flächige trübe Kristallkruste. Präparate mit solch krustigen Salzschichten sind jedoch nicht wertlos, im polarisierten Licht zeigen sie interessante Farben.

2. Kristalle unter dem Polarisationsmikroskop

Die Umwandlung des Mikroskops in ein Polarisationsmikroskop ist mit Hilfe der beiden KOSMOS-Polarisationsfilter, wie auf Seite 73 angegeben, äußerst einfach. Leider ist die Theorie der Polarisationsmikroskopie so kompliziert, daß wir uns hier mit einer stark vereinfachten Erklärung begnügen müssen.
Das gewöhnliche Licht besteht aus Wellen, die sich durch ihre Schwingungsrichtung im Raum unterscheiden. Durch einen Polarisationsfilter wird nun das in alle Richtungen schwingende Licht polarisiert, d. h. in Licht verwandelt, das nur noch in einer Ebene schwingt. Wir können das Polarisationsfilter anschaulich als Gitter mit Längsstäben vergleichen. Dabei können nur diejenigen Lichtwellen, die parallel zu den Gitterstäben schwingen, das Polarisationsfilter passieren. Auf der Sehfeldblende im Okular liegt das Analysatorfilter, das genauso beschaffen ist wie das Polarisationsfilter. Stellt man nun durch Drehen des Okulars den Analysator so ein, daß seine Gitterstäbe senkrecht zu denen des Polarisators liegen, wird hier auch noch das in einer Ebene schwingende (polarisierte) Licht zurückgehalten. Wie wir aus der Praxis wissen, erscheint das Bild dann schwarz.
Bestimmte Objekte — vor allem auch Kristalle — besitzen nun die Eigenschaft, das polarisierte Licht in seiner Schwingungsebene zu drehen. Die Folge dieser Drehung ist, daß die Lichtwellen den Analysator nun passieren können, da das Licht jetzt teilweise oder gar völlig parallel zu den Gitterstäben des Analysators schwingt. Die Strukturen eines solchen Objekts erscheinen im Gesichtsfeld hell auf dunklem Untergrund. Objekte, die eine Drehung des polarisierten Lichts bewirken, bezeichnet man als doppelbrechend. Es gibt nun einfach brechende und doppelbrechende Kristalle, wie wir unter dem Polarisationsmikroskop feststellen können. Wir sammeln sämtliche Objektträger mit den auskristallisierten Salzlösungen ein und mikroskopieren bei gekreuzten Polarisationsfiltern. Die einfach brechenden Kristalle verändern das polarisierte Licht nicht, das Gesichtsfeld bleibt deshalb dunkel. Beispiel: Kochsalz sowie andere Kristalle im kubischen System. Die meisten kristallisierenden Substanzen sind doppelbrechend; sie drehen das polarisierte Licht und leuchten deshalb bei gekreuzten Polarisationsfiltern mehr oder weniger hell auf. Präparate mit krustigen Salzschichten zeigen im polarisierten Licht teilweise herrliche Farbspiele. Durch die unterschiedliche Dicke der Salzschichten kommt es zu einem Gangunterschied der Lichtstrahlen, und daraus resultieren Interferenzfarben. Die Dickenänderung bedingt also eine Farbänderung.

Einige Rezepte

Der Liebhabermikroskopiker benötigt keine Rezepte zur Herstellung von mikroskopischen Kristallen. Für ihn liegt gerade im Ausprobieren der verschiedenen Chemikalien und Herausfinden des günstigsten Lösungsmittels der besondere Reiz. Wer sich jedoch nur gelegentlich mit Kristallen beschäftigt, wird gerne auf die Rezepte zurückgreifen.

Rezept 1:
Einen Tropfen CuSO$_4$-Lösung (Kupfersulfat) läßt man auf dem Objektträger rasch verdunsten. Im polarisierten Licht erkennen wir feine Federn (Bild 104). In gleicher Weise gehen wir mit einer MgSO$_4$-Lösung (Magnesiumsulfat) und einer (NH$_4$)$_2$HPO$_4$-Lösung (Ammoniumphosphat) vor.

Rezept 2:
Einen Tropfen Meersalzlösung (im Aquariengeschäft erhältlich) auf einen Objektträger geben und diesen auf dem Objekttisch des Mikroskops durch die eingeschaltete Mikroskopierleuchte erwärmen. Es bilden sich nach einiger Zeit verschiedenartige Kristalle.

Bild 104 (links). Beim Verdunsten einer Kupfersulfat-Lösung entsteht ein interessantes Kristallbild.

Bild 105a (unten links). Schwefelkristalle der β-Form.

Bild 105b (unten rechts). Umwandlung der β-Form in die α-Form.

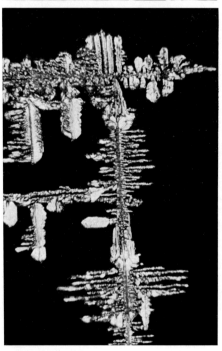

Rezept 3:
Man löst eine kleine Menge Vitamin C (Ascorbinsäure) in destilliertem Wasser und stellt von der Lösung drei Präparate her. Präparat a läßt man langsam bei Zimmertemperatur auskristallisieren (Dauer zwei bis drei Tage), Präparat b legen wir auf das Fenstersims über die Heizung, und bei Präparat c beschleunigt man die Verdunstung durch Erhitzen des Objektträgers. Es zeigt sich deutlich die Abhängigkeit der Kristallform von der Dauer der Verdunstung.

Rezept 4: Umformung von Schwefelkristallen
In ein schwer schmelzbares Reagenzglas eine Spatelspitze Schwefelpulver bringen, dazu 3 ml Petroleum geben und über dem Butanbrenner äußerst vorsichtig erhitzen (mit Reagenzglashalter), bis eine klare, gelbe Lösung entsteht. Mit einer weiten, vorgewärmten Pipette bringen wir sofort einen Tropfen der Lösung auf einen Objektträger und mikroskopieren rasch. Zunächst finden wir ein schönes Bild von Kristallnadeln verschiedener Größe, die rechtwinklig aufeinander stehen (Bild 105 a). Einige Minuten später zeigen diese Kristalle auffallende Veränderungen. Bei einer Temperatur unter 95,6 °C geht der sogenannte β-Schwefel in die α-Schwefelform über. Wir können diese Umwandlung unter dem Mikroskop verfolgen und sehen dabei, wie die Kristallnadeln der β-Form von den winzigen Kristallwürfelchen der α-Form regelrecht „aufgezehrt" werden und dabei Löcher entstehen (Bild 105 b).

Rezept 5:
Kristalle aus der Schmelze der Hippursäure (Pferdeharnsäure).
Man bringt eine sehr kleine Menge Hippursäure auf den Objektträger, legt ein Deckglas auf und hält den Objektträger mit einem Reagenzglashalter in die Flamme, bis der Schmelzpunkt (um 190 °C) erreicht ist. Beim Abkühlen des Präparats bilden sich Kristalle. Man betrachte sie unter dem Polarisationsmikroskop.

Rezept 6:
Lösungsmittel für einige Chemikalien, die interessante Kristallbilder versprechen.
Citronensäure: Isopropylalkohol und destilliertes Wasser. Mischung 1 : 1.
Aspirin: destilliertes Wasser
Resorcin: Äther
Coffein: Isopropylalkohol
Pyrogallol: Isopropylalkohol und destilliertes Wasser. Mischung 1 : 1.

Rezept 7:
Kristallisation von Silber durch Reduktion einer $AgNO_3$-Lösung (Silbernitrat).
Auf einen sauberen Objektträger gibt man einen Tropfen wäßriger $AgNO_3$-Lösung und legt in diesen Tropfen einen dünnen Kupferdraht. Durch Ausscheiden von metallischem Silber wird aus dem Kupferdraht ein Silberbäumchen (vergleiche hierzu die Spannungsreihe der Metalle).

Fotografie der Kristalle

Objektträger, auf denen durch langsames Verdunsten des Lösungsmittels Kristallpräparate entstanden sind, werden in der Dunkelkammer an Stelle des Filmnegativs direkt auf die Filmbühne des Vergrößerungsapparats gelegt. Auf dem Papier entsteht dann ein (negatives) Kristallbild. Selbstverständlich kann man auch das mikroskopische Bild der Kristalle im polarisierten Licht fotografieren. Dabei ist zu beachten, daß die Belichtungszeit etwa fünfmal länger ist als bei der gleichen Objektiv-Okular-Kombination im Hellfeld. Wer eine Filmkamera besitzt, die sich für die Mikrokinematografie eignet, sollte unbedingt das Wachstum eines mikroskopischen Kristalls filmen.

XI. Haare, Wolle, Fasern

Man bringt ein abgeschnittenes Kopfhaar auf einen Objektträger, gibt einen Tropfen Glycerin dazu und legt ein Deckglas auf. Die mikroskopische Untersuchung erscheint auf den ersten Blick recht unergiebig, man sieht einen dunklen Balken und stellt fest, daß man immer weniger zu sehen bekommt, je stärker man vergrößert. Wir machen nun mit Hilfe einer Pinzette eine enge Schleife in das Haar und betrachten diese bei schwacher Vergrößerung unter dem Mikroskop. In der Schleife muß das Haar eine ganze Drehung um seine Achse ausführen. Erscheint dabei sein Durchmesser wie in Bild 106 gleichbleibend, handelt es sich hierbei um ein Haar mit rundem Querschnitt. Häufiger anzutreffen sind jedoch Haare mit ovalem Querschnitt. Im Innern des Haares können wir einen schmalen Streifen oder einzelne Inseln erkennen: das Mark. Im Greisenhaar ist es oft von Luft erfüllt und verleiht ihm so den Silberglanz. Gekräuseltes Haar ist in der Regel besonders markhaltig; bei anderen Haaren kann das Mark auch vollständig fehlen. Wir wollen uns nun der Oberfläche des Haares zuwenden. Hier empfiehlt sich, die Oberflächen von Menschenhaar und Schafwolle zu vergleichen (Bild 107). Die Oberfläche der Schafwolle zeigt einen „Schuppenpanzer". Die einzelnen Schuppen greifen übereinander und überdecken sich teilweise. Das menschliche Haar zeigt unter dem Lichtmikroskop eine dünne Schuppenschicht (Mikrometerschraube betätigen!); sie ist dafür verantwortlich, daß die Haaroberfläche rauh ist. Die Schuppen werden ihrer Anordnung wegen gern mit Dachziegeln verglichen. Durch fotografische Aufnahmen mit dem Rasterelektronenmikroskop ist jedoch bewiesen, daß der Dachziegelvergleich das tatsächliche Bild der Schuppenschicht nicht richtig beschreibt.

Die Abdruckmethode gibt die Oberfläche des Haares in allen Einzelheiten wieder. Auf einen sauberen Objektträger bringt man eine dünne Schicht ROX-Masse (Chroma, Stuttgart-Untertürkheim), als Ersatz kann auch Uhu-Klebstoff verwendet werden. Das Haar — es muß zuvor gespannt werden — senkt man zur Hälfte in die langsam erstarrende Masse ein, die obere Hälfte liegt also frei. Nach Erstarren der ROX-Masse ziehen wir das Haar mit einer Pinzette ruckartig heraus. Zurück bleibt als Negativbild ein Abdruck der Haaroberfläche. Für die mikroskopische Untersuchung des Abdrucks beleuchten wir das Präparat schräg von der Seite.

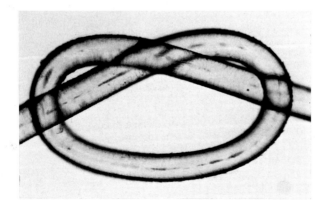

Bild 106. Ein menschliches Kopfhaar, in das eine Schleife geknüpft wurde.

Bild 107. Vergleich von Menschenhaar (links) und Schafwolle (rechts).

Aufgabe 19:

a. Haare von Stopfpräparaten aus der Biologiesammlung. Beispiele: Fuchs oder Marder, Reh, Hase oder Kaninchen. Zeichnen Sie das mikroskopische Bild der einzelnen Haare.

b. Betrachten Sie unter dem Mikroskop, wenn möglich auch im polarisierten Licht, einige Kunstfasern. Beispiele: Nylon (Nylonstrumpf), Perlon, Glasseide, Kupfer-Rayon (ungedreht), Polyester-Hohlfaser.

c. Betrachten Sie mit der Lupe — besser unter dem Stereomikroskop — Schadstellen in Stoffen. Beispiele: abgescheuerte Manschetten oder Kragen eines Hemdes, dünngewordene Stellen in Leintüchern und ähnliches mehr.

In der Kriminalistik spielen Haare, Textilfasern, Lack- oder Farbspuren, kleine Glassplitterchen oder sonstige Partikelchen als Mikrospuren eine große Rolle. Mikroskopische Spuren fallen bei fast allen strafbaren Handlungen an, besonders dann, wenn mit Waffen, Werkzeugen oder irgendwelchen Gegenständen hantiert wurde. Genauso wichtig wie die Überführung eines Täters an Hand der Mikrospuren ist jedoch die Tatsache, daß auf Grund der angefallenen Spuren die Unschuld eines Menschen bewiesen werden kann, der zu Unrecht beschuldigt wurde.

XII. Gewässerbiologie

1. Der See als Lebensgemeinschaft von Organismen

Den Mikroskopiker interessiert seit eh und je das „Leben im Wassertropfen". Eine besondere Aktualität haben gewässerbiologische Untersuchungen im makroskopischen und mikroskopischen Bereich dadurch erlangt, daß mit Hilfe der biologischen Befunde in der Zusammenschau mit den physikalischen und chemischen Meßergebnissen der Verschmutzungsgrad des Wassers und somit die Wassergüte angegeben werden kann. Demnach dient die Lebensgemeinschaft eines Gewässers als Indikator für die Wassergüte. Selbstverständlich ist das Aufstellen einer Wassergütekarte eine recht komplexe Angelegenheit, die dem Fachmann vorbehalten bleibt, der über reichhaltige Erfahrungen verfügt. Das soll aber nicht heißen, daß uns die Gewässerbiologie verschlossen bleibt. Durch einfache chemische und biologische Untersuchungsmethoden können wir einen Einblick in die ökologischen Zusammenhänge eines Gewässers erhalten.
Der Begriff Ökologie wurde von E. HAECKEL als „Lehre vom Haushalt der Natur" in die Biologie eingeführt. Die Ökologie ist demnach die Wissenschaft von den Beziehungen der Lebewesen zueinander und zu ihrer Umwelt, wobei unter Umwelt alle organischen und anorganischen Faktoren gemeint sind.
Entnehmen wir aus dem Wasserhahn Leitungswasser und untersuchen davon einen Tropfen unter dem Mikroskop, werden wir enttäuscht sein; denn es sind in der Regel keine Lebewesen zu finden. Ergiebiger sind Seen, Tümpel oder Weiher. Zum Entnehmen der Wasserproben benötigen wir ein Planktonnetz (Bezugsquelle KOSMOS-Service). Unter dem Stereomikroskop können wir die Maschen des Netzes sehen. Dieses Planktonnetz zieht man mit Hilfe einer Leine oder eines langen Stockes vom Ufer aus, noch besser von einem Boot aus durch das freie Wasser. Die Wasserentnahme aus dem See erfolgt also aus der Zone des freien Wassers. In dem kleinen Metallbecher, in den das Planktonnetz einmündet, sammeln sich die eingefangenen Mikroorganismen. Der Inhalt des Metallbechers wird in ein größeres Glasgefäß umgeschüttet. Nach mehrmaligem Fang mit dem Planktonnetz untersuchen wir das Material. Mit bloßem Auge fallen uns schon die ruckartigen Bewegungen der Wasserflöhe und Hüpferlinge auf.

Der Planktonfang unter dem Mikroskop

Vorteilhaft ist, wenn eine erste mikroskopische Untersuchung an Ort und Stelle durchgeführt werden kann. Als Exkursionsmikroskop bewährt sich hierbei das Selbstbaumikroskop MIKROMANN (KOSMOS-Verlag), besonders dann, wenn es zusätzlich noch mit einer Normoptik ausgestattet ist. Nach Abschluß der Exkursion erfolgt

Bild 108. Pflanzliches und tierisches Plankton 1 Blaualge: *Microcystis flos aquae;* 2 Mehrzellige Blaualge: *Anabaena flos aquae;* 3 Blaualge: *Oscillatoria;* 4 Grünalge: *Pandorina;* 5 Kolonie der Grünalge *Scenedesmus;* 6 Jochalge: *Closterium;* 7 Geißelalgen-Kolonie: *Dinobryon sociale;* 8 Kieselalgen-Kolonie: *Tabellaria flocculosa;* 9 Kieselalge: *Tabellaria fenestrata;* 10 Geißelalge: *Ceratium hirandinella;* 11 Sternalge: *Asterionella formosa;* 12 und 13 Rädertiere: *Asplanchna und Keratella;* 14 Wasserfloh: *Daphnia;* 15 Wasserfloh: *Bosmina;* 16 Hüpferling: *Cyclops.* Aus Streble/Krauter, Das Leben im Wassertropfen, Kosmos-Verlag.

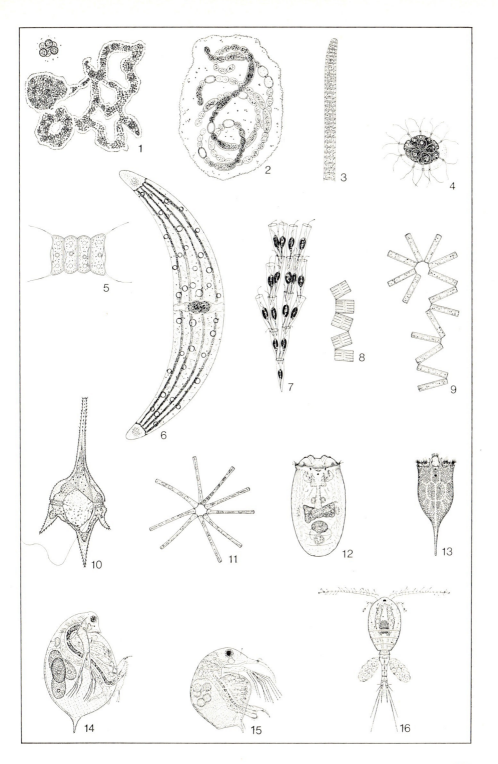

137

dann in der Schule die endgültige Auswertung des Planktonfangs. Das Material kann nun durch Zugabe einer kleinen Menge Formol fixiert werden, allerdings verlieren dadurch einige tierische Planktonorganismen ihre charakteristische Form.

Wir wollen jetzt die Organismen unseres Planktonfangs mit Hilfe von Bild 108 bestimmen. Als „Plankton" bezeichnet man die Gesamtheit der im Wasser schwebenden Lebewesen, deren meist geringe Eigenbewegung der Erhaltung des Schwebezustandes dient. Pflanzliches und tierisches Plankton können wir durch das Vorhandensein beziehungsweise Nichtvorhandensein von Chlorophyll unterscheiden. Durch besondere Einrichtungen, wie Öltröpfchen, Ausbildung einer Gallerthülle, durch eine günstige Körperform und schließlich auch durch die Eigenbewegungen wird das Schweben des Planktons begünstigt. Planktonorganismen sind also an das Leben in der oberen freien Wasserschicht angepaßt.

Größere, mit bloßem Auge sichtbare Tiere, die in der mit Pflanzen bewachsenen Uferzone des Sees leben — es handelt sich meist um Wasserinsekten, Wassermilben, Würmer und Schnecken —, können mit dem KOSMOS-Naturführer ENGELHARDT, „Was lebt in Tümpel, Bach und Weiher?" bestimmt werden. Zur Bestimmung der mikroskopisch kleinen Tiere und Pflanzen (auch des Planktons) dient der KOSMOS-Naturführer STREBLE-KRAUTER, „Das Leben im Wassertropfen".

2. Produzenten, Konsumenten, Destruenten

In der freien Fläche des Sees produzieren die pflanzlichen Planktonorganismen, also die Algen, durch den Vorgang der Photosynthese organische Substanz und Sauerstoff. Bei kleineren Seen macht sich daneben noch der Produktionsbeitrag der Ufervegetation bemerkbar. Insgesamt beschränkt sich die Produktion in den Gewässern nur auf die belichtete obere Wasserschicht. Diese Nährschicht ist normalerweise zehn Meter tief. Beim Bodensee mit einer Wassertiefe von mehr als zweihundert Metern findet somit nur in einem geringen Teil des gesamten Wassers eine biologische Produktion statt, der viel größere Teil des Wasserkörpers steht für den Abbau der absinkenden organischen Stoffe zur Verfügung. Im Gewässer genauso wie auf dem Festland übernehmen die Pflanzen die Rolle der Produzenten, sie stellen das Nahrungsangebot dar. Die Entwicklung der tierischen Lebewesen hängt nun von dem Nahrungsangebot ab, das zur Verfügung steht. Die Tiere übernehmen die Rolle der Konsumenten, im einfachen Fall als pflanzenfressende Primärkonsumenten. Diese dienen nun ihrerseits wieder als Nahrungsgrundlage für die Sekundärkonsumenten, die von tierischer Substanz leben. Auf diese Weise entstehen ganze Nahrungsketten. Beispiel: Algen — tierische Einzeller — Kleinkrebse — Fische. Das eine frißt das andere, doch es kommt nicht zur Ausrottung einer Organismenart, weil jede Tier- und Pflanzenart normalerweise eine ihrer Gefährdung angemessene Vermehrungsrate hat. So soll es ein einziger Wasserfloh in wenigen Sommermonaten zu über einer Milliarde Nachkommen bringen.

Welches Schicksal erleiden abgestorbene Pflanzen und Tiere im See? Durch Bakterien wird die tote organische Substanz zu nicht weiter oxidierbaren Verbindungen abgebaut, z. B. H_2O, CO_2, Nitraten, Phosphaten und Sulfaten. Die Bakterien übernehmen somit die Rolle von Abbauorganismen oder Destruenten, sie entfalten ihre Wirkung in der unbelichteten Tiefenschicht des Sees. Ohne die Tätigkeit der Bakterien würde sich am Grund des Sees eine meterhohe Schicht von pflanzlichen und tierischen Leichen ansammeln. Durch das Zusammenwirken von Produzenten, Konsumenten und Destruenten entsteht im Gewässer — wie auch auf dem Land — ein biologisches Gleichgewicht (Bild 109).

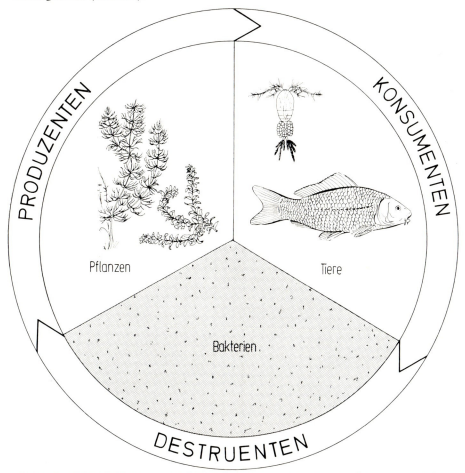

Bild 109. Schematische Darstellung der Abhängigkeit von Organismen in einer Lebensgemeinschaft.

Die Rolle der Bakterien

Bakterien besitzen keinen echten Zellkern und keine Chloroplasten. Sie nehmen zusammen mit den Blaualgen eine Sonderstellung im Pflanzenreich ein. Für die Einteilung der Bakterien wird im wahrsten Sinne des Wortes eine Äußerlichkeit herangezogen: die Form der Zellwand. „Nackte" Bakterienzellen, deren Zellwände durch ein Enzym aufgelöst wurden, verlieren nämlich ihre charakteristische Form, ihr Protoplast kugelt sich ab. Für fast jede organische Verbindung gibt es Bakterien, die den Abbau übernehmen können. Durch ihre geometrische Form besitzen Bakterien bei kleinem Volumen eine verhältnismäßig große Oberfläche; wie Bild 110 zeigt, begünstigt die „Wurmform" das Verhältnis Körperoberfläche zu Körpervolumen. Die Aufnahme des Sauerstoffs erfolgt durch die gesamte Körperoberfläche, der Sauerstoffverbrauch eines Bakteriums liegt deshalb, bezogen auf das Körpergewicht, enorm hoch. Bakterien zeigen im Vergleich zu höheren Organismen einen weitaus inten-

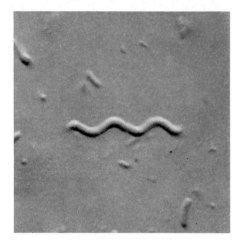

Bild 110. Schraubenbakterium: Durch die Wurmform ist eine große Oberfläche garantiert.

siveren Stoffwechsel. Die Bakterien benötigen für den Abbau von organischer Substanz — also für die Verwesung — Sauerstoff, den sie dem Wasser entziehen.

Badeverbot in „kranken" Seen

Bakterien können auch gefährliche Infektionskrankheiten verursachen. In Gewässern, die Badezwecken oder gar der Trinkwassergewinnung dienen, kann die Verseuchung mit krankheitserregenden Keimen verheerende Konsequenzen nach sich ziehen. Häusliche Abwässer enthalten stets eine größere Anzahl krankheitserregender Keime. Werden nun Abwässer in den Badesee eingeleitet, kann es zur bakteriellen Infektionsgefahr kommen. Solche Infektionskrankheiten sind Typhus, Paratyphus, Ruhr und Tuberkulose. Es leuchtet ein, daß zur Verhinderung von Seuchengefahren eine ständige bakteriologische Überwachung der Bade- und Trinkgewässer erforderlich ist.

3. Eutrophierung — und was damit gemeint ist

Eine besondere Krankheit der Seen und auch der Flüsse stellt die durch Waschmittel bewirkte Eutrophierung dar. „Eutrophierung" bedeutet die Umwandlung eines nährstoffarmen Gewässers in ein nährstoffreiches. Das ist an sich ein ganz natürlicher Vorgang; auch ohne Zutun des Menschen wird im Verlauf von Jahrtausenden aus einem nährstoffarmen (oligotrophen) See ein nährstoffreicher (eutropher). Die gegenwärtigen Umweltverhältnisse beschleunigen aber die Eutrophierung in unerträglichem Maße. Die Ursache der Eutrophierung liegt in einer Überdüngung der Gewässer durch Stickstoff- und Phosphorverbindungen. Zum Teil stammen diese aus Kunstdüngern, die vom Regen aus dem Boden von Äckern ausgewaschen und in Gewässer eingeschwemmt werden. Zum andern sind auch in Waschmittelrückständen Phosphate enthalten, die Einleitung von häuslichen Abwässern bringt somit eine unerwünschte Düngung der Gewässer. Die wachstumsfördernden Stickstoff- und Phosphorverbindungen führen zu einer hemmungslosen Entwicklung der Wasserpflanzen; es kommt zu einer Massenentwicklung von Algen, die als „Wasserblüte" die Oberfläche des Gewässers bedecken können. Auch die Ufer verschlammen und wachsen allmählich zu. Das erhöhte Nahrungsangebot führt zu einer starken Vermehrung der tierischen Organismen. Als Folge der Überfruchtbarkeit wird der Abbau der abgestorbenen Pflanzen und Tiere problematisch; die Bakterien zehren beim Abbau den Sauerstoffgehalt des Gewässers auf, die aerobe * Zersetzung (Verwesung) der organischen Substanz kann nicht mehr stattfinden. Durch anaerobe Bakterien erfolgt nun als Abbau-

---

* aerobe Vorgänge: Prozesse, für deren Ablauf Sauerstoff notwendig ist. Gegenteil: anaerob: Abbau ohne Sauerstoff = Fäulnis.

prozeß Fäulnis; die Endprodukte sind hier zum einen Methan und zum andern die übelriechenden und für die meisten Organismen giftigen Ammoniak- und Schwefelwasserstoffgase. Die Wassergüte wird dadurch stark beeinträchtigt. Insgesamt stört die Eutrophierung das biologische Gleichgewicht des Gewässers empfindlich. Die Entscheidung darüber, ob in der tieferen Schicht eines Sees Verwesung oder Fäulnis stattfindet, hängt also vom Sauerstoffgehalt des Gewässers ab. Bei Fließgewässern kann der verbrauchte Sauerstoff durch die turbulente Bewegung des Wassers relativ rasch ersetzt werden, bei einem stehenden Gewässer erfolgt die Wasserumwälzung jahreszeitlich durch die Frühlings- und Herbstzirkulation. Zur Untersuchung des Chemismus eignet sich insgesamt ein Fließgewässer besser, ein Bach oder Fluß ist in der Regel auch einfacher zu erreichen als ein See.

4. Chemische Untersuchung von Flußwasser und Abwasser

Allgemeine Vorsichtsmaßnahmen:
Versuche mit Abwasser erfordern sorgfältigen und gewissenhaften Umgang. Es ist gut, wenn man das Abwasser nicht mit den Händen berührt. Wie oft streicht man sich nämlich — meist unbewußt — über Kinn und Mund. Nach Abschluß der Versuche wäscht man die Hände gründlich mit Seife, bürstet die Fingernägel und benutzt ein Desinfektionsmittel (z. B. Sagrotan).

Versuch 1: Färbung und Geruch
In einen Standzylinder wird Flußwasser eingefüllt. Man bestimmt Färbung und Geruch. Kontrollversuch mit destilliertem Wasser.

Versuch 2: Verschmutzung durch Grobstoffe
Eine Glasflasche füllt man zu zwei Dritteln mit Flußwasser. Die Flasche wird mit einem Stopfen verschlossen, umgeschüttelt und danach abgestellt. In einer zweiten Glasflasche erfolgt der Kontrollversuch mit Leitungswasser. Auf der Oberfläche des Flußwassers bildet sich eine dünne Schaumschicht (Waschmittelrückstände!). Nach einiger Zeit setzen sich am Boden der Glasflasche die anorganischen und organischen Sinkstoffe ab.
Überlegung: Wie kann in der Kläranlage dieser Schmutz aus dem Wasser entfernt werden?

Versuch 3: Bestimmung des pH-Wertes
Zur Prüfung des pH-Wertes der Flußprobe sind die „nicht blutenden" Universal-Indikatorstäbchen von MERCK (9535) bestens geeignet. Sie verlieren während der Messung auch über längere Zeit hinweg keine Farbstoffe.
Die Wassertiere gedeihen am besten in einem pH-Bereich von 6,8 bis 7,8.

Versuch 4: Bestimmung der Temperatur
Zur Ermittlung der Temperatur hält man ein Thermometer etwa zwei Minuten lang ins Wasser. Die Messung wird an verschiedenen — auch tieferen — Stellen des Flusses wiederholt. Die Löslichkeit des Sauerstoffs (der Gase) im Wasser hängt stark von der Temperatur ab.
Beispiel:
1 l Wasser von 10 °C vermag 11 mg O_2 zu lösen. 1 l Wasser von 18 °C vermag 9,5 mg O_2 zu lösen. In Hitzeperioden ist die Gefahr des Sauerstoffmangels besonders groß (Fischsterben).

Versuch 5: Sauerstoff-Nachweis im Wasser
Bedarf:
Winkler-Glasflaschen mit schrägem Glasstopfen, Manganchlorid ($MnCl_2$), Natronlauge (NaOH), Natriumsulfit (Na_2SO_3), einige Wasserproben: Leitungswasser, sauberes Bachwasser, verschmutztes Flußwasser.
Eine 150 ml Winkler-Flasche wird mit Wasser vollständig gefüllt; dann werden drei Natronplätzchen und einige Kristalle Manganchlorid dazugefügt. Mit dem Glasstopfen verschließt man die Flasche, es darf dabei keine Luftblase zurückbleiben. NaOH und $MnCl_2$ bilden zusammen einen weißen Niederschlag. Ist im Wasser Sauerstoff vorhanden, verfärbt sich der ursprünglich weiße Niederschlag braun, und zwar um so stärker dunkelbraun, je mehr Sauerstoff das Wasser enthält. Beim Kontrollversuch geben wir in das Leitungswasser eine Spatelspitze Na_2SO_3, der Sauerstoff wird dadurch verbraucht, und der Niederschlag bleibt weiß. Mit Hilfe der Farbskala weiß (kein Sauerstoff) und dunkelbraun (viel Sauerstoff) prüfen wir die verschiedenen Wasserproben.

Versuch 6: Nachweis von organischen Stoffen mit Kaliumpermanganat
Bedarf:
Drei Erlenmeyerkolben, Dreifuß mit Asbestnetz, Butanbrenner, Siedesteinchen, konzentrierte Schwefelsäure (H_2SO_4), 0,3%ige Kaliumpermanganat-($KMnO_4$-)Lösung, Meßpipette, verschiedene Wasserproben: sauberes Wasser, mäßig verschmutztes Wasser, stark verschmutztes Wasser (Abwasser).
In einem Erlenmeyerkolben werden 100 ml Leitungswasser abgefüllt, mit drei Tropfen H_2SO_4 angesäuert und nach Zugabe von Siedesteinchen auf einem Dreifuß zum Sieden erhitzt. Aus einer Meßpipette lassen wir langsam einige Tropfen $KMnO_4$-Lösung zutropfen und zwar so lange, bis die rote Farbe in dem kochenden Wasser nicht mehr verschwindet. Man notiert die Menge der verbrauchten $KMnO_4$-Lösung. In gleicher Weise verfährt man mit den beiden anderen Wasserproben.
Auswertung:
Endgültige Rotfärbung bei sauberem Wasser: nach einigen Tropfen $KMnO_4$-Lösung.
Endgültige Rotfärbung bei mäßig verschmutztem Wasser: nach 0,5 ml $KMnO_4$-Lösung.
Endgültige Rotfärbung bei Abwasser: nach mehr als 1 ml $KMnO_4$-Lösung.

Versuch 7: Bestimmung der Fäulnisfähigkeit
Bedarf:
Drei Winkler-Glasflaschen mit Glasstopfen (50 ml Inhalt), 0,05%ige Methylenblau-Lösung, Meßpipette, Leitungswasser, Flußwasser, Abwasser.
Es wird je eine Glasflasche mit der Wasserprobe vollständig gefüllt, mit 0,3 ml einer 0,05%igen Methylenblau-Lösung versetzt und unter Vermeidung einer Luftblase verschlossen. Die Flaschen werden im Dunkeln aufgestellt. Man kontrolliert nach jeder Stunde, später nach jedem halben Tag den Grad der Entfärbung.
Es gilt: je kürzer die Entfärbungszeit, desto schmutziger ist das Wasser.

Versuch 8: Nachweis von Schwefelwasserstoff
Die Fäulnisfähigkeit hängt vom Gehalt der schwefelhaltigen organischen Verbindungen ab. Der Schwefelwasserstoff ist in einer Abwasserprobe sofort durch den Geruch (nach faulen Eiern!) nachweisbar. In eine Glasflasche, die mit stark verschmutztem Flußwasser oder Abwasser gefüllt ist, bringt man zwischen Stopfen und Glaswand einen Streifen Bleiazetatpapier. Ist freier Schwefelwasserstoff vorhanden, verfärbt sich das Papier gelb bis braun. Der schwarze Eisensulfid-Belag, den man an Steinen in der Flußsohle findet, wird mit Salzsäure versetzt. Das Bleiazetatpapier färbt sich dann auch braun.

Versuch 9: Nachweis von Ammonium, Nitrit und Nitrat
Bedarf:
Erlenmeyerkolben, Reagenzgläser, Seignettesalz: 50 g Kalium-Natriumtartrat werden in 100 ml H_2O gelöst, Neßlers Reagenz, Merckoquant Nitrit Test (MERCK 10 007), H_2SO_4, Brucin, Leitungswasser, Flußwasser, Abwasser.

Zum Nachweis von Ammonium werden 100 ml der Wasserprobe mit 2 ml Seignettesalz-Lösung und 4 ml Neßlers Reagenz versetzt. Bei geringem Ammoniumgehalt tritt eine schwache Gelbfärbung ein, bei hohem Gehalt dagegen ein gelbbrauner Niederschlag.

Zum Nachweis und zur halbquantitativen Bestimmung von Nitrit-Ionen im Wasser eignen sich die Nitrit-Teststäbchen von MERCK. Das Teststäbchen wird etwa fünfzehn Sekunden lang in die Wasserprobe eingetaucht. Bei Anwesenheit von Nitrit-Ionen färbt sich die Testzone rotviolett. Der Nitrit-Nachweis hat eine biologische Bedeutung, da Nitrit auf Fische stark giftig wirkt.

Für den Nitrat-Nachweis gibt man 2 ml der Wasserprobe in ein Reagenzglas und mischt vorsichtig 5 ml H_2SO_4 dazu. Nach Abkühlung fügt man 50 mg Brucin (Gift!) hinzu und schüttelt das Reagenzglas um. Enthält das Wasser Nitrat, tritt Rotfärbung ein.

Versuch 10: Bestimmung der Gesamthärte im Wasser durch Aquamerck (MERCK 8011)
Im technischen Bereich spielt die Wasserhärte eine Rolle, so muß z. B. bei Geschirrspülautomaten die vorhandene Wasserhärte eingestellt werden. Die Durchführung der Gesamthärte-Bestimmung ist einfach: Zuerst wird der Prüfbecher bis zur Eichmarke mit der Wasserprobe gefüllt. Sodann löst man eine Indikatortablette auf; die Probe verfärbt sich rot. Es wird nun Titrierflüssigkeit bis zum Farbumschlag nach grün hinzugefügt. Die Anzahl der verbrauchten Tropfen ist ein Maß für die Gesamthärte: Ein Tropfen entspricht einem deutschen Härtegrad (1° dH).

5. Biologische Wasseranalyse: Das Saprobiensystem

Die chemische Wasseranalyse ergibt ein sehr exaktes Diagnose-Bild vom momentanen Zustand eines Gewässers, sie kann auch Aufschluß über Art und Herkunft verschiedener Verschmutzungsfaktoren geben. Unmittelbar abhängig von den chemischen und physikalischen Faktoren ist die biologische Lebensgemeinschaft der Pflanzen und Tiere, die ein Fließgewässer besiedeln. So haben KOLKWITZ und MARSON im Jahre 1902 erstmals nachgewiesen, daß eine enge Beziehung besteht zwischen dem Reinheitsgrad eines Gewässers und der Zusammensetzung der Lebensgemeinschaft, die dieses Gewässer (z. B. einen Flußabschnitt) besiedelt. Das führte zur Aufstellung eines Katalogs von pflanzlichen und tierischen Organismen, die gleichsam als Indikatoren für verschiedene Verunreinigungsgrade in Gewässern benutzt werden können. Dieser Katalog von Pflanzen und Tieren — das sogenannte Saprobiensystem * — erfuhr in den nachfolgenden Jahren mehrere Abänderungen und Ergänzungen. Schließlich wurde nach dem Vorschlag von LIEBMANN (1953) das revidierte Saprobiensystem mit vier Saprobiestufen für die Wassergüteklassen I bis IV eingeführt. Heute spielt das Saprobiensystem in der biologischen Gewässergütebeurteilung eine große Rolle. Die biologische Analyse der Lebensgemeinschaft eines Flußabschnittes gibt einen Durchschnittswert über die Beschaffenheit und Belastung des Wassers an, das über einen längeren Zeitraum zwischen Pflanzen und Tieren hindurchgeflossen ist. Die biologische Wasseranalyse stellt also im Gegensatz zur chemischen Methode keine Momentaufnahme, sondern eine Zeitaufnahme des Gewässers dar.

Bevor wir uns mit dem Saprobiensystem eingehender beschäftigen, müssen wir noch klären, wie man sich das biologische Untersuchungsmaterial beschafft.

Wie man die Organismen eines Flusses sammelt

In einem Bach oder Fluß findet man kaum Plankton; wir können uns davon über-

---
* Saprobien: Organismen, die von faulenden Stoffen leben.

zeugen, indem wir das Planktonnetz mit der Öffnung für kurze Zeit in die Strömung eines Flusses oder Baches halten. Die Organismen eines Fließgewässers sind fast ausschließlich an benetzten Substratflächen als „biologischer Rasen" von Steinen und als Überzug an Wasserpflanzen zu finden.

Zum Sammeln der Organismen betreten wir mit Gummistiefeln das Flußbett, heben dort die Steine mit der Hand auf, drehen sie rasch um und spülen die Unterseite mit Flußwasser in eine Plastikdose (z. B. Tupper-Topf). Festsitzende Tiere werden mit der Pinzette vorsichtig abgelöst. Man kratzt oder bürstet den biologischen Rasen von der Steinunterseite ab und streift ihn für die spätere mikroskopische Untersuchung in ein Glasgefäß. Moose und Wasserpflanzen wäscht man mit dem Flußwasser in der Plastikdose aus. Mit einem festen Netz (kein Planktonnetz) fährt man mehrere Male durch die Uferpflanzen hindurch und sammelt auf diese Weise größere Tiere von den Pflanzen ab. Eine Probe mit Uferschlamm wird zunächst im Netz ausgewaschen und dann als Untersuchungsmaterial ebenfalls in der Plastikdose aufbewahrt.

Die Auswertung

Sauberes und sehr stark verschmutztes Wasser kann auch der wenig Geübte sicher voneinander unterscheiden. Als charakteristische Zeigerorganismen für kaum verunreinigtes Wasser gelten die gehäusebewohnenden Köcherfliegenlarven sowie die Eintagsfliegenlarve mit drei fadenförmigen Schwanzanhängen. Ein massenhaftes Auftreten von *Tubifex* und Chironomidenlarven — sie sind zumindest den Aquariumbesitzern als Fischfutter bekannt — sind Anzeichen für stark verschmutztes Wasser. Eine relativ einfache und doch sichere Beurteilung der Gewässerverschmutzung kann anhand der Ausbildung von schwarzen Eisensulfidflecken an der Unterseite von Steinen und an der Flußsohle erfolgen. Ebenso lassen sich am Auftreten der Kolonien von Abwasserbakterien Rückschlüsse auf die Gewässerverunreinigung ziehen. Es gilt: Mit zunehmendem Verschmutzungsgrad des Wassers nimmt die Zone der schwarzen FeS-Bezirke an Steinen und an der Flußsohle zu. In extrem belasteten Flüssen ist die Unterseite von Steinen durch FeS-Bildung gänzlich schwarz, auch die Flußsohle ist mit schwarzem Faulschlamm überzogen. Die Kolonien des Abwasserbakteriums *Sphaerotilus natans* sind makroskopisch als fellartiger, weißgrauer Überzug an Pflanzen und an der Unterseite von Steinen zu erkennen. Im reinen Wasser fehlen die Kolonien von *Sphaerotilus natans,* mit steigendem Verschmutzungsgrad des Wassers kommt es zu einem vermehrten Auftreten, und im stark verschmutzten Wasser schließlich bilden diese Kolonien flächige Zotten.

Für die Zusammensetzung einer Lebensgemeinschaft gilt als Grundprinzip: Vielseitige Lebensbedingungen, so wie sie in einem Fluß mit kaum verunreinigtem Wasser verwirklicht sind, ermöglichen eine artenreiche Lebensgemeinschaft, wobei die einzelnen Arten jeweils eine relativ geringe Individuenzahl aufweisen. Einseitige Lebensbedingungen, so wie sie in stark belasteten, sauerstoffarmen Gewässern vorherrschen, führen durch Auslese zu artenarmen Lebensgemeinschaften. Die einzelnen Arten treten dabei in einer großen Individuenzahl auf. Wir achten also bei unserer biologischen Wasseranalyse immer darauf, ob wir eine artenreiche oder eine artenarme Lebensgemeinschaft von Makro- und Mikroorganismen vorfinden. Für eine exakte Beurteilung der Wassergüte stehen dann die vier Stufen des Saprobiensystems zur Verfügung.

Die Zonen des Saprobiensystems

Polysaprobe Zone (Wassergüteklasse IV): sehr stark verschmutztes Wasser

Beispiele: städtische Abwässerkanäle, wasserarme Vorfluter* mit fäulnisfähigen Stoffen, Faulwasser und Faulschlamm der Kläranlage.

Das Wasser enthält nur noch in Spuren freien Sauerstoff; dagegen treten Ammoniak (NH_3) und Schwefelwasserstoff (H_2S) auf. Alle Organismen besitzen eine hohe Anpassungsfähigkeit an niedrigen O_2-Gehalt, sie sind ferner gegen Ammoniak und Schwefelwasserstoff resistent. Eine Zusammenstellung der Indikatororganismen bringt Tafel I.

α-**mesosaprobe Zone** (Wassergüteklasse III): stark verschmutztes Wasser

Beispiele: Abwasserfischteiche, viele Tümpel, der Tropfkörper-Rasen und Belebtschlammbecken einer Kläranlage.

Ein auffälliges Merkmal ist der starke Algenbewuchs (Wasserblüte). Als chemischer Prozeß ist der bakterielle Abbau organischer Substanz zu nennen. Das Wasser zeigt starke Schwankungen im Sauerstoffgehalt. Es sind deshalb solche Organismen — auch Fische — anzutreffen, die gegenüber Sauerstoffschwankungen unempfindlich sind. Über die Indikatororganismen informiert Tafel II.

β-**mesosaprobe Zone** (Wassergüteklasse II): mäßig verschmutztes Wasser

Beispiele: In Flüssen und Bächen, die nicht zu stark belastet werden, führt der Vorgang der natürlichen Selbstreinigung zum β-mesosaproben Zustand. Große Seen.

Ein Kennzeichen ist der Artenreichtum an höher organisierten Tieren und Pflanzen. Der Sauerstoffgehalt ist hoch, die meisten Organismen sind gegen Schwankungen des Sauerstoffgehalts empfindlich und können Fäulnisgifte nicht für längere Zeit ertragen. Eine Zusammenstellung der β-mesosaproben Organismen bringt Tafel III.

Oligosaprobe Zone (Wassergüteklasse I): kaum verunreinigtes Wasser

Beispiele: Bergbäche und Bergseen, der Oberlauf von Bächen in Waldgebieten.

Das Wasser ist klar und sauerstoffreich. Die organische Substanz ist schon abgebaut, so daß keine Bakterien und in der Gefolgschaft auch keine bakterienfressenden Wimpertiere auftreten. Dazu kommen in großer Zahl Insektenlarven vor, die den Forellen als Nahrung dienen. Die Organismen sind gegen Schwankungen von Temperatur und Sauerstoffgehalt empfindlich. Schwefelwasserstoff wirkt schädlich. Tafel IV zeigt die oligosaproben Indikatororganismen.

Aufgabe 20:
Bestimmen Sie mit Hilfe der Bildtafeln I bis IV die Organismen, die Sie im Fluß gesammelt haben. Ordnen Sie dabei die Organismen in drei Hauptgruppen ein:

Vereinzeltes Auftreten:
Häufiges Auftreten:
Massenentwicklung:

---

* Als Vorfluter bezeichnet man Gewässer, in die gereinigtes oder ungereinigtes Abwasser eingeleitet wird.

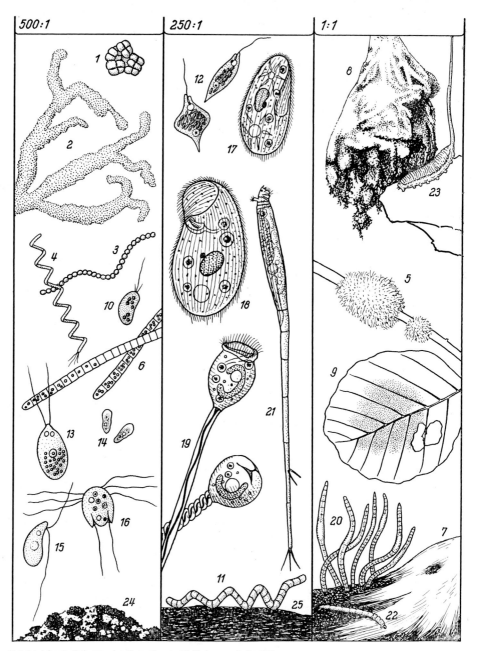

Tafel I (oben): Polysaprobe Organismen (Erläuterung Seite 150).
Tafel II (rechte Seite): α-mesosaprobe Organismen (Erläuterung Seite 150).

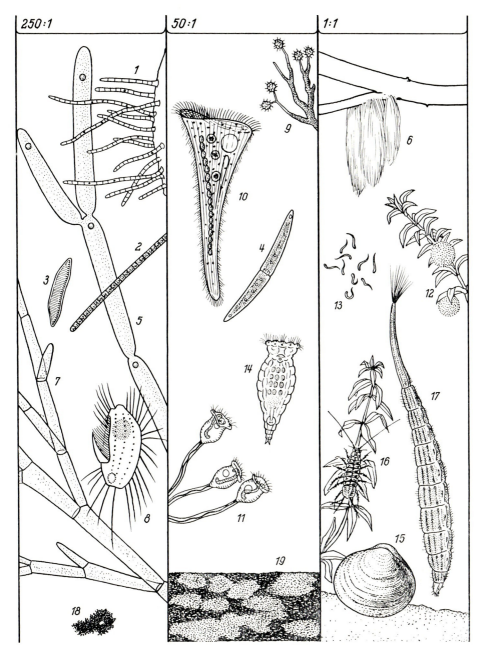

Tafel III (Seite 148): β-mesosaprobe Organismen (Erläuterung Seite 151).
Tafel IV (Seite 149): Oligosaprobe Organismen (Erläuterung Seite 151).

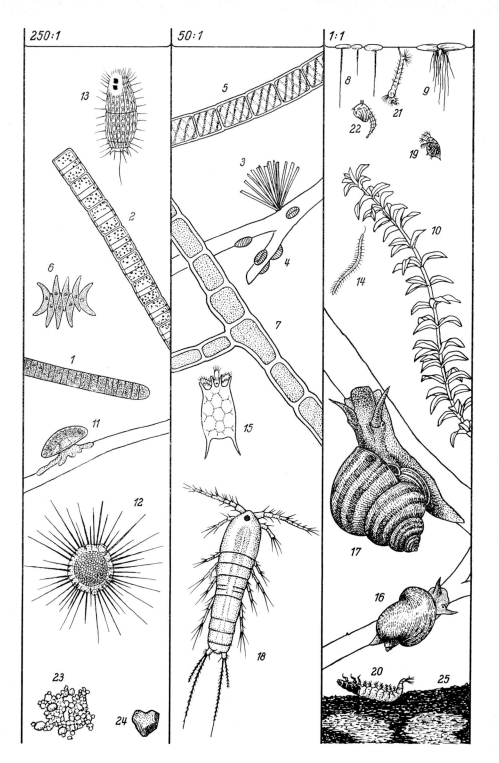

148

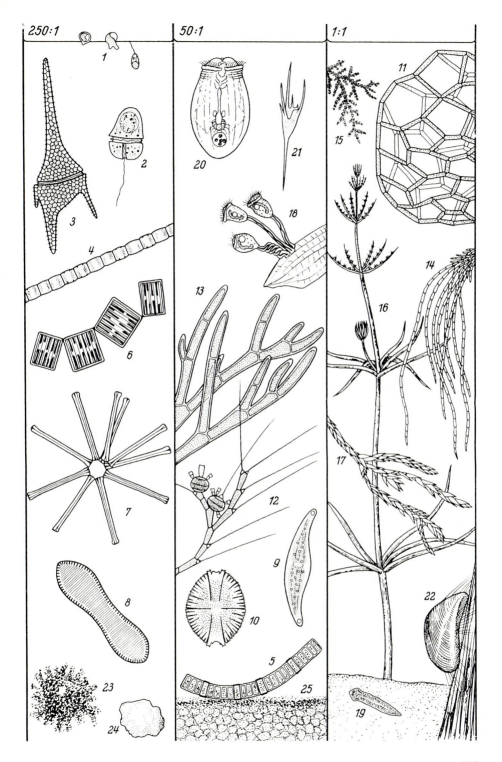

Tafel I (Seite 146): Polysaprobe Organismen

1. *Sarcina paludosa*
Bakterien in Paketform, charakteristisch für schwefel-eisenhaltigen, sauerstofffreien, etwas nach Schwefelwasserstoff riechenden schwarzen Schlamm;
2. *Zoogloea ramigera*
Bildet mikroskopisch kleine Bäumchen und gallertige geweihartige Bakterienverbände, weit in verschmutzte Zonen vorrückend;
3. *Streptococcus margaritaceus*
Relativ große Kettenkokken in Schlamm und Faulwasser;
4. *Spirillum volutans*
Zu den größten bekannten Spirillen gehörend, Zelldurchmesser beträgt etwa 1,8 µm;
5. *Sphaerotilus natans = Cladothrix dichotoma*
Häufigster „Abwasserpilz", bildet fellartige, weißliche Überzüge und schleimige Zotten;
6. *Beggiatoa alba*
Weiße Schwefelbakterie, Fäden mit Schwefelkügelchen, die durch Oxidation von Schwefelwasserstoff entstehen, guter biologischer Schwefelwasserstoffindikator;
7. *Beggiatoa arachnoidea*
Fäden, die einen weißen Schleier auf schwefelwasserstofferzeugendem Schlamm bilden;
8. *Beggiatoa arachnoidea*
Ein mit weißen Schwefelbakterien überzogener Schlammfladen, der durch eine große Gärblase vom Boden an die Oberfläche emporgehoben worden ist;
9. *Lamprocystis roseo-persicina*
Rote Schwefelbakterie, die ein zersetztes Erlenblatt überzieht;
10. *Chromatium okenii*
Schwefelbakterie, die ganze Teiche rot wie Kirschsaft färben kann;
11. *Spirulina jenneri*
Organismus von charakteristischer, schraubiger Gestalt auf faulendem Schlamm, meist in Gemeinschaft mit Beggiatoa;
12. *Euglena viridis*
Bei massenhaftem Vorkommen saftgrüne Überzüge auf der Wasseroberfläche;
13. *Polytoma uvella*
In großer Menge in städtischem Abwasser;
14. *Amoeba limax*
Sammelspezies kleiner polysaprober Wurzelfüßler;
15. *Bodo putrinus*
Geißeltierchen, das direkt über dem Faulschlamm lebt, gelegentlich auch in verjauchtem Wasser;
16. *Hexamitus inflatus*
In faulender Flüssigkeit häufigste Hexamitusart;
17. *Paramecium putrinum*
Wimpertierchen, plumpe, überernährte Form;
18. *Colpidium colpoda*
Wimpertierchen, das gelegentlich im schwefelwasserstoffhaltigem Wasser zu leben vermag;
19. *Vorticella microstoma*
Wimpertierchen, dessen Mundfeld in Wasser mit geringem Sauerstoffgehalt stärker zusammengezogen ist als bei Durchschnittsexemplaren;
20. *Tubifex tubifex*
Borstenwurm, steckt mit dem Kopf in der Schlammschicht und vollführt mit dem frei ins Wasser ragenden Ende pendelnde Bewegungen aus;
21. *Rotaria neptunia*
Rädertierchen, Körper teleskopartig ausziehbar, lebt mit Schwefelbakterien in Symbiose;
22. *Chironomus thummi*
Larve der roten Zuckmücke;
23. *Eristalis tenax*
Rattenschwanzlarve der Schlammbiene. Die Fliegenlarven führen ihre Atemröhren an die Oberfläche des Wassers;
24. Schwefeleisen;
25. Schwefeleisen und organischer Detritus.

Tafel II (Seite 147): α-mesosaprobe Organismen

1. *Thiothrix nivea*
Weiße Schwefelbakterie, im Gegensatz zu der freibeweglichen Beggiatoa festsitzend; kann weiße, flockige Besätze an Stengeln und Wurzeln bilden;
2. *Oscillatoria chlorina*
Blaualge, unempfindlich gegen hohe Schwefelwasserstoffkonzentrationen;
3. *Hantzschia amphioxys*
Gehört zu den wenigen Kieselalgen, die in ziemlich deutlich verunreinigte Regionen vordringen;
4. *Closterium acerosum*
Jochalge;
5. *Leptomites lacteus*
Abwasserpilz, kann Bäche und Flußufer mit fellartigen, weißen Massen auskleiden;
6. *Leptomites lacteus*
Mikroskopisches Bild. Weiße Zotte an einem Zweigstück festsitzend;
7. *Fusarium aquaeductum*
Bildet bei guter Versorgung mit Sauerstoff büschelartige, weißliche oder ziegelrot gefärbte Besätze an Steinen;
8. *Cyclidium citrullus*
Wimpertierchen; Bewegung abwechselnd rasch vorstoßend und dann im Stillstand abwechselnd. Nahrungsaufnahme in Ruhestellung mit abgespreizten Wimpern. Bakterienfresser;
9. *Anthophysa vegetans*
Geißeltierchen; Traubenbäumchen, trägt auf meist bräunlichen Stielen farblose Zellkolonien. Vermag sich rasch als Besatz in solchem Wasser zu entwickeln, welches die durch Schwefelwasserstoff angezeigte Fäulnis zum größeren Teil bereits überwunden hat;
10. *Stentor coeruleus*
Wimpertierchen; freischwimmend und auf Schlamm aufsitzend, wählt sich das Biotop;
11. *Vorticella convallaria*
Wimpertierchen; verbreiteter Bakterienfresser. Der Körper ist glockenförmig, die Mündung weniger verengt als bei Vorticella microstoma;
12. *Carchesium polypinum*
Wimpertierchen; hängende Kolonien bildend, der weißliche Carchesium-Besatz überzieht oft dicht das Substrat und kennzeichnet diesen Ver-

treter der Glockentierchen als einen charakteristischen Leitorganismus;
13. Nematoden
Sehr verbreitet in Schlamm und organischem Detritus;
14. *Epiphanes senta*
Rädertierchen; erscheint gelegentlich rot gefärbt durch Fressen roter Schwefelbakterien;
15. *Sphaerium corneum*
Kugelmuschel, in der Uferregion;

16. *Asellus aquaticus*
Wasserassel, nur im Zusammenhang mit der Lebensgemeinschaft typisch. Ernährt sich gelegentlich von sich zersetzendem Sphaerotilus;
17. *Stratiomys chamaeleon*
Larve der Waffen- oder Chamaeleonsfliege, lebt im Schlamm;
18. Schwefeleisen;
19. Schwefeleisen und organischer Detritus.

Tafel III (Seite 148): β-mesosaprobe Organismen

1. *Oscillatoria agardhii*
Blaualge;
2. *Melosira varians*
Kieselalge, charakteristisch für die Zone der abklingenden Selbstreinigung;
3. *Synedra ulna*
Kieselalge, formenreich, zahlreiche Varietäten; sehr häufig in der Uferregion;
4. *Cocconeis pediculus*
Kieselalge; „Algenlaus", erinnert unter dem Mikroskop an eine Schildlaus, häufig auf der Oberfläche von Wasserpflanzen;
5. *Spirogyra crassa*
Grünalge; im Frühjahr besonders zahlreich, meist zwischen Wasserpflanzen;
6. *Scenedesmus* spec.
Grünalge; charakteristischer Leitorganismus für diese Zone. Scenedesmusarten sind fast alle β-mesosaprob;
7. *Cladophora crispata*
Grünalge; Fäden verhältnismäßig schwer zerreißbar; kann armdicke Strähnen von über 1 m bilden; nicht schleimig;
8. *Lemna minor*
Kleine Wasserlinse, bildet in wenigen Monaten durch vegetative Vermehrung eine geschlossene Pflanzendecke;
9. *Spirodela polyrrhiza*
Vielwurzelige Wasserlinse;
10. *Elodea canadensis*
Kanadische Wasserpest. Trägt zur Verkrautung von Teichen und Gräben bei;

11. *Arcella vulgaris*
Wurzelfüßler, häufig auf Wasserpflanzen und Moos;
12. *Actinosphaerium eichhorni*
Sonnentierchen, auf lockerem, belüftetem Schlamm der Uferregion;
13. *Coleps hirtus*
Wimpertierchen, räuberisch von Infusorien lebend;
14. *Stylaria lacustris*
Borstenwurm;
15. *Keratella quadrata*
Rädertierchen, im Plankton der oberen Schicht häufig;
16. *Limnaea auricularia*
Ohrschlammschnecke;
17. *Viviparus viviparus*
Sumpfdeckelschnecke;
18. *Canthocamptus staphylinus*
Hüpferling, in der Uferregion, auch in den Sandschichten von Trinkwasserfiltern;
19. *Daphnia pulex*
Wasserfloh;
20. *Hydropsyche lepida*
Larve der Köcherfliege, in der Uferregion von Flüssen, widerstandsfähig gegenüber pH-Schwankungen;
21. *Culex pipiens*
Stechmückenlarve;
22. *Culex pipiens*
Stechmückenpuppe;
23. Eisenoxidhydrat, locker;
24. Eisenoxidhydrat, dicht
25. Eisenoxidhydrat. Schwefeleisen, Detritus.

Tafel IV (Seite 149): Oligosaprobe Organismen

1. *Chromulina rosanoffii*
Geißeltierchen, Goldglanzalge: vermag auf die Wasseroberfläche emporzukriechen und dort durch Lichtreflex Goldglanz zu erzeugen;
2. *Gymnodinium palustre*
Geißeltierchen, mit einer Quer- und einer Längsfurche, in denen je eine Geißel schwingt. Neigt leicht zur Bildung schleimiger Hüllen. Größere Mengen gelegentlich im Wasser von Talsperren;
3. *Ceratium hirundinella*
Geißeltierchen, auch β-mesosaprob, in Seen charakteristisch;
4. *Melosira italica*
Kieselalge;
5. *Melosira granulata*
Kieselalge;
6. *Tabellaria flocculosa*
Kieselalge, vorwiegend im Plankton von größeren Seen;

7. *Asterionella formosa*
Kieselalge, sehr verbreitet im Plankton von Seen und größeren, langsam strömenden Flüssen;
8. *Cymatopleura solea*
Kieselalge, im Uferschlamm;
9. *Closterium ehrenbergii*
Jochalge, in der Uferregion;
10. *Micrasterias rotata*
Jochalge;
11. *Hydrodictyon reticulatum*
Grünalge;
12. *Bulbochaete intermedia*
Grünalge;
13. *Cladophora glomerata*
Grünalge, als grüner Besatz an Steinen in Bächen und Flüssen;
14. *Lemanea torulosa*
Rotalge, an Steinen in Gebirgsbächen, sauerstoffbedürftig;

15. *Batrachospermum vagum*
Rotalge, Froschlaichalge, als schlüpfriger Rasen von rötlicher Farbe in fließenden und stehenden Gewässern;
16. *Chara fragilis*
Armleuchtergewächs;
17. *Fontinalis antipyretica*
Wassermoos, meist in Form kompakter, flutender Rasen von dunkelgrüner bis brauner Farbe in stehenden und fließenden Gewässern an Steinen und Wurzeln;
18. *Vorticella nebulifera*
Wimpertierchen, bildet bei üppiger Ausbildung weißliche Überzüge an Schilfstengeln und auf Blättern von untergetauchten Wasserpflanzen;
19. *Planaria gonocephala*
Strudelwurm, unter Steinen und an Pflanzen in Flüssen und Bächen;
20. *Asplanchna priodonta*
Rädertierchen; gelegentlich auch β-mesosaprob;
21. *Notholca longispina*
Rädertierchen, in Seen;
22. *Dreissensia polymorpha*
Dreikantmuschel, festsitzend an Steinen und Bohlen;
23. Organischer Detritus;
24. Sandkörnchen;
25. Sand und Detritus.
Tafeln I–IV aus Klee, Kleines Praktikum der Wasser- und Abwasseruntersuchung, Kosmos-Verlag, Stuttgart 1972

6. Die biologische Selbstreinigung der Gewässer

Ein Fließgewässer, das durch Abwassereinleitung in den polysaproben Zustand versetzt wurde, verharrt auf dem weiteren Fließweg nicht in diesem Verschmutzungszustand. Die Belastung geht zurück und zwar auch dann, wenn keine Verdünnung der Schmutzkonzentration durch Zufluß von sauberem Wasser erfolgt. Es kommt zur Selbstreinigung des Wassers, genauer: Durch Mikroorganismen werden die Schmutzstoffe abgebaut, und das Wasser wird dadurch gereinigt.
In der Kläranlage nutzt man diesen Prozeß aus, wir werden darüber noch hören. Für den Abbau der organischen Substanz benötigen die Bakterien bekanntlich Sauerstoff, der aus der Atmosphäre nachbezogen wird. Es leuchtet ein, daß sich turbulente Gewässer in der polysaproben Zone schneller reinigen als langsam fließende oder stehende Gewässer. Durch den Rückgang der Schmutzstoffe finden in den stromabgelegenen Flußabschnitten die α-mesosaproben Organismen ihre Lebensbedingungen vor. Es tauchen auch wieder grüne Pflanzen auf, so daß durch Photosynthese ein Zuwachs von Sauerstoff erzielt wird. Weiter flußabwärts ist die Belastung des Wassers so weit zurückgegangen, daß jetzt die β-mesosaproben Organismen gedeihen. In dieser Zone besteht ein Gleichgewicht zwischen dem Aufbauprozeß durch Photosynthese und dem Abbauprozeß durch Verwesung. In der Praxis ist eine länger unbeeinflußte Selbstreinigungsstrecke äußerst selten; meist wird der Fluß im Verlauf seiner Fließstrecke durch wiederholte Zufuhr von Abwasser erneut belastet.
Betrachten wir nun zum Vergleich einen Quellbach am Oberlauf, der sich im oligosaproben Zustand befindet. Auch dieser Bach verharrt im Mittel- und Unterlauf nicht in seinem ursprünglichen oligosaproben Zustand. Durch fallendes Laub, mitgerissenen Boden nebst Gras und Wurzeln der Uferböschung, verendete Tiere und anderes mehr kommt es zu einer natürlichen Selbstbelastung des Baches. Er geht dadurch in den β-mesosaproben Zustand über. Während also beim stark verschmutzten Fluß der β-mesosaprobe Zustand durch natürliche Selbstreinigung erreicht wird, nimmt der oligosaprobe Bach durch natürliche Selbstbelastung einen β-mesosaproben Charakter an. Jeder Fluß hat also das Bestreben, sei er nun stark verschmutzt oder unbelastet, den β-mesosaproben Zustand zu erreichen.
Solange die Abwasserbelastung der Flüsse und Bäche noch gering war, wurden sie damit auch fertig. Doch heute ist das im allgemeinen nicht mehr der Fall. Durch den Einfluß des Menschen hat die Belastung und Verschmutzung der Gewässer erschreckende Dimensionen angenommen: Flüsse und Bäche werden zu Kloaken und Abwasserkanälen degradiert.

Gewässerverschmutzung — Begleiterscheinung der Zivilisation

Unsere Flüsse und Seen sind krank. Täglich lesen wir in der Zeitung Berichte von verschmutzten Gewässern, Badeverboten, Fischsterben, Ölunfällen, Wasservergiftungen und von gesundheitsschädigendem Trinkwasser. Wenn wir uns inzwischen auch an solche Meldungen gewöhnt haben, dürfen wir sie nicht als unabänderliche Tatsachen hinnehmen. Die Reinhaltung unserer Gewässer kann nicht allein Aufgabe des Staates und der Gemeinden sein, sie geht jeden einzelnen an. Wasser ist ein kostbares Gut, ohne Wasser ist kein Leben denkbar. Wir stehen vor einem Dilemma: Der Bedarf an Trink- und Brauchwasser wächst stetig an, andererseits wird der Mangel an brauchbarem Wasser immer spürbarer. Längst reicht das Grundwasser nicht mehr zur vollständigen Versorgung mit Trinkwasser aus. Ein großer Teil wird aus Oberflächenwasser, also aus Flüssen und Seen genommen. Schon deshalb ist die Reinhaltung der Gewässer außerordentlich wichtig. Hierzu einige Punkte:

☐ Flüsse und Bäche sollen nicht als Mülleimer für unnützen Hausrat, Bauschutt oder gar Tierkadaver betrachtet werden.

☐ Der Autofahrer, der seinen Ölwechsel selbst durchführt, handelt gedankenlos und unverantwortlich, wenn er das Altöl durch die Kanalisation fließen läßt. Für die Tierwelt eines langsam fließenden Gewässers bedeutet schon ein dünner Ölfilm auf der Wasseroberfläche den Erstickungstod. Eine akute Gefahr für das Grundwasser (Trinkwasser) stellen undichte Heizöltanks dar. Es genügt schon ein Ölgehalt von einem zehntausendstel Prozent, um Wasser für Trinkzwecke unbrauchbar zu machen.

☐ Häusliche Abwässer enthalten vorwiegend Ausscheidungen des Menschen, ferner Spül-, Wasch- und Badewässer. Die häuslichen Abwässer können direkt in das Kanalnetz eingeleitet werden. Voraussetzung für eine Wiederverwendung des Wassers ist eine wirksame und weitgehende Reinigung des Abwassers in der Kläranlage.

☐ Industrielle Abwässer setzen sich je nach Gewerbezweig ganz unterschiedlich zusammen. Die Abwässer der Nahrungsmittelverarbeitung (Molkerei, Schlachthof, Brauerei und andere) enthalten vorwiegend Fäulnisstoffe. Sie besitzen eine ähnliche Zusammensetzung wie häusliche Abwässer. Der Vorfluter, also der Fluß, in welchen die Abwässer einfließen, wird hierbei durch übermäßige Sauerstoffzehrung belastet. In anderen Industriezweigen wie Galvanisieranstalten, Beizereien, Metallindustrien, chemische Industrie fallen Abwässer an, die Giftstoffe enthalten. Gelangen Schwermetalle wie Kupfer, Nickel, Cadmium oder Blei über Abwässer in Flüsse oder Seen, so gefährden sie aufgrund ihrer eiweißfällenden Eigenschaften die Wasserorganismen und den Menschen. Industrieabwässer müssen deshalb laut Gesetz vor der Einleitung in die Kanalisation neutralisiert, entgiftet und entsalzt werden. Ein großer Teil der industriellen Abwässer wird jedoch nur ungenügend gereinigt in die Gewässer eingeleitet. Das Wasser muß demnach tagtäglich riesige Mengen von Säuren, Laugen, Fetten, Schwermetallen, Farbstoffen und Desinfektionsmitteln „schlucken". Darunter leidet die Selbstreinigungskraft des Gewässers erheblich.

☐ Die Verursacher von Gewässerverschmutzungen sollten nach dem „Verursachungsprinzip" auch die Kosten für die Abwasserreinigung tragen. Jede Gemeinde, jeder Industriebetrieb, aber auch jeder einzelne, der eine Verschmutzung verursacht, müßte für die Kosten der Beseitigung aufkommen.

☐ Der Schutz unserer gefährdeten Umwelt kostet viel Geld, darüber besteht kein Zweifel. Der Gewässerschutz stellt ja nur ein Teilgebiet aus dem Gesamtkomplex Umweltschutz dar. Andere wichtige Aufgaben sind Landschaftspflege, Luftreinhaltung, Lärmbekämpfung, Abfallbeseitigung und Strahlenschutz. Die Begleiterscheinungen der Zivilisation kommen einen jeden von uns teuer zu stehen. Wir haben jedoch keine andere Wahl, wenn wir Gesundheit und Leben nicht gefährden wollen; denn wir sind auf das Wasser angewiesen. Die Reinigung der Abwässer darf nicht den überlasteten Flüssen überlassen werden; zum Schutz der Gewässer müssen in Zukunft die noch fehlenden Kläranlagen so geplant und gebaut werden, daß sie eine wirkungsvolle Entlastung der Flüsse und Seen darstellen.

7. Wie wird Abwasser gereinigt?

Bei der Reinigung der Abwässer in Kläranlagen ahmt man die Vorgänge der „biologischen Selbstreinigung" nach. Durch Schaffung von optimalen Lebensbedingungen für die Mikroorganismen kann in intensiver Weise auf kleinem Raum — nämlich in der Kläranlage — die Selbstreinigung der Gewässer vollzogen werden, während in der Natur für diesen Vorgang kilometerlange Fließstrecken erforderlich sind. Die schematische Darstellung in Bild 111 soll die Wirkungsweise einer Kläranlage mit drei Reinigungsstufen erklären.

Erste Reinigungsstufe: Mechanische Klärung

Grobe Bestandteile des Abwassers wie Papier, Lumpen, Holzteile werden durch die Eisenstäbe des Rechens zurückgehalten. Durch den Sandfang fließt das Abwasser mit verminderter Geschwindigkeit hindurch, dabei setzen sich Sand und Kies ab. Zur Vorklärung wird das Abwasser einige Stunden in dem Absatzbecken gehalten. Das Wasser wird dabei geklärt, indem die absetzbaren und ungelösten Stoffe auf den Boden absinken und sich die Schwimmstoffe an der Wasseroberfläche ansammeln. Durch diesen physikalischen Vorgang erfolgt die mechanische Klärung, dabei werden nur etwa ein Drittel der im häuslichen Abwasser enthaltenen Schmutzstoffe entfernt. Die übrigen zwei Drittel sind in gelöster oder feinst verteilter Form im Abwasser enthalten. Sie werden bei der mechanischen Klärung nicht entfernt. Viele ältere Klär-

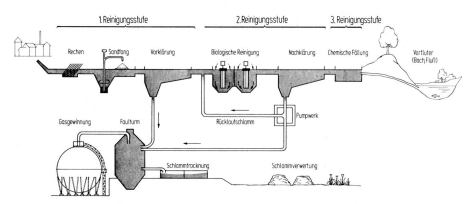

Bild 111. Schematische Darstellung einer Kläranlage mit drei Reinigungsstufen.

anlagen besitzen lediglich die einzige Reinigungsstufe der mechanischen Klärung, ihr Reinigungseffekt beträgt demnach etwa 33%. Erst durch die vollausgebaute mechanisch-biologische Kläranlage mit einem Reinigungseffekt von 85—95% kommt es zu einer Entlastung der Gewässer.

Im unteren Trichterende des Absatzbeckens sammelt sich Schlamm an, der regelmäßig in den Faulturm gepumpt wird.

Zweite Reinigungsstufe: Biologische Abwasserreinigung

In der biologischen Reinigungsstufe werden im Intensiv-Verfahren die gelösten oder feinst verteilten (kolloidalen) organischen Schmutzstoffe durch Mikroorganismen abgebaut. Es ist experimentell nachgewiesen, daß der Abbau in der Hauptsache durch Bakterien erfolgt. Zur Beschleunigung der aeroben Abbauvorgänge wird das mechanisch gereinigte Schmutzwasser künstlich mit Sauerstoff angereichert. Für die biologische Abwasserreinigung stehen in der Regel zwei Verfahren zur Verfügung:

a. Tropfkörper-Verfahren

Die Tropfkörper sind Bauten aus porösem Brockenmaterial (z. B. Lava, Schlacke), über die das Abwasser kontinuierlich versprüht wird. Auf der benetzten Oberfläche der Brocken bildet sich ein biologischer Rasen von Bakterien und Wimpertieren. Diese Mikroorganismen reinigen das Abwasser von den Schmutzstoffen. Im Tropfkörper-Verfahren ahmt man somit auf kleinstem Raum und in intensiver Weise den Vorgang der Selbstreinigung in fließenden Gewässern nach. Durch die Versprühung des Abwassers reichern sich die Wassertropfen mit Sauerstoff aus der Luft an. Ferner streicht ständig Luft durch die Poren des Brockenmaterials, so daß eine Sauerstoff-Versorgung der Mikroorganismen gewährleistet wird.

b. Belebtschlamm-Verfahren

Dem Abwasser wird im Schlammbelebungsbecken Sauerstoff zugeführt. Dies erfolgt entweder durch Druckluft von unten her oder aber durch ständige Zerstörung der Wasseroberfläche mit Hilfe von Stahlbürsten oder eines Schwimmkreises. Der Belebtschlamm besteht aus einer flockigen Zusammenballung von Bakterien und Wimpertieren. Durch die ständige Verwirbelung des Abwassers entsteht ein enger Kontakt zwischen der Belebtschlammflocke und dem Abwasser. Dadurch können die Mikroorganismen der Belebtschlammflocke die Schmutzstoffe des Abwassers abbauen. Ebenso wie beim Tropfkörper-Verfahren muß auch beim Belebtschlamm-Verfahren in der Nachklärung der Schlamm vom gereinigten Abwasser getrennt werden. Beim Belebtschlamm-Verfahren gelangt ein Teil des Schlamms als Rückschlamm zum erneuten Einsatz in den Zugang der biologischen Reinigungsstufe; der Überschußschlamm wird in den Faulturm gepumpt.

Dritte Reinigungsstufe: Chemische Reinigung

Das mechanisch-biologisch gereinigte Wasser enthält noch anorganische Stickstoff- und Phosphorverbindungen (Nitrate, Phosphate). Die Einleitung von biologisch geklärtem Wasser in den Vorfluter führt dort durch die Düngewirkung der Nitrate und Phosphate zu üppigem Algenwachstum, als Effekt kommt es besonders in Seen zur Eutrophierung (vgl. S. 140). Die Beseitigung der düngenden Phosphate ist durch die dritte Reinigungsstufe möglich. Dabei werden chemische Fällungsverfahren angewandt: Mit Eisenchlorid oder Aluminiumsulfat läßt sich das Phosphat weitgehend

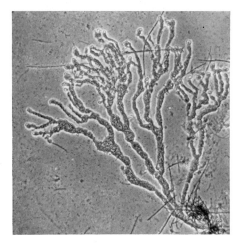
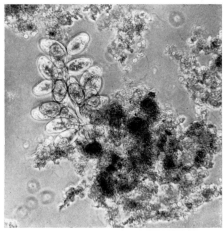

ausfällen. Im Reagenzglas können wir die Phosphatfällung demonstrieren. Zu einer KH_2PO_4-Lösung (Kaliumdihydrogenphosphat) gibt man tropfenweise $FeCl_3$-Lösung (Eisen-III-chlorid) hinzu, das Phosphat fällt dann als Niederschlag aus.

Schlammaufbereitung

Bei der Vorklärung und Nachklärung setzen sich große Mengen von wasserhaltigem Schlamm ab. Dieser wird im Faulturm weiterbehandelt. Unter Luftabschluß vollziehen anaerobe Bakterien den Fäulnisprozeß, bei dem als Endprodukt Methangas (Heizgas) entsteht. Der ausgefaulte, nahezu geruchlose Trockenschlamm läßt sich als Dünger landwirtschaftlich verwerten.

Mikroskopische Untersuchung von Tropfkörper-Rasen (Mikroprojektion)

Aus einer Kläranlage beschafft man sich biologisches Material vom Tropfkörper-Rasen und vom Belebtschlamm. Für die mikroskopische Untersuchung ist die Mikroprojektion (das Fernsehmikroskop) zu empfehlen; die Gefahr einer Infektion der Schüler durch Bakterien, Viren oder Wurmeier wird dadurch vermieden. Objektträger, Deckgläschen und Pipetten, die zum Herstellen der mikroskopischen Präparate verwendet wurden, wirft man anschließend in den Mülleimer. Der Lehrer, der die Präparate herstellt und projiziert, muß sich danach Hände und Fingernägel waschen und abschließend ein Desinfektionsmittel verwenden.

Der Tropfkörper-Rasen enthält massenweise Bakterienverbände, vereinzelte, freischwimmende Bakterien sind dagegen selten anzutreffen. Meist bilden Tausende oder gar Hunderttausende in einer Gallerthülle zusammengefaßt ein bäumchenartiges Gebilde (Bild 112). Außer Bakterien finden wir im Tropfkörper-Rasen in einer enormen Zusammenballung eine Unzahl von Mikroorganismen. Wo stammen diese her? Sie kommen mit dem Abwasser in die Kläranlage, und im Tropfkörper finden sie ideale Lebensbedingungen vor, so daß sie sich hier explosionsartig vermehren. In der obersten Schicht des Tropfkörpers finden wir massenweise das Wimpertierchen *Colpidium colpoda*. Diese Einzeller besitzen einen plumpen Zelleib, der vorne nach rechts umgeschlagen ist. Die Tiere bewegen sich ziemlich rasch. Andere Wimpertierchen, die wir im Tropfkörper-Rasen finden, sind kleine und große Pantoffeltierchen und vor allem Kolonien von Glockentierchen. Bei entsprechender mi-

Bild 112 (linke Seite außen). Bäumchenbakterien. Eine große Zahl einzelner Bakterien sind in einer Gallertmasse zu einem bäumchenartigen Gebilde zusammengeschlossen.

Bild 113 (linke Seite innen). Biologischer Rasen des Tropfkörpers: Eine Kolonie von bakterienfressenden Glockentierchen.

Bild 114 (rechts). Im biologischen Teil der Kläranlage findet man interessante Organismen, hier ein Sauginfusor.

kroskopischer Vergrößerung kann man besonders im Phasenkontrast-Verfahren gut verfolgen, wie die Glockentierchen ihre Nahrung, nämlich Bakterien, einstrudeln.
Die Bakterien ernähren sich von der organischen Substanz des Abwassers. Sie verdauen und veratmen die Schmutzstoffe. Man könnte sagen: Bakterien fressen Schmutzstoffe. Die Rolle der bakterienfressenden Einzeller (Bild 113) liegt wohl darin, daß sie insgesamt den Vorgang der biologischen Selbstreinigung beschleunigen.
Der Tropfkörper stellt keinen einheitlichen Lebensraum dar. Verschiedene Faktoren wie Licht und Abwasserkonzentration bedingen unterschiedliche Zonen, entsprechend siedeln sich auch unterschiedliche Lebensgemeinschaften an. Je weiter das Abwasser über das Brockenmaterial des Tropfkörpers nach unten rieselt, desto weiter ist die Reinigung des Wassers vorangeschritten. Nach BUCK läßt sich allgemein sagen, daß in gut funktionierenden Kläranlagen jene tierischen Organismen vorherrschen, die bei der Klassifizierung der Gewässergüte für die α-mesosaprobe Zone (Bildtafel II) charakteristisch sind. Das gehäufte Auftreten von polysaproben Wimpertieren ist dagegen ein Anzeichen für Sauerstoffmangel. Auf dem belichteten oberen Teil des Tropfkörpers sind Blaualgen, Kieselalgen (Diatomeen) und Grünalgen anzutreffen. Zur Lebensgemeinschaft des Tropfkörper-Rasens gehören außer den Bakterien und Wimpertierchen auch Geißelalgen, Pilze, Rädertiere, Fadenwürmer, Borstenwürmer, Kleinkrebse und Mückenlarven. Nicht selten findet man im Tropfkörper-Rasen auch ästhetisch schöne Organismen, wie etwa das Sauginfusor von Bild 114.
Die Organismen, die den Belebtschlamm besiedeln, lernen wir durch die Mikroprojektion einer Belebtschlammflocke kennen. Neben Bakterien enthält der belebte Schlamm fast ausschließlich Wimpertierchen, vor allem Glockentierchen und Glockentierkolonien.
Zum Schluß wollen wir noch eine Kläranlage im kleinen mikroskopisch untersuchen, nämlich die Besiedlung eines Aquarienfilters. Auch hier werden wir hauptsächlich α-mesosaprobe Organismen finden.

XIII. Leben im Wassertropfen

1. Das Trompetentierchen

Trompetentierchen kann man zu jeder Jahreszeit finden, und da man sie schon mit bloßem Auge sieht, ist dies nicht einmal besonders schwierig. Wir suchen danach in einem verschmutzten Fluß oder Bach, der wenig Wasser führt, so daß man ihn mit Gummistiefeln betreten kann. Wir achten auf handgroße Steine in der Flußsohle; diese werden hochgenommen und umgedreht: Kleine blaue Pünktchen weisen auf eine Ansiedlung von Trompetentierchen hin. Das Trompetentierchen *Stentor coeruleus* sieht makroskopisch wie der Kopf einer metallenen Stecknadel aus. Durch die mikroskopische Untersuchung lernen wir mit dem Trompetentierchen einen sehr schönen Einzeller kennen. Bei der Herstellung des mikroskopischen Präparats umrandet man das Deckgläschen mit Vaseline. Dies hat den Vorteil, daß man das Präparat längere Zeit unter dem Mikroskop betrachten kann und sich die Tiere dabei am Deckglas festsetzen. Zunächst schwenken wir bei eingeschalteter Mikroskopierleuchte das schwächste Objektiv in den Strahlengang, blicken jedoch nicht durch das Okular, sondern bewegen unter seitlichem Beobachten das mikroskopische Präparat so lange auf dem Objekttisch, bis in dem Lichtfleck, den die Blende in der Kondensorfrontlinse freigibt, ein blaues Pünktchen auftaucht. Jetzt schaut man rasch durch das Okular und sieht dann kugelige oder auch pyramidenförmige Gebilde durch das Gesichtsfeld schwimmen und kreisen. Der Einzeller kann seine Körperform stark verändern. Die ausgestreckten Tiere werden durch den Namen „Trompetentierchen" treffend charakterisiert. Für die genauere Untersuchung eines festsitzenden Trompetentierchens wählen wir das Objektiv mit 10facher Eigenvergrößerung, der große Einzeller füllt dann das Gesichtsfeld fast vollständig aus (Bild 115).

Bild 115. Das Trompetentierchen *Stentor coeruleus*.

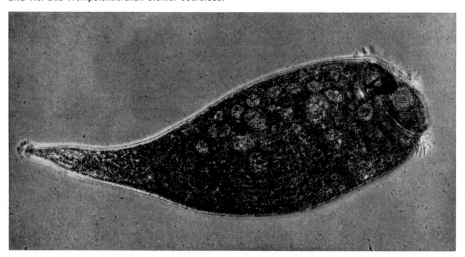

An seinem Hinterende heftet er sich fest und scheidet eine Gallertmasse aus. Am vorderen Ende, das trichterförmig erweitert ist, fällt das spiralig angeordnete „Mundfeld" des Einzellers auf. Nicht zu übersehen sind die Wimpern, die die ganze Körperoberfläche des Einzellers bedecken und am Mundfeld besonders dicht aneinandergereiht sind. *Stentor* gehört zu den Wimpertieren, die Wimpern oder Cilien sind Organellen * der Nahrungsaufnahme und der Fortbewegung. Die Wimpertiere besitzen zwei verschiedene Kernarten: den vegetativen Großkern zur Regulierung des Stoffwechsels und den generativen Kleinkern, der bei der Fortpflanzung in Funktion tritt. Den Großkern können wir beim Trompetentierchen durch Spielen an der Mikrometerschraube scharf abbilden; er gleicht einer Perlenkette. Der generative Kleinkern wird dagegen erst nach einer Kernfärbung sichtbar. Am vorderen Trichterende des Trompetentierchens befindet sich die pulsierende Vakuole, deren Aktionen aber nicht so deutlich zu sehen sind wie beim Pantoffeltierchen. Die mikroskopische Untersuchung verläuft nicht ohne Überraschung. Plötzlich zieht sich das ausgestreckte Tier ruckartig zu einer Kugel zusammen, um sich anschließend wieder langsam auszustrecken. *Stentor* besitzt, wie manche anderen Wimpertiere, zusammenziehbare (kontraktile) Fibrillen. Man kann diese Organellen als Vorstufe von Muskeln betrachten: Durch Kontraktion der Fibrillen kann der Einzeller seine Körpergestalt verändern.

Zucht von Stentor coeruleus

Wir verwenden die Probe mit dem Trompetentierchen als Zuchtansatz für eine *Stentor*-Kultur. Die Weiterzucht im biologischen Zuchtraum oder im Klassenzimmer nimmt wenig Zeit in Anspruch, und man erspart sich dann später, bei erneutem Bedarf, das Aufsuchen der Einzeller an ihrem natürlichen Standort. Als Grundprinzip gilt: Es ist meist einfacher, Einzeller in Kultur zu nehmen und weiterzuzüchten, als wieder einen neuen Kulturansatz zu bekommen. Als Zuchtgefäße kann man Einmachgläser verwenden. Wir füllen sie zu drei Vierteln mit Leitungswasser und geben einen Tropfen Kondensmilch hinzu. Es genügt also eine kleine Menge Kondensmilch, von der sich Bakterien ernähren können, die ihrerseits als Nahrungsgrundlage für die Trompetentierchen dienen. Man bringt mit der Pipette einen Kulturansatz von Trompetentierchen in das Einmachglas, verschließt es lose mit dem Deckel und stellt es im Halbschatten auf, etwa an einer Wand. Gedeiht die Kultur, dann sammeln sich nach einigen Tagen die Stentoren an der Wasseroberfläche an. Auffallend ist, daß die Einzeller das Licht meiden; sie finden sich dort im Kulturgefäß ein, wo am wenigsten Licht hinfällt. Im Abstand von einigen Tagen muß die Kultur jeweils mit einem Tropfen Milch gefüttert werden.

2. Das Pantoffeltierchen (Paramecium caudatum)

Die Pantoffeltierchen gelten zu Recht als Paradebeispiel für Einzeller. Allerdings ist es nicht so einfach, Pantoffeltierchen zu erhalten. Die Behauptung, man müsse Heu oder Salatblätter nur mit Leitungswasser übergießen, um eine *Paramecium*-Kultur zu bekommen, wird auch dadurch nicht richtig, daß man dies in vielen Büchern so lesen kann. In Heuaufgüssen findet man nur dann Pantoffeltierchen, wenn Heu von ge-

---

* Organell: Funktionell und morphologisch spezialisierter Bezirk im Zelleib, der einem Organ bei Vielzellern entspricht.

legentlich überschwemmten Wiesen und dazu Teich- oder Flußwasser aus der verschlammten Uferzone verwendet werden. Steht ein Zuchtansatz mit Pantoffeltierchen zur Verfügung, so ist die Weiterzucht problemlos (vgl. S. 57). Es ist lediglich darauf zu achten, daß die Tiere nicht mit Kondensmilch überfüttert werden. Zur Herstellung eines mikroskopischen Präparats nehmen wir die Pantoffeltierchen mit einer dünn ausgezogenen Pipette aus dem Kulturgefäß; man erkennt sie dort als feine „Staubwolke". Wichtig ist, daß man nicht die ersten Tropfen aus der Pipette für das mikroskopische Präparat verwendet, sondern nur den letzten Tropfen. Die Pantoffeltierchen schwimmen nämlich in der Pipette nach oben und sammeln sich an der Wasseroberfläche an. Die Bewegungen der Paramecien können wir am besten unter dem Stereomikroskop beobachten. Sie schwimmen eine langgestreckte Spirale und rotieren dabei gleichzeitig um ihre eigene Längsachse. Auch mit dem Diaprojektor können wir die Bewegungsweise der Pantoffeltierchen demonstrieren. An Stelle eines Objektträgers benutzt man ein normales Diadeckglas; das mikroskopische Deckglas wird mit Vaseline-Füßchen versehen, damit es aus der senkrechten Stellung nicht abfällt. Es ist zwar interessant, die Bewegungen des Pantoffeltierchens zu verfolgen; aber wir müssen diese lebhaften Einzeller ruhigstellen, damit man auch ihren Körperbau studieren kann.

Festlegen der Paramecien

Man bringt auf den Objektträger einen Tropfen mit Pantoffeltierchen und fügt einen kleinen Tropfen 0,1%ige $NiSO_4$-Lösung (Nickelsulfat) hinzu, bevor das Deckglas aufgelegt wird. Die Paramecien werden dadurch gelähmt, eine mikroskopische Untersuchung ist auch mit stärkerer Vergrößerung möglich. Nach einiger Zeit sterben die Tiere ab. Eine andere, durch Zufall gefundene Möglichkeit, Pantoffeltierchen bewegungsunfähig zu machen ist mit dem Blumendünger SUBSTRAL gegeben. Später erholen sich die Tiere sogar wieder, wenn sie in frisches Wasser zurückgebracht werden. Selbstverständlich darf man nur eine minimale Blumendünger-Dosis als Betäubungsmittel verwenden; man ermittelt diese am besten durch Ausprobieren.

Beobachtung der festgelegten Tiere

Pantoffeltierchen sehen ausgesprochen asymmetrisch aus (Bild 116). Vom Vorderende

Bild 116. Pantoffeltierchen.

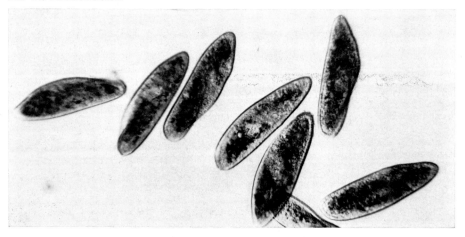

zieht als muldenförmige Einwölbung das Mundfeld hinab bis zur Körpermitte des Einzellers. Der ganze Körper ist von einer elastischen Pellicula umgeben, der Einzeller kann dadurch seine Körpergestalt nur geringfügig verändern, etwa wenn er sich an Partikelchen anschmiegt. Die gesamte Oberfläche des Pantoffeltierchens ist mit Wimpern bedeckt, besonders lange Wimpern erkennen wir am Hinterende. Man kann den Wimpernschlag mit dem Schlag eines Ruders vergleichen: der Vorschlag erfolgt schnell bei gestreckter Wimper, während der Rückschlag viel langsamer verläuft. Die pulsierende Vakuole haben wir schon bei vorausgegangenen Untersuchungen als Osmose-Regulator kennengelernt. Die Zellkerne sind bei lebenden Paramecien nicht zu erkennen. Zur Färbung der Zellkerne streicht man einen Tropfen Karmin-Essigsäure auf den Objektträger, gibt die Pantoffeltierchen dazu und erhitzt nach Auflegen des Deckglases bei kleiner Flamme vorsichtig, bis sich eben Bläschen bilden. Noch schöner gelingt die Kernfärbung mit Orcein-Essigsäure, hierbei wird das Präparat lediglich erwärmt, die Farblösung darf nicht kochen. Der Großkern sieht bohnenförmig aus; an ihn schmiegt sich in einer kleinen Vertiefung der winzige Kleinkern an.

Versuche mit Pantoffeltierchen

a. Fütterung mit gefärbter Hefe

Man kocht im Reagenzglas ein kleines Stück Hefe in 2%iger Kongorot-Lösung auf, gibt davon einen kleinen Tropfen auf den Objektträger zu der Pantoffeltierchen-Aufschwemmung, verrührt die beiden Tropfen und legt ein Deckglas auf. Unter dem Mikroskop können wir bei geöffneter Kondensorblende das Einstrudeln der Hefezellen in das Körperinnere beobachten. Im Zelleib färben sich die Nahrungsbläschen zunächst rot, mit fortschreitender Verdauung erfolgt ein Farbumschlag nach Blau, da Kongorot ein Indikator ist (pH-Bereich 3,0—5,2).

b. Reaktion auf chemische Reize

Für alle reizphysiologischen Versuche ist es vorteilhaft, wenn die *Paramecium*-Aufschwemmung sehr dicht ist. Dies erreicht man am besten durch Zentrifugieren der Kulturflüssigkeit.
Auf ein Diadeckglas, das wiederum als Objektträger verwendet wird, bringt man einen Tropfen mit möglichst vielen Paramecien. Mit einer kapillar ausgezogenen Pipette fügen wir einen Tropfen 0,2%iger Essigsäure hinzu und legen ein Deckglas mit Vaselinefüßchen auf. In der Projektion mit dem Dia-Projektor erkennen wir, daß sich um den eindiffundierenden Essigtropfen herum ein Rand bildet, in dem sich die Pantoffeltierchen anhäufen. Die Säurekonzentration ist an dieser Diffusionszone optimal für die Paramecien, während das Zentrum des Essigtropfens eine zu starke Konzentration besitzt und deshalb von den Pantoffeltierchen gemieden wird.

c. Temperatur-Reaktion

Zur Durchführung des Versuchs benötigen wir eine Apparatur; man kann sie leicht mit Hilfe von Bild 117 a herstellen. Auf die freie Stelle des Konstantandrahts bringt man einen großen Tropfen mit möglichst vielen Paramecien, legt das Deckglas auf und schließt die freien Enden des isolierten Drahts kurzfristig am Netzgerät mit 2 Volt an. Im gleichen Augenblick weichen die Pantoffeltierchen durch Fluchtreaktion von dem erwärmten Draht zurück.

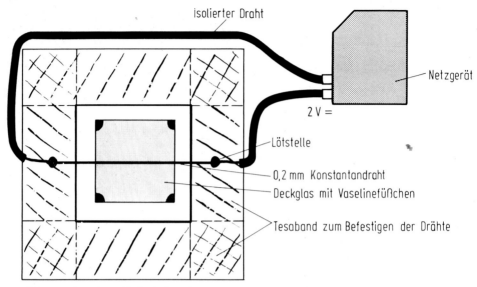

Bild 117a. Auf einem Dia-Deckglas wird eine Apparatur zum Nachweis der Temperaturempfindlichkeit hergestellt.

d. Verhalten gegenüber elektrischen Reizen

Die Apparatur für diesen Versuch wird in Bild 117 b vorgestellt. Auf das montierte Diadeckglas bringt man wiederum einen Kulturtropfen mit vielen Paramecien, setzt ein Deckglas mit Vaselinefüßchen auf und legt 4 bis 8 V Gleichspannung an. Die Diaprojektion zeigt, daß die Paramecien im elektrischen Feld zum Minus-Pol (Kathode) schwimmen. Wird umgepolt, kehren die Paramecien sofort um und wandern erneut in Richtung Kathode.

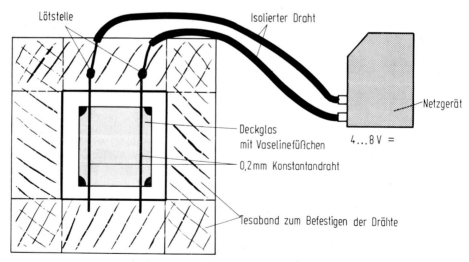

Bild 117b. Apparatur, mit der das Verhalten von Pantoffeltierchen im elektrischen Feld geprüft werden kann.

Bild 118. Pantoffeltierchen mit ausgeschleuderten Trichozysten.

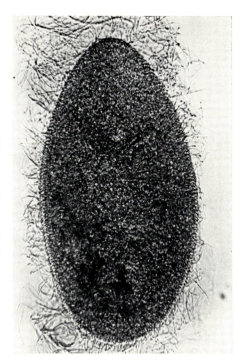

e. Ausstoßen der Trichocysten

Man stellt ein mikroskopisches Präparat mit Pantoffeltierchen her und setzt an den Deckglasrand einen Tropfen konzentrierter Pikrinsäure. Die Paramecien, die mit der Säure in Berührung kommen, stoßen sofort ihre Trichocysten aus. Jetzt sehen sie nicht mehr wie normale Pantoffeltierchen aus (Bild 118). Die Trichocysten sind Abwehrorganellen, die in die Wimperreihe eingeschaltet sind. Nach der Reizung sehen die ausgeschleuderten Trichocysten wie dünne, lange Schläuche aus. Man kann sie übrigens auch als Testobjekte zur Prüfung des Auflösungsvermögens der Mikroskopobjektive verwenden. Nach dem Anlegen einer elektrischen Spannung stoßen die Paramecien auch Trichocysten aus.

3. Vom Einzeller zum Vielzeller: Volvox

Eine auffallende Erscheinung des See- und Teichplanktons ist die Kugelalge *Volvox*. Sie kommt zwar nicht zwangsläufig in jedem stehenden Gewässer vor, kann aber bisweilen in solchen Mengen auftreten, daß das Wasser dadurch grün gefärbt wird. Plankton mit *Volvox* kann man nach der Fixierung mit Formol jahrelang aufbewahren. Die lebende Kugelalge ist freilich interessanter. Lebendmaterial ist zu beziehen von der Sammlung von Algenkulturen am Pflanzenphysiologischen Institut der Universität Göttingen, Nikolausberger Weg 18.

Lebendbeobachtung

Unter dem Stereomikroskop erkennen wir klare, durchsichtige Kugeln, die um ihre eigene Achse rotieren. Sie können mitten in der Bewegung innehalten und die Rotationsrichtung ändern. Es bleibt dabei stets der gleiche Pol nach vorn gerichtet.
Bei der mikroskopischen Untersuchung entdeckt man, daß die Hohlkugel aus einer Gallerthülle besteht, in der wie grüne Pünktchen die Einzelzellen stecken. Durch Drehen an der Mikrometerschraube mustert man die Kugel der Höhe nach durch; es tauchen dann immer wieder neue Einzelzellen im Gesichtsfeld auf, insgesamt besteht *Volvox globator* aus 20 000 Zellen. Diese Zellen liegen jedoch nicht beziehungslos nebeneinander, sie stehen durch Plasmastränge miteinander in Verbindung. In der eindrucksvollen Phasenkontrast-Aufnahme von SCHNEIDER (Bild 119) sind die Plasmabrücken deutlich zu erkennen. Dadurch ist zwischen den Einzelzellen Stoffaustausch und Erregungsleitung möglich. Die Kugelalge *Volvox* stellt also mehr als

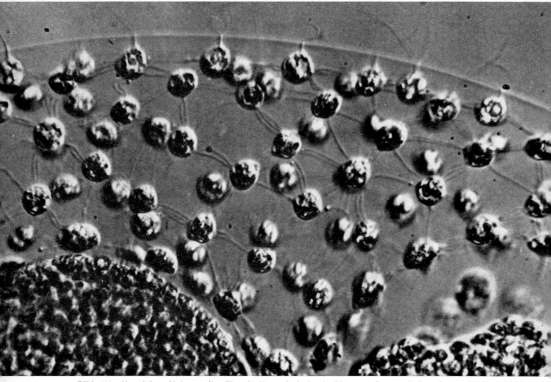

Bild 119. Kugelalge *Volvox*, die Einzelzellen sind durch Plasmastränge miteinander verbunden. Aufnahme Schneider, aus Mikrokosmos

eine einfache Einzellerkolonie dar, sie kann als Zwischenglied zwischen Ein- und Vielzellern aufgefaßt werden. Betrachtet man die Einzelzellen am Rand der Gallerthülle **bei** stärkster Vergrößerung — möglichst mit Ölimmersion —, so sind die Geißeln zu erkennen, die nach außen ragen und durch deren gemeinsames Schlagen sich *Volvox* fortbewegt. Die Einzelzellen von *Volvox* gleichen in ihrem Aussehen der Geißelalge *Chlamydomonas*. Auch *Chlamydomonas* kann man sich vom Pflanzenphysiologischen Institut Göttingen schicken lassen; die mikroskopische Untersuchung lohnt sich jedoch nur, wenn ein Ölimmersions-Objektiv zur Verfügung steht. In unserem Präparat finden wir ganz sicher *Volvox*-Kugeln, die ihrerseits wieder im Innern kleine, tiefgrüne Kugeln — die Tochterkolonien — besitzen. *Volvox* weist eine Differenzierung in Körper- und Geschlechtszellen auf. Damit die Tochterkolonien freiwerden können, muß die große *Volvox*-Kugel aufreißen. Die Körperzellen gehen dabei zugrunde.

Vorkommen der Algen

Algen gibt es überall, in Süß- und Salzwasser, in tiefen Meeren, in heißen Quellen oder auf dem Schnee. Es gibt Bodenalgen, Algen, die in Höhlen leben, auf Bäumen oder an ausgedörrten Felsen wachsen. Der grüne Belag auf Hölzern, Ziegeln oder alten Blumentöpfen besteht häufig aus Algen. Sie siedeln sich auch auf Wasserschildkröten an; von den Scheiben des Aquariums müssen wir von Zeit zu Zeit die Algen abkratzen, und selbst in der Entwicklerdose im Fotolabor gedeihen Algen.

4. Hydra — ein interessantes Tier

Ein Standardobjekt bei mikroskopischen Kursen ist *Hydra*, der Süßwasserpolyp. Das soll aber nicht heißen, daß die *Hydra* ein Labortierchen ist, das — wie etwa das Meereswimpertier *Euplotes vannus* — eigens für die mikroskopische Untersuchung gezüchtet wird. Der natürliche Lebensraum der Hydren sind Weiher, Tümpel oder Teiche. In Plastiktüten sammelt man deshalb von verschiedenen Gewässern Wasserpflanzen und bringt diese in der Schule oder zu Hause in größere Gefäße, die mit Standortwasser gefüllt sind. Am folgenden Tag schaut man nach, ob sich im Gefäß braune oder grüne Polypen (Körperlänge etwa 1 cm) finden. Bisweilen entwickeln sich auch ungewollt in den Fischaquarien *Hydra*-Kulturen. Die Süßwasserpolypen gelangen zusammen mit dem lebenden Fischfutter (Wasserflöhe) ins Aquarium, vermehren sich dort und besiedeln die Glasscheiben. Für die *Hydra*-Zucht, die auf Seite 56 näher beschrieben wurde, verwendet man zunächst Standortwasser, später kann auch Leitungswasser zugesetzt werden. Nach einer Eingewöhnungszeit wird nur noch Leitungswasser verwendet. Das Wasser im Zuchtgefäß sollte wöchentlich ein- bis zweimal gewechselt werden.

Beobachtung unter der Lupe

Man bringt eine *Hydra* in ein Blockschälchen mit Wasser und beobachtet das Tier mit der Lupe, besser aber unter dem Stereomikroskop. Wir erkennen den schlauchförmigen Körper der *Hydra* sowie die strahlenartig angeordneten Fangarme (Bild 120). Diese Tentakel führen ständig Kreisbewegungen aus und vergrößern dadurch ihren Aktionsradius. Auf den Fangarmen kann man feine „Pusteln" beobachten. Es fällt auf, wie stark die Tiere ihre Körperform verändern können. Berührt man die *Hydra* vorsichtig mit einer Nadelspitze, dann zieht sie sich sofort zusammen. Wir bringen in das Blockschälchen einige *Artemia*-Nauplien. Nach kurzem Zappeln bleiben diese tot an den Fangarmen hängen. Unter dem Stereomikroskop kann man sogar verfolgen, wie die *Hydra* ihre Beute frißt. Wir können aber auch aus dem *Hydra*-Kulturgefäß (große Petrischale) einige vollgefressene Hydren entnehmen, um zu sehen, wie sich in dem Körperschlauch die Konturen der Beutetiere,

Bild 120. Der Süßwasserpolyp *Hydra*.

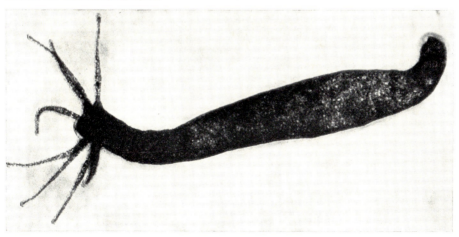

insbesondere die Facettenaugen, abheben. Durch einen kleinen Trick kann man die Freßreaktion der Hydren auslösen. Wir benötigen dazu einen Lockstoff, nämlich Glutathion-SH (SERVA, Heidelberg, Bestelln. 23 150). Gibt man nun in das Blockschälchen ein kleines Badeschwamm-Stückchen, das zuvor mit einer verdünnten Glutathionlösung getränkt worden ist, so wird die *Hydra* äußerst lebhaft. Mit ihren Fangarmen greift sie das Badeschwämmchen auf und drückt es zur Mundöffnung. Man kann annehmen, daß die Kleinkrebse eine ähnliche Substanz ausscheiden, die auf die *Hydra* als Lockstoff wirkt. Wie bringt es aber die *Hydra* fertig, ihre Beutetiere zu lähmen und zu töten? Darüber kann uns die mikroskopische Untersuchung Aufschluß geben.

Mikroskopische Untersuchung

Damit das Tier nicht zerquetscht wird, muß das Deckglas mit hohen Vaselinefüßchen versehen werden. Unter dem Mikroskop stellt sich die *Hydra* als Vielzeller vor. Sie besteht aus verschiedenen Zelltypen, der Körper weist also eine Differenzierung auf. Deutlich erkennt man den zweischichtigen Körperaufbau beim Grünen Süßwasserpolypen *(Chlorohydra viridissima)*. Die Außenschicht (Ektoderm) ist durch eine gallertartige Stützlamelle von der grünen Innenschicht (Entoderm) abgetrennt (Bild 121). Unser Interesse gilt bestimmten Ektodermzellen, den becherförmigen Nesselzellen. Diese werden fast ganz von den Nesselkapseln eingenommen. Die Nesselkapseln der einfach organisierten Hohltiere stellen wohl mit das komplizierteste Sekretionsprodukt dar, das man heute kennt.

Bild 121. Bei der Grünen Hydra ist der zweischichtige Körperaufbau gut zu erkennen.

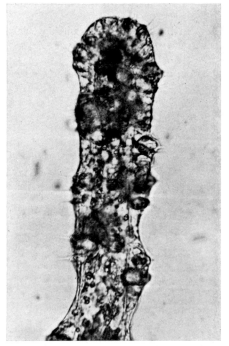

Bild 122. Fangarm der *Hydra*, aus den Nesselkapseln ragt ein kleines Auslösestiftchen nach außen.

Die Nesselzelle streckt nach außen einen feinen, borstenartigen Auslösestift vor, mit dem 40er-Objektiv kann man ihn erkennen (Bild 122). Berührt ein Beutetier diesen Auslösestift, dann explodiert die Nesselkapsel. Der Explosionsvorgang erfolgt so blitzartig, daß wir ihn nicht beobachten können. Wir können aber intakte und explodierte Nesselkapseln miteinander vergleichen. Die intakten Nesselkapseln zeigen im Innern eine Struktur, die an ein aufgerolltes Schiffstau erinnert (Bild 123 a). Bringt man mit einer dünnen Pipette einen Tropfen 2%iger Essigsäurelösung unter das Deckglas, so werden die Nesselkapseln ausgeschleudert, ohne daß sie sich dabei von den Fangarmen lösen. Durch leichten Druck auf das Deckglas erfolgt ebenfalls eine Explosion; die Nesselkapseln liegen dann frei im Präparat und können untersucht werden. Bei der explodierten Nesselkapsel ist der zuvor aufgewickelte Nesselfaden ausgeschleudert, die spitzen Stilette dokumentieren die Gefährlichkeit (Bild 123 b). Nesselfaden und Stilette durchdringen den Chitinpanzer der Kleinkrebse, dabei injiziert der Nesselfaden ein Gift in das Gewebe der Beutetiere.

Das Ektoderm enthält außer den Nesselzellen auch Epithelmuskelzellen, das Tier ist ja äußerst beweglich. Im Entoderm liegen Drüsenzellen und begeißelte Freßzellen. An manchen *Hydren* sehen wir Knospen, das sind Tochterpolypen, die sich später vom Muttertier lösen. Durch diesen Vorgang der ungeschlechtlichen Vermehrung nimmt der Hydrenbestand im Zuchtgefäß beträchtlich zu.

Eine interessante Randerscheinung unserer mikroskopischen Untersuchung des Süßwasserpolypen stellt die „Polypenlaus" *Trichodina* dar. *Trichodina* lebt auf dem Ektoderm des Süßwasserpolypen, scheint ihren Wirt aber kaum zu schädigen.

Bild 123a. Intakte Nesselkapseln im Fangarm der Hydra.

Bild 123b. Ausgeschleuderte Nesselkapseln mit langen Nesselfäden.

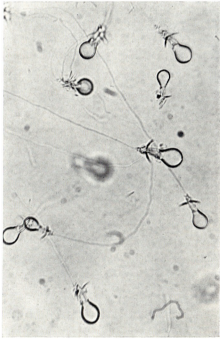

Die Grüne Hydra — ein Beispiel für Symbiose

Die Entodermzellen der Grünen Hydra *(Chlorohydra viridissima)* sind vollgepackt mit grünen Kügelchen — einzelligen Algen. *Chlorohydra* nützt die Photosyntheseleistung der Algen aus. Sie erhält dadurch Sauerstoff und kann auch Hungerperioden überdauern, da die Algen eine zusätzliche organische Nahrungsquelle darstellen. Die Algen finden ihrerseits im Entoderm des Nesseltiers einen sicheren Lebensraum; ferner können sie das CO_2 aus der Atmung der Grünen Hydra zur Photosynthese verwerten. Eine solch enge Wechselbeziehung zwischen artverschiedenen Organismen bezeichnet man als Symbiose. Aus dieser Vergesellschaftung ziehen beide Partner Nutzen.

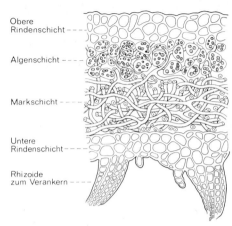

Bild 124. Aufbau des Flechtenkörpers aus Pilzmycel und Algen.

Nicht nur bei *Chlorohydra,* sondern auch bei vielen Einzellern finden wir im Körperinnern symbiontische Algen der Gattung *Chlorella*.

Andere Beispiele für Symbiose

a. Flechten — ein autarkes Gespann

Flechten gedeihen auf den nährstoffarmen Unterlagen von Baumrinden oder Felsen. Diese Anpassungsfähigkeit wird verständlich, wenn wir den Aufbau des Flechtenkörpers kennenlernen. Für die Präparation stellt man zunächst von Blattflechten mehrere Querschnitte her. Bei der mikroskopischen Untersuchung werden wir jedoch kaum Einzelheiten erkennen können, denn die Schnitte fallen meist zu dick aus. Wir legen deshalb die Schnitte in einen Wassertropfen auf den Objektträger und zerzupfen das Material mit zwei Nadeln unter der Lupe, noch besser unter dem Stereomikroskop. Das mikroskopische Bild zeigt, daß Flechten aus einzelligen Algen und Pilzen aufgebaut sind, also einen Doppelorganismus darstellen. Die Pilze beschaffen Wasser und Nährsalze, sie versorgen damit auch die Algen. Diese wiederum liefern die Produkte der Photosynthese. Im Flechtenkörper bilden Pilze und Algen zusammen ein autarkes (selbständiges) Gespann. Durch das Zupfen mit den Nadeln haben wir den Flechtenkörper aufgerissen; Bild 124 zeigt dagegen, wie eng die Pilzhyphen an den Algenzellen liegen. Dadurch ist ein Stoffaustausch zwischen den Symbiose-Partnern möglich.

b. Knöllchenbakterien

An den Wurzeln von Erbsen, Lupinen oder anderen Hülsenfrüchtlern findet man Knöllchen. Wir schneiden mit der Rasierklinge die Wurzelknöllchen der Länge nach durch und sehen dann braune, infizierte Gewebeteile. Mit der Lanzettnadel schaben wir davon etwas Material ab, übertragen es in Wasser auf einen Objektträger, legen ein Deckglas auf und mikroskopieren schließlich bei stärkster Vergrößerung. Nach einer Färbung mit Methylenblau sieht man kleine Stäbchen: die Knöllchenbakterien.

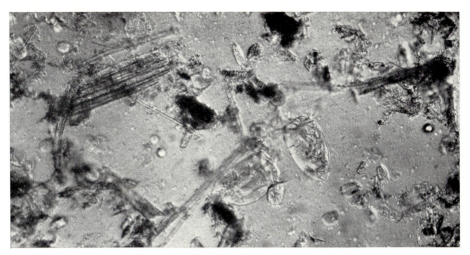
Bild 125. Wimpertierchen aus dem Panseninhalt eines Rindes.

Diese können den Stickstoff aus der Atmosphäre festlegen und in organische Stickstoffverbindungen überführen. Sobald die Vermehrung der Knöllchenbakterien einen gewissen Grad erreicht hat, „verdaut" die Wirtspflanze — also der Hülsenfrüchtler — einen Teil der Bakterien und führt somit den ursprünglich von den Bakterien festgelegten Stickstoff in den eigenen Stoffwechsel über.

c. Bakterien und Wimpertierchen im Wiederkäuermagen

Im Schlachthof lassen wir uns vom Tierarzt eine kleine Menge vom Panseninhalt eines Rindermagens geben. Das Material wird in einer vorgewärmten Thermosflasche zur Schule transportiert. Mit der Pipette entnehmen wir eine kleine Probe von dem Panseninhalt und stellen davon ein mikroskopisches Präparat her. Unter dem Mikroskop sieht man, daß der Speisebrei eine enorme Zusammenballung von Mikroorganismen enthält. Am auffallendsten sind die Wimpertierchen, ungewohnte Formen von teilweise bizarrem Aussehen (Bild 125). Im Speisebrei sind auch Pflanzenreste zu erkennen, z. B. isolierte Leitgefäße. Die Wiederkäuer können mit Hilfe ihrer Symbionten — den Bakterien und Wimpertierchen, die im Pansen leben — die Cellulose aus der Pflanzennahrung verwerten. Die Bakterien geben das Enzym Cellulase ab, dadurch wird die Cellulose aufgeschlossen. Ferner liefern die Bakterien ihrem Wirt Vitamine, unter anderem Vitamin K. Die Wiederkäuer sind also in ihrer Ernährung von diesem Vitamin unabhängig.

Die Wimpertierchen, die im Pansen ideale Lebensbedingungen vorfinden, nehmen pflanzliche Stärke in ihren Körper auf und wandeln sie in tierische Stärke (Glykogen) um. Ferner stellen sie für ihren Wirt eine wichtige Eiweißquelle dar.

Parasitismus

Der Parasitismus stellt eine Wechselbeziehung zwischen Organismen dar, bei der ein Parasit auf Kosten eines Wirtes lebt. Der Parasit gewinnt in der Regel vom Wirt Nahrung, ohne ihn jedoch dabei zu töten. Parasitismus ist im Tier- und Pflanzenreich weit verbreitet, interessante Beispiele findet man in dem Buch von G. OSCHE: „Die Welt der Parasiten".

Die mikroskopische Untersuchung von Parasiten ist oft gefährlich, man weicht deshalb auf harmlose Objekte aus. Unter den Einzellern umfaßt der Stamm der Sporentierchen ausschließlich Parasiten, der gefährlichste unter ihnen ist der Malariaerreger *(Plasmodium)* für den Menschen. Dagegen sind die Gregarinen, die im Darm von Wirbellosen parasitisch leben, für den Menschen ungefährlich. Für die mikroskopische Untersuchung beschaffen wir uns aus einer Zoohandlung Larven des Mehlkäfers, die sogenannten Mehlwürmer. Man trennt einem Tier Kopf und Hinterende ab und zieht mit einer spitzen Pipette den Darm heraus. Auf einem Objektträger breiten wir den Darminhalt aus, geben einen Tropfen 0,75%iger NaCl-Lösung hinzu und legen ein Deckglas auf. Unter dem Mikroskop sucht man nun, ob Darmschmarotzer enthalten sind. Man findet in der Regel bei der Hälfte der untersuchten Tiere Gregarinen, oft vereint als Gregarinenpaar. Das kleinere Männchen haftet hier am Hinterende des Weibchens.

Das Essigälchen Anguillula — ein Fadenwurm

Zum Stamm der Fadenwürmer (Nematoden) gehören zahlreiche Parasiten, u. a. Spulwurm, Madenwurm und Trichine. Das Essigälchen ist *kein* Parasit, es ist aber ein günstiges Objekt, an dem wir den Körperbau eines Fadenwurms studieren können. Die Aquarianer benützen Essigälchen als Aufzuchtfutter für Jungfische. Wir besorgen uns also von einem Aquarianer einen Zuchtansatz von *Anguillula silusiae* („Mikros" in der Aquarianersprache) und züchten die Würmchen in einem halbsteifen Brei aus Milch und Haferflocken weiter. Das Zuchtgefäß, ein Einmachglas, wird verschlossen.

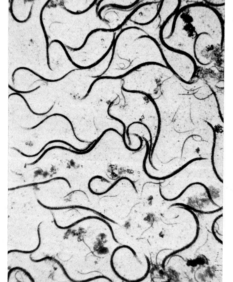

Bild 126. Essigälchen *(Anguillula)*; die Fadenwürmer zeigen tänzelnde Bewegungen.

Bild 127. Embryonen im Körper des *Anguillula*-Weibchens.

Mit einem Pinsel streifen wir einige Würmchen von der Glaswand ab und stellen davon ein mikroskopisches Präparat her. Unter dem Mikroskop fallen die Schlängelbewegungen von *Anguillula* besonders auf (Bild 126), die Fadenwürmer besitzen nur Längsmuskulatur. Wir ziehen jetzt den Objektträger einige Male kurz durch die kleine Flamme des Butanbrenners, die Tiere zeigen dann Wärmestarre und liegen für die mikroskopische Untersuchung ruhig. Das Hinterende von *Anguillula* erkennt man daran, daß sich die Spitze ungleichmäßig verjüngt. Am Vorderende der Tiere sehen wir die Mundöffnung, am Darm fällt der erste Teil mit seiner kräftigen Muskulatur — der Ösophagus — besonders auf. Die Essigälchen sind getrenntgeschlechtlich, die Weibchen erkennt man leicht an den Eiern und Embryonen im schlauchförmigen Uterus (Bild 127). Wir können verschiedene Furchungsstadien der Eier feststellen, ferner kann man beobachten, wie sich die Embryonen im Mutterleib bewegen. *Anguillula* ist lebendgebärend und erzeugt eine große Zahl von Nachkommen. Bei Parasiten, die ja riskant leben, liegt die Eierproduktion noch ungleich höher. So soll ein Spulwurmweibchen täglich bis zu zweihunderttausend Eier legen.

5. Der Wasserfloh (Daphnia pulex)

Wasserflöhe fängt man mit dem Planktonnetz aus einem Teich, man kann sie auch bei jeder Zoohandlung als Fischfutter kaufen. Es ist besser, wenn wir nicht zu viele Tiere in einem Wassergefäß halten, da die Wasserflöhe sonst rasch an den Zersetzungsprodukten der sterbenden Tiere eingehen. Mit einer weiten Pipette oder einem Glasrohr fischen wir einen Wasserfloh aus dem Wassergefäß heraus und bringen ihn in ein Blockschälchen mit Wasser. Die Beobachtung beginnt am besten mit dem Stereomikroskop. Der Wasserfloh bewegt sich ruckartig und präsentiert sich dabei von allen Seiten. Der Körper des Wasserflohs ist von zwei Schalen eingeschlossen. Diese sind auf der Vorderseite offen und auf der Rückseite zu einem Kiel verbunden, der am Hinterende in einem Stachel ausläuft. Am Kopf des Wasserflohs fällt uns ein deutlich ausgeprägter Schnabel auf, ferner sehen wir die raschen Bewegungen der gegabelten Ruderantennen. Dadurch entstehen zwei Äste, die mit Schwimmborsten ausgestattet sind. Diese Antennen treiben den Wasserfloh in ruckartigen Stößen durch das Wasser. Im Wassergefäß bringen diese Ruderschläge den Wasserfloh wieder um die gleiche Strecke nach oben, um die er infolge seines Übergewichts nach den vorausgegange-

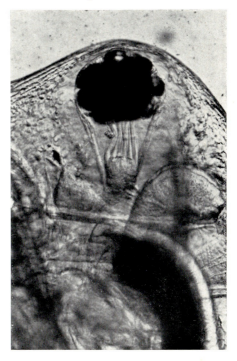

Bild 128. Komplexauge des Wasserflohs. Man erkennt Muskelstränge und Nervenbahnen.

nen Ruderschlägen abgesunken ist. Die Beinpaare sind in der Schale eingeschlossen, sie verdecken sich gegenseitig, so daß man kaum feststellen kann, wie viele Extremitäten nun vorhanden sind. Diese dienen nicht der Fortbewegung, es sind weichhäutige Gebilde, sogenannte Blattfüße. Wasserflöhe sind keine Flöhe, sondern Krebstiere, nämlich Blattfußkrebse. Durch die ständige rhythmische Bewegung der Blattfüße erzeugt das Tier im Schalenraum einen Wasserstrom, mit dem auch die Nahrungspartikelchen eingespült werden. Für die mikroskopische Untersuchung stellen wir nun ein Präparat her, wobei das Deckglas Vaselinefüßchen erhält. Durch leichten senkrechten Druck auf das Deckglas kann man den Wasserfloh festhalten, ohne ihn zu zerquetschen. Jetzt können wir auch das Auge von *Daphnia* studieren, ein Komplexauge, das durch Muskelstränge meist ruckweise hin und her bewegt wird. Bei starker Vergrößerung sehen wir ferner ein Bündel von Sehnerven, das, vom Auge kommend, in einen Ganglienknoten einmündet (Bild 128). Das lebhaft pulsierende Herz liegt über dem gewundenen Darm im Rückenraum. Es ist ein rundliches Säckchen, das zwei seitliche Spalten besitzt. Blutgefäße fehlen jedoch vollkommen, das farblose Blut umspült frei die inneren Organe. Der Blutraum in der Rückenseite ist eine auffallende Erscheinung. Wir beobachten hier Eier, die sich zu Embryonen entwickeln. In den Embryonen kann man schon das schlagende Herz erkennen.

Aufgabe 21:
a. Versuchen Sie bei einem Wasserfloh die Schlagfrequenz des Herzens pro Minute zu ermitteln. Geben Sie dann unter das Deckglas einige Eissplitterchen und bestimmen Sie erneut die Herzfrequenz.

b. Füttern Sie einen Wasserfloh mit Kongorot-gefärbter Hefe. Beobachten Sie den Borstenpinsel unterhalb des Schnabels, die Bewegungen der Blattfüße, den Darminhalt und die Darmbewegungen.

6. Wir züchten Salinenkrebschen (Artemia salina)

Die Salinenkrebschen eignen sich gut als Futter für Hydren (vgl. S. 56) und auch für Jungfische. *Artemia salina* ist aber auch ein interessantes Objekt; wir wollen nun den Entwicklungszyklus des Krebschens studieren. *Artemia*-Dauereier bekommt man in der Zoohandlung, die Tiere selbst leben in salzhaltigen Binnengewässern.
Beispiele: Salzgewässer von Kalibergwerken, Salt Lake in Nordamerika. In den salzhaltigen Gewässern sind die Salinenkrebschen nahezu konkurrenzlos, deshalb kommen sie dort in ungeheuren Mengen vor. Die abgelagerten Dauereier bilden an der Wasseroberfläche eine dicke Schicht. Man kann sie dort leicht abschöpfen; nach dem Trocknen werden die Dauereier verschickt. Die künstliche Aufzucht von Salinenkrebschen in Aquarien oder Petrischalen bereitet keine Schwierigkeit.
Aus der Zoohandlung besorgt man sich Hobby Mikrozell Artemia Salz (MAS), das die Salze des Naturwassers enthält, in dem Artemia lebt, und Hobby Mikrozell Aufzuchtfutter (getrocknetes pflanzliches Plankton).
Eine ausführliche Gebrauchsanweisung mit Richtlinien für die *Artemia*-Zucht wird mitgeliefert. Deshalb beschreiben wir hier nur den Entwicklungszyklus des Krebschens.

Bild 129. Eine *Artemia*-Larve schlüpft aus dem Ei.

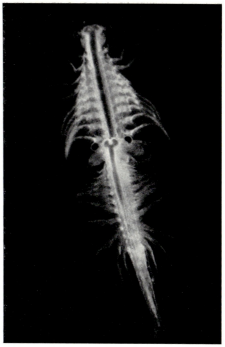

Bild 130. Salinenkrebs-Pärchen, das Männchen klammert sich am Hinterende des Weibchens fest. Aufnahme Trunk

Die Larven (Nauplien)

Bei einem Salzgehalt von 2% schlüpfen die Larven schon nach vierundzwanzig Stunden aus den Eiern, während die Entwicklung in 4%igem Salzwasser länger dauert. Man kann also durch Dosieren des Salzgehalts das Schlüpfen der Larven ganz nach Wunsch bestimmen. Die erste Larvenform bezeichnet man als Orthonauplius. Im Entwicklungszyklus des Salinenkrebschens treten verschiedene Larvenformen auf, es handelt sich also hier um eine indirekte Entwicklung. Die schlüpfende Larve hat die Extremitäten zunächst noch angelegt (Bild 129), doch schon bald rudert das Tier heftig im Zuchtgefäß umher. Ein typisches Organ der Orthonauplien ist das unpaare Stirnauge. Aus dem plumpen Orthonauplius entwickelt sich der Metanauplius. Der Körper des Tieres weist jetzt Segmentierungen auf, ferner werden Schwimmfüße paarig ausgebildet. Das Stirnauge verschwindet, es entstehen nun zwei gestielte Komplexaugen.

Die erwachsenen Tiere

Nach fünf bis acht Wochen sind die Krebschen ausgewachsen. Der Hinterleib der Tiere ist im Verhältnis zur Brust schmal und trägt keine Gliedmaßen. Die Männchen sind mit einer Körperlänge von etwa 10 mm etwas kleiner als die Weibchen. Die männlichen Tiere erkennt man sofort an ihrem mächtig entwickelten Klammerorgan, das mit dem Kopf verwachsen ist. Das Männchen klammert sich damit bei der Paarung am Weibchen fest, sie schwimmen dann paarweise durch das Wasser (Bild 130).

Bei den schwimmenden Salinenkrebschen fällt auf, daß sie stets auf dem Rücken liegen. Beleuchtet man das Zuchtgefäß so, daß das Licht von unten einfällt, dann können wir beobachten, wie sich die Krebschen blitzschnell umdrehen und ihren Rücken erneut dem Schatten zuwenden.

7. Studien an Mückenlarven

Das Material:

Im Sommer findet man in Regentonnen, Gartenteichen oder Tümpeln Stechmückenlarven in großer Zahl. Die Tiere hängen mit ihrer Atemröhre an der Wasseroberfläche. Werden sie gestört, schwimmen die Larven mit schlängelnden Bewegungen in die Tiefe. Man fängt sie am besten mit einem Planktonnetz und gibt sie dann in ein Becherglas.
Die Larven der Zuckmücken *(Chironomus)* sind z. T. polysaprobe Zeigerorganismen. Man findet sie im Bodenschlamm eutropher Gewässer. Außerdem kann man Zuckmückenlarven im Herbst und Winter in Zoohandlungen als „Rote Mückenlarven" kaufen.
Die Larven der Büschelmücke *(Corethra)* bekommt man nur noch selten als Lebendfutter in Zoogeschäften. Oft finden sich aber bei den Wasserflöhen als „Dreingabe" glasklare Tiere, eben die *Corethra*-Larven („Glasstäbchen" der Aquarianer). Mit einem Planktonnetz kann man die Larven der Büschelmücken aus fast jedem Tümpel fangen.

Stechmückenlarven

Mit einem Glasrohr bringen wir eine mittelgroße Stechmückenlarve auf einen Objektträger, geben reichlich Wasser hinzu und legen ein Deckglas auf, das zuvor mit Vaselinefüßchen versehen wurde. Wir werden nun die Larve mit der Rückseite nach oben sehen, so wie in Bild 131. Man erkennt die Tracheen, die von der dunklen

Bild 131. Larve der Stechmücke.

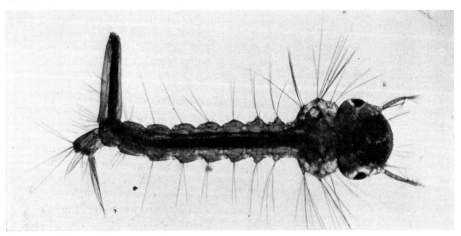

Atemhöhle am Hinterleib ausgehen. Beim Mikroskopieren — also im Durchlichtverfahren — erscheinen die Tracheen dunkel, da sie mit Luft gefüllt sind. Beleuchten wir das Präparat von oben, dann sehen die Tracheen silbrig aus.

Zuckmückenlarven (Chironomidenlarven)

Die Larven der Zuckmücke bringen wir in ein Blockschälchen mit Wasser und betrachten sie unter dem Stereomikroskop. Das räumliche Bild vermittelt einen Eindruck von der Beweglichkeit des Tieres. Die Chironomidenlarve schwingt in peitschenartigen Bewegungen den Kopf hin und her. Die Segmentierung ist schön zu erkennen, die einzelnen Segmentringe können sich übereinanderschieben. Wie kann man bei diesem Tier Kopf und Hinterende unterscheiden?

Der Kopf ist kleiner als das Hinterende, es fallen hier die Augenflecken und die Mundwerkzeuge auf. Am ersten Körpersegment sitzt ein gegabelter Fußstummel. An ihrem Hinterende besitzt die Chironomidenlarve eine Reihe von Anhängen: zwei „fuß"-artige Ausstülpungen, die mit einem Kranz von kleinen Chitinhaken ausgerüstet sind. Ferner sehen wir vier kleine papillenartige Ausstülpungen, und schließlich sind am letzten Hinterleibsring schlauchartige Gebilde vorhanden.

Mikroskopische Untersuchung

Für die mikroskopische Untersuchung bringen wir eine Chironomidenlarve auf einen Hohlschliffobjektträger und legen ein Deckglas mit Vaselinefüßchen auf. Durch leichten Druck auf das Deckglas läßt sich das Tier ruhigstellen. In der Körperhaut finden wir fein verästelte Tracheen, der Sauerstoff geht hauptsächlich in gelöster Form durch die Haut in das Blut über. Die Wurmform sowie die papillenartigen Ausstülpungen am Hinterende tragen zu einer großen Körperoberfläche bei. In den Papillen am letzten Körpersegment können wir die Zirkulation des Blutes beobachten (Bild 132). Die rote Farbe der Chironomidenlarve rührt vom Hämoglobin her, das im Blutplasma gelöst ist. Es enthält aber auch geformte Bestandteile, die in diesen papillenartigen Ausstülpungen in ganz bestimmten Bahnen zirkulieren. Das Herz der Zuckmückenlarve ist ein sackartiges Gebilde, es liegt auf der Rückseite des Hinter-

Bild 132. In den papillenartigen Ausstülpungen am Hinterende der Zuckmückenlarve sieht man das Blut strömen.

Bild 133. Die Zuckmückenlarve kann sich mit einem Kranz von Chitinborsten am Boden festhaken.

leibs. Liegt in unserem Präparat das Tier so, daß es mit dem Rücken nach oben weist, dann können wir die Kontraktion des Herzens und das Klappenspiel beobachten. Wir interessieren uns jetzt für den Hinterfuß, der einen Kranz von Chitinhaken aufweist. Das Tier kann mit Hilfe eines Muskelstrangs die Haken einziehen (Bild 133) und sich somit in Schlammröhren festhaken. Als Mikroskopiker ist man leicht geneigt, die Chironomidenlarven lediglich als Objekte zu betrachten, aus deren Speicheldrüsen man leicht Riesenchromosomen präparieren kann (vgl. S. 196). Doch auch das mikroskopische Studium der lebenden Chironomidenlarven lohnt sich.

Die Larve der Büschelmücke (Corethra-Larve)

Wie ist es möglich, daß die *Corethra*-Larve im Aquarium stundenlang in waagrechter Stellung schwebt, ohne dabei die geringste Bewegung auszuführen? Diese Frage können wir durch eine mikroskopische Untersuchung beantworten. Die *Corethra*-Larve ist so transparent, daß sie buchstäblich nichts verbergen kann. Wir können hier die innere Anatomie eines Insekts studieren — ohne Schere, Skalpell und Präpariernadel. *Corethra*-Larven sind schnell, wir fangen sie deshalb mit einem Netz aus dem Aquarium und spülen die eingefangene Larve in ein Blockschälchen mit Wasser. Zuerst betrachten wir das Tier unter dem Stereomikroskop, zur Kontraststeigerung stellen wir das Blockschälchen auf eine schwarze Unterlagsplatte. Wir sehen jetzt in der Larve vier Luftblasen, ein Paar im vorderen und ein Paar im hinteren Teil des Tieres. Die Oberseite dieser Luftblasen enthält dunkle Pigmentflecken. Diese Luftblasen wirken im Prinzip wie die Schwimmblase der Fische. Es sind Tragblasenpaare, in welche die in der Körperflüssigkeit gelöste Luft schnell übertreten kann. Die waagrechte Lage der *Corethra*-Larve wird dadurch ausbalanciert, daß die Luft durch wechselnde Diffusion in eines der beiden Tragblasenpaare strömt. Durch Vermehren des Luftinhalts in den vier Tragblasen wird ein Steigen der Larve, durch Vermindern des Luftinhalts ein Sinken erreicht. Der Bau des Kopfes mit den Greifhaken und den Mundwerkzeugen läßt erkennen, daß die *Corethra*-Larve ein Räuber ist. Am hinteren Ende der Larve sehen wir einen „Ruderfuß", der aus vielen Strahlen zusammengesetzt ist.

Die mikroskopische Untersuchung

Im Körperinnern der Larve erkennen wir den Darm (Bild 134). Er zeigt ständig peristaltische Bewegungen. Dabei wird der Darminhalt abwechselnd in beiden Richtungen bewegt. Der Darm besteht aus drei Teilen. Dort, wo der Mitteldarm in den Enddarm übergeht, mündet eine Anzahl feiner, gewundener Röhren. Es handelt sich um die Malpighigefäße (Bild 135). Sie nehmen aus der Leibeshöhle Abfallprodukte des Stoffwechsels auf und geben sie in den Darm ab. Die Malpighigefäße bilden also zusammen mit dem Enddarm eine Funktionseinheit, die der Ausscheidung dient. Der Körper des Tieres wird von einem Netz von Muskeln durchzogen, bei stärkerer Vergrößerung ist die Querstreifung gut zu erkennen. Unterhalb vom Darm sieht man kleine Knoten, die der Länge nach miteinander verbunden sind. Das ist das Nervensystem, von dem jedermann weiß, daß es bei Insekten die Form einer Strickleiter hat. Betrachten wir nun die Knoten oder Ganglien bei stärkerer Vergrößerung, so sieht man, daß aus den paarigen Knoten zwei Längsfaserstränge herausführen und somit eine „Strickleiter" ausgebildet ist (Bild 136). Von den Ganglien gehen auch seitlich feine Verzweigungen ab. Diese führen u. a. auch zu den Haarbüscheln, mit denen der Körper der *Corethra*-Larve besetzt ist. Man kann daraus schließen, daß es sich bei diesen Haarbüscheln um Sinnesorgane handelt.

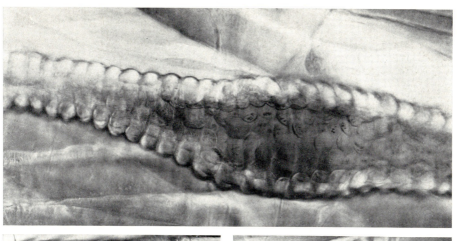

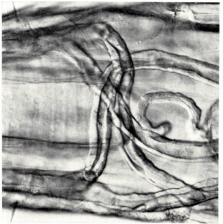 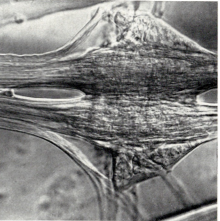

Bild 134 (oben). Der Darm der *Corethra*-Larve.

Bild 135 (unten links). Die gewundenen Schläuche sind die Ausscheidungsorgane der Insekten.

Bild 136 (unten rechts). Das Nervensystem der *Corethra*-Larve.

8. Rädertiere (Rotatorien)

Das Material:

Die Rädertierchen werden in den Biologie-Schulbüchern kaum erwähnt, sie gehören auch nicht zum Stoff des Biologieunterrichts. Dabei sind Rädertierchen in fast jedem Gewässer anzutreffen: in Aquarien, in kleinen, austrocknenden Pfützen, in Astlöchern von Baumstrünken, in Dachrinnen, im Moos von Bäumen oder auf feuchten Felsen. Rotatorien findet man in Teichen und Seen, im lockeren Bodenschlamm der Uferzone, aber auch als Planktonorganismen in der Zone des freien Wassers.

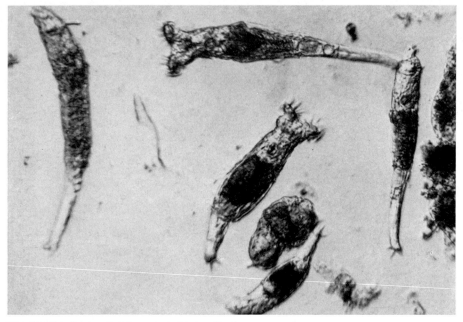

Bild 137. Rädertierchen findet man in fast jedem Gewässer.

Die mikroskopische Untersuchung

Die einzelnen Rädertier-Familien zeigen ein recht unterschiedliches Aussehen, so daß man nicht mit einem einzigen Rädertier-Porträt die ganze Klasse der Rädertiere charakterisieren kann. Wir wählen hier den häufig anzutreffenden *Philodina*-Typ (Bild 137). Viele Rädertiere sind, obwohl Vielzeller, wesentlich kleiner als etwa der Einzeller *Stentor*. Der Körper der Rotatorien ist in Kopf, Rumpf und Fuß gegliedert. Allerdings können sowohl Kopf als auch Fuß mehr oder minder weit in den Rumpf eingezogen werden, so daß *Philodina* die Form eines Sackes annehmen kann. Das Auffallende bei Rädertierchen ist das Räderorgan am Kopf des Tieres. Beim *Philodina*-Typ besteht das Räderorgan aus zwei gestielten Scheiben, deren Ränder einen Wimpernkranz tragen. Wie Zahnrädchen drehen sich die beiden Scheiben und erzeugen dadurch in zwei Kreiswirbeln eine Wasserströmung. Das Räderorgan dient aber nicht nur dem Nahrungserwerb, *Philodina* kann auch damit schwimmen. Dieses Rädertier kann sich auch in der Art von Spannerraupen fortbewegen; es heftet sich mit den Zehen seines Fußes auf die Unterlage — hier also auf den Objektträger — und setzt nun abwechselnd Vorder- und Hinterende auf. Rädertiere besitzen ein kompliziertes Muskelsystem. Im Körperinnern erkennen wir den Darmkanal. Ein charakteristisches Organ der Rädertiere ist der Kaumagen. Die kugelige Erweiterung des Verdauungstrakts stellt ein kompliziertes Gebilde dar, das die Mundwerkzeuge des Tiers enthält. Im Kaumagen wird die Nahrung von den Zähnen bearbeitet und das Material hierauf durch die Speiseröhre in den Magen befördert.

XIV. Tierische Gewebe und Organe

Pflanzliches Gewebe haben wir fast ausschließlich an Frischpräparaten untersucht. Dagegen ist es sinnlos, das frische tierische Gewebe von Schlachttieren mit dem Rasiermesser zu schneiden und davon ein Präparat herzustellen. Das Gewebe ist zu weich, die Schnitte würden viel zu dick, und schließlich zeigen die Strukturen im Frischpräparat optisch kaum Kontraste, so daß sich eine Färbung zur Hervorhebung einzelner Bestandteile geradezu aufdrängt. Diese Färbung gelingt wiederum nur bei Dünnschnitten von fixiertem Gewebe, also nicht bei Frisch-, sondern bei Dauerpräparaten.

1. Informationen zur histologischen Technik

Zur Herstellung von dünnen, lichtdurchlässigen Schnitten ist ein Mikrotom unerläßlich*. Da dieses teure Präzisionsinstrument in der Schule wohl kaum zur Verfügung steht, begnügen wir uns hier mit einer kurzen Schilderung der Methode, die der Herstellung eines Dauerpräparats zugrunde liegt. Wer sich eingehender mit histologischen Untersuchungen beschäftigen möchte, dem sei das Standardwerk von B. ROMEIS: „Mikroskopische Technik" empfohlen.

A. Fixieren

Durch die Fixierung (Abtötung) soll das Gewebe in einem möglichst getreuen Abbild des lebenden Zustands festgehalten werden. Die Fixierungsflüssigkeit sollte das 50fache Volumen der zu fixierenden Gewebe- oder Organteile ausmachen. Als Fixierungsflüssigkeiten kommen für unsere Zwecke in Frage:

a. Formol

(1 Teil Formaldehyd 40%/o mit 9 Teilen Leitungswasser verdünnen). Dauer der Fixierung: 24 bis 48 Stunden. Nachbehandlung: Entfernung des Formols durch Auswaschen in Leitungswasser.

b. Absoluter Alkohol

(Äthanol 100%/o). In ein Becherglas eine Watteschicht legen und mit Alkohol übergießen. Die Dicke der zu fixierenden Objekte soll 3 bis 4 mm betragen. Dauer: 2 bis 4 Stunden, nicht länger. Die fixierten Teile werden durch Wasserentzug so gehärtet, daß sie auch für Handschnitte geeignet sind.

c. BOUINsche Lösung

(gesättigte wäßrige Pikrinsäure 15 ml, Formol 5 ml, Eisessig 1 ml). Dauer: je nach

---

* Sehr Geübte können von tierischem Material, das in geeigneter Weise gehärtet wurde, auch mit dem Rasiermesser ausreichend dünne Schnitte herstellen. In der Schule reicht aber die Zeit nicht aus, sich die notwendige Handfertigkeit zu erwerben.

Größe 5 bis 48 Stunden. Nachbehandlung: Übertragung in 70%igen Alkohol, der innerhalb von 24 Stunden dreimal erneuert wird.

B. Entwässern und Entfernung des absoluten Alkohols

Vor der Einbettung in Paraffin muß den Organstückchen das Wasser vollständig entzogen werden. Diese Entwässerung erfolgt in Stufen, d. h. man führt die Objekte nacheinander durch 40%igen, 60%igen, 80%igen, 96%igen Alkohol und zum Schluß noch in absoluten Alkohol. Nach diesem Entwässern muß aber auch der Alkohol wieder ausgewaschen werden. Für dieses Entspriten benützt man Benzol oder andere „Intermedien", die sich sowohl in absolutem Alkohol als auch in Paraffin lösen.

C. Einbettung und Schneiden

Voraussetzung für die Anfertigung von Mikrotomschnitten ist die Durchtränkung und Einbettung des gehärteten Gewebes in ein Medium, das nachher zu einer festen, gut schneidbaren Masse erstarrt. Es läßt sich dann das Ganze so schneiden wie die Einbettungsmasse allein. Das gebräuchlichste Einbettungsmittel für Mikrotomschnitte ist Paraffin. Zur Bearbeitung mit dem Mikrotom wird das in Paraffin eingebettete Objekt mit einem Messer zu einem Würfel geschnitten und dann mit etwas heißem Paraffin auf einem Holzblöckchen aufgeblockt. Für die Herstellung von Handschnitten empfiehlt KRAUTER in „Mikroskopie im Alltag" die Polyglykol-Methode. Dieses Einbettungsmittel ist wasser- und alkohollöslich, so daß das Entwässern der Objekte entfällt.

D. Färbung der Schnitte

In der Histologie besteht eine enge Beziehung zwischen Schneide- und Färbetechnik: Die verschiedenen Bestandteile der Zellen und Gewebe können im Schnitt durch Verwendung von Farbstoffen scharf hervorgehoben werden. Die Färbung des Präpa-

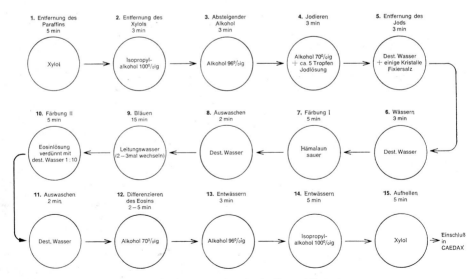

Bild 138. Arbeitsplan 8 aus dem Arbeitskasten Mikroskopie (Kosmos-Verlag).

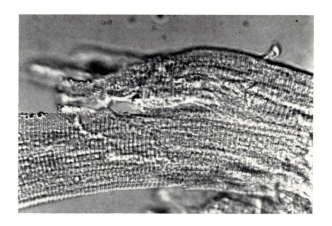

Bild 139. Muskulatur des Herzens (Frischpräparat).

rats fällt aber nur dann zur Zufriedenheit aus, wenn tatsächlich Dünnschnitte vorliegen. Es empfiehlt sich deshalb, bei Handschnitten ganz auf eine Färbung zu verzichten oder nur eine Kernfärbung anzuwenden. Es gibt eine Fülle verschiedenster Färbemethoden, die größtenteils auf empirischer Grundlage beruhen. Das schon erwähnte Buch von ROMEIS bringt eine Zusammenstellung der gebräuchlichen Färbemethoden.

Der KOSMOS-Arbeitskasten Mikroskopie enthält histologische Dünnschnitte, an denen noch eine Doppelfärbung (Kern und Plasma) und die Verarbeitung zum Dauerpräparat ausgeführt werden muß.

Die Präparation erfolgt nach Arbeitsplan 8 des Arbeitskastens (Bild 138) und dauert etwa 70 Minuten. Man kann übrigens vom KOSMOS-Verlag den Satz I Zoologie (Best. Nr. 35-00218) als ungefärbte Paraffinschnitte beziehen und sich davon nach Arbeitsplan 8 Dauerpräparate herstellen.

2. Einfache Untersuchungsmethoden an tierischem Gewebe

Histologische Untersuchungen lassen sich auch ohne Mikrotom durchführen, wichtig ist dabei die Auswahl geeigneter Objekte. Als Präparierbesteck benötigen wir spitze Präpariernadeln, eine Lanzettnadel, Pinzette und eine gebogene Schere. Nach Möglichkeit untersuchen wir das Material unter dem Stereomikroskop (Binokular).

Man kann dann eine besonders günstige Stelle intensiv bearbeiten und das übrige Gewebe, das bei der mikroskopischen Untersuchung nur stören würde, mit der Lanzettnadel beiseite schieben. Ein Beispiel: Das Herz vollbringt als ständig aktive Pumpe eine enorme Leistung. Die Grundlage für die Herzkontraktionen suchen wir im Aufbau des Gewebes. Von der Muskulatur eines Schweineherzens schneiden wir mit der gebogenen Schere ein kleines Stückchen heraus und legen es auf einen Objektträger in 0,9%ige NaCl-Lösung. Mit der Pinzette halten wir das Material fest, zupfen und bearbeiten es mit den Präpariernadeln so lange, bis an einer Stelle das Gewebe lichtdurchlässig wird. Zur mikroskopischen Untersuchung legt man ein Deckglas auf. Bei stärkster Vergrößerung schließlich können wir das Herzmuskelgewebe wie in Bild 139 sehen, als kontraktile Elemente der Muskulatur erkennen wir Fibrillen.

Es ist verhältnismäßig einfach, durch Zupfen, Zerreißen und Zerfasern aus tierischem Gewebe die Zellen oder Fragmente des Baumaterials zu isolieren. Wir dürfen nicht übersehen, daß diese Isolierungsmethode nur einen Teilaspekt der Histologie darstellt. Es ist deshalb sinnvoll, wenn wir für unsere histologischen Studien auch Mikrotomschnitte in Form von Dauerpräparaten heranziehen.

Das Material

Die folgenden Untersuchungen wurden an Geweben und Organen von Schlachttieren erprobt, die frisch — also am Schlachttag — aus der Metzgerei besorgt wurden. Lebende Miesmuscheln bekommt man in Fischgeschäften (z. B. Nordsee). Kaulquappen oder Krötenlarven beschafft man sich im Frühjahr aus Tümpeln, Forelleneier und Forellenlarven sind in Forellenzuchtanstalten erhältlich. Kröten oder Molche, die man kurzfristig in einem feuchten Terrarium hält, stoßen ihre Epidermis als Exuvie ab; wir fixieren eine solche Exuvie in Formol und haben dann für viele Jahre Untersuchungsmaterial.

Mikropräparate zur Histologie liefert z. B. die Firma LIEDER, 714 Ludwigsburg, Solitudeallee 59.

3. Gewebearten

a. Deckgewebe

Von der fixierten Exuvie schneidet man ein kleines quadratisches Stückchen heraus, breitet dieses auf dem Objektträger aus und gibt vor dem Auflegen des Deckglases Wasser als Untersuchungsflüssigkeit hinzu. Das mikroskopische Bild zeigt in einem flächenhaft geschlossenen Zellverband das Deckgewebe (Epithelgewebe).

Als Gewebe definiert man einen Komplex von gleichartig differenzierten Zellen. Wie Bild 140 zeigt, weisen die pflastersteinartig angeordneten Zellen alle den gleichen Bau auf.

An den Kiemenblättern einer Muschel kann man die Aktionen des Flimmerepithels studieren. Wir müssen den Schließmuskel durchschneiden und die Schalen aufklappen. Die Kiemenblätter sind dann frei zugänglich. Mit der Schere schneiden wir vom

Bild 140. Exuvie einer Kröte: Deckgewebe.

Bild 141. Flimmerepithel am Kiemenblatt einer Muschel.

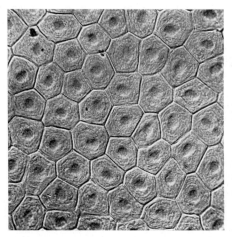
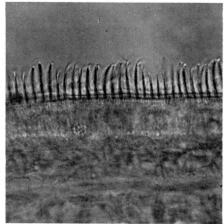

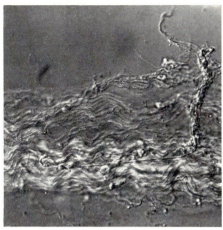

Bild 142. Lederquerschnitt: Bindegewebe.

Bild 143. Zerzupfte Sehne: wellenförmig angeordnete Fasern.

Kiemenrand ein kleines Stückchen ab, breiten es auf einem Objektträger aus und geben als Untersuchungsflüssigkeit Meerwasser mit 4%igem Salzgehalt hinzu. Die mikroskopische Untersuchung zeigt, daß die Oberfläche der Kiemenfäden mit feinen Wimperhärchen besetzt ist (Bild 141). Man kann das Schlagen dieser Cilien schön beobachten und verfolgen, wie kleine Partikelchen entlang der Cilienreihe transportiert werden.

b. Bindegewebe

Mikroskopische Untersuchung von Leder

Von einem Stück Leder stellt man mit dem Rasiermesser dünne Querschnitte her. Wir bringen den Schnitt — es genügt ein kleines Splitterchen — auf einen Objektträger, geben Wasser hinzu und legen ein Deckglas auf. Unter dem Mikroskop ist zu erkennen, daß das Leder — also der bindegewebige Anteil der Haut — aus einem dichten Geflecht von Faserbündeln besteht (Bild 142). Beim Bindegewebe treten nicht die Zellen, sondern die zwischenzellige Substanz (Interzellularsubstanz) als Baumaterial in Erscheinung. Diese Interzellularsubstanz besteht aus feinen kollagenen (= leimgebenden) Fibrillen, die zu Faserbündeln zusammengefaßt sind. Der Lederquerschnitt zeigt deutlich die Verflechtung der Faserbündel. Diese Anordnung des Baumaterials macht verständlich, weshalb Leder so fest und mechanisch beanspruchbar ist.

Wir zerzupfen eine Sehne

Die beiden Segelklappen des Herzens sind mit Sehnenfäden an den Papillarmuskeln befestigt. Wir schneiden von einem Schweineherzen einen Sehnenfaden heraus und bringen ein kleines Stück davon in Wasser auf einen Objektträger. Man hält die Sehne mit der Pinzette an einem Ende fest und versucht, sie in Längsrichtung mit der Präpariernadel aufzuzupfen. Anschließend bearbeiten wir eine günstige Stelle (unter dem Binokular kontrollieren) mit beiden Nadeln weiter, und schließlich betrachten wir nach Auflegen eines Deckglases die zerzupfte Sehne unter dem Mikroskop. Man erkennt, daß die Sehne aus parallelen Fasern besteht, die in Wellenform angeordnet sind (Bild 143). Es leuchtet ein, daß durch den Verlauf der Fasern eine wirksame Übertragung des Muskelzugs gewährleistet wird.

Schnitt durch einen Knochen

Von dem Röhrenknochen eines Schlachttieres sägt man kleine Scheibchen ab und legt diese zum Fixieren in Formol, anschließend wird in Leitungswasser ausgewaschen. Knochengewebe muß entkalkt werden, damit es schnittfähig wird. Am besten eignet sich hierfür 5%ige Trichloressigsäure, der noch etwas Formol zugesetzt wird. Man hängt die Knochenscheibchen an einem Faden in ein Becherglas, das reichlich mit Entkalkungsflüssigkeit gefüllt ist. Nach ein bis zwei Tagen wird das Material mit 96%igem Alkohol ausgewaschen. Der Knochen läßt sich jetzt erstaunlich gut schneiden, und wir versuchen, mit dem Rasiermesser einen dünnen Querschnitt herzustellen. Auch bei einem Handschnitt kann man zumindest die Knochenzellen und den HAVERSschen Kanal erkennen (Bild 144). Als Ergänzung zu diesem Handschnitt sollten wir noch den Mikrotomschnitt Knochen quer, LIEDER (2405 c) unter dem Mikroskop studieren.

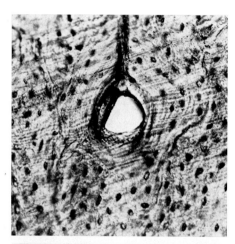

Bild 144 (links). Handschnitt durch einen Knochen.

Bild 145 (unten links). Quergestreifte Muskulatur der Insekten.

Bild 146 (unten rechts). Eine Rindfleischfaser im polarisierten Licht.

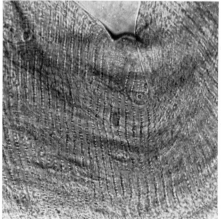
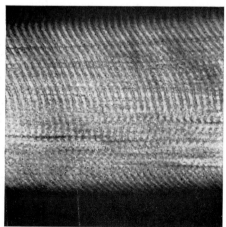

c) Muskelgewebe

Als erstes Objekt wählen wir die Muskulatur von Insekten, z. B. die Flugmuskulatur von Heuschrecken oder die Beinmuskulatur von Wespen. Mit der gebogenen Schere schneidet man ein kleines Stück Muskulatur heraus und gibt dieses auf einen Objektträger zu einem Tropfen 0,7%iger NaCl-Lösung. Mit zwei Präpariernadeln zupft man das Gewebe nach allen Richtungen auseinander, und zwar so lange, bis keine dicken Stellen mehr im Präparat zu sehen sind. Bei der Lupenvergrößerung sehen wir zunächst die größeren Einheiten: die Muskelfasern. Bei mittlerer Vergrößerung fällt uns schon die Querstreifung auf, während die Myofibrillen, also die eigentlichen kontraktilen Elemente erst mit dem stärksten Objektiv als feine Längsstreifung der Muskelfaser zu erkennen sind. Diese dicht nebeneinander gepackten Myofibrillen sind alle gleichmäßig in dunklere und hellere Scheibchen gegliedert, die Muskelfaser erscheint dadurch insgesamt als quergestreift (Bild 145).

Als nächstes Objekt wählen wir ein kleines Stück Rindfleisch. Mit der Schere schneidet man davon in Faserrichtung eine kleine Probe heraus, zerzupft wird in 0,9%iger (physiologischer) NaCl-Lösung. Unter dem Mikroskop erkennen wir, daß die Skelettmuskeln der Wirbeltiere auch aus quergestreiften Muskelfasern aufgebaut sind. Untersucht man im polarisierten Licht, dann tritt die Querstreifung noch deutlicher hervor (Bild 146), da die dunkleren Scheibchen doppelbrechend sind (vgl. hierzu S. 131). Fügt man dem Zupfpräparat destilliertes Wasser bei, dann hebt sich von der Oberfläche der Muskelfaser deutlich eine Bindegewebshülle ab: das Sarkolemm. Nach Zusatz von 2%iger Essigsäure werden die Zellkerne sichtbar, sie liegen hintereinander am Rande der Muskelfaser.

Als Objekt zur Untersuchung von glatter Muskulatur können wir die Harnblase eines Schweines nehmen. Die Präparation erfolgt in gleicher Weise wie bei der Skelettmuskulatur.

d) Nervengewebe

Nervenzellen aus der grauen Substanz des Rückenmarks sind einfach zu präparieren. Vom Metzger besorgt man sich ein Stück frisches Rinder-Rückenmark. Mit der Rasierklinge schneidet man den Rückenmarkstrang quer durch, so daß die Schmetterlingsform der grauen Substanz deutlich sichtbar wird. Mit einer gebogenen Schere schneiden wir aus dem Vorderhorn (dem breiteren Flügel) ein kleines Klümpchen

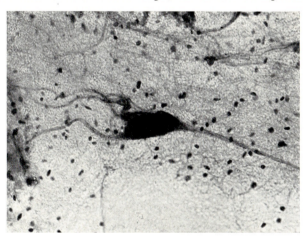

Bild 147. Rückenmark-Quetschpräparat: isolierte Nervenzelle.

heraus und quetschen dieses zwischen zwei Objektträgern auseinander. Die Quetschpräparate werden an der Luft getrocknet und anschließend mit Methylenblau nach LÖFFLER gefärbt, am besten in einer Färbeküvette, die man für 10 Minuten bei 60° C in den Wärmeschrank stellt. Man spült jetzt die Farblösung unter dem Wasserhahn ab und könnte nach dem Abtrocknen des Präparats schon zur mikroskopischen Untersuchung übergehen. Zu empfehlen ist jedoch die Herstellung eines Dauerpräparats. Man stellt die Präparate zum Differenzieren in 96%igen Alkohol, anschließend in absoluten Alkohol und zuletzt in Xylol. Schließlich kann mit Caedax eingedeckt werden. Nun mustern wir das Präparat unter dem Mikroskop nach isolierten Nervenzellen durch. Es sind verschiedene Typen von Nervenzellen vorhanden, vereinzelt bipolare Ganglienzellen — also solche mit zwei Fortsätzen — und weitaus häufiger multipolare Ganglienzellen. Das Auffallende bei Nervenzellen sind die Fortsätze, die der Zelleib aufweist. Bei manchen Zellen kann man sogar — wie in Bild 147 — den Neuriten identifizieren. Im Zelleib sieht man den Zellkern, und bei starker Vergrößerung sind die Schollen der Nisslsubstanz zu erkennen.

4. Organe

a. Die Niere

Schneidet man eine ganze Schweineniere der Länge nach durch, so kann man an der Schnittfläche den makroskopischen Aufbau und die Organisation der Niere gut erkennen. Zum Vergleich ziehen Sie am besten die Abbildung in Ihrem Biologiebuch zu Rate. Betrachten wir die Nierenrinde unter dem Stereomikroskop, so sehen wir die Nierenkörperchen als kleine, ballonartige Gebilde, die von Blutgefäßen umschlungen sind. Wir tragen mit der Lanzettnadel etwas Material von der Nierenrinde ab, breiten es auf dem Objektträger aus und geben Wasser hinzu. Nach Auflegen eines Deckglases können wir mit der mikroskopischen Untersuchung beginnen. Die Nierenkörperchen (Bild 148) sind räumliche Gebilde; arbeiten wir mit der Mikrometerschraube, dann wird einmal die Ebene der BOWMANschen Kapsel und zum andern die Ebene der Gefäßknäuel scharf abgebildet.
Die Isolierung von Nierenkanälchen und Sammelröhren gelingt am besten an Zupfpräparaten. Man schneidet von der Schweineniere dünne Scheibchen ab, die sowohl Nierenrinde als auch Nierenmark erfassen. Zur Mazeration legt man die Scheibchen für kurze Zeit in konzentrierte Salzsäure. Anschließend bearbeiten wir das Material mit Präpariernadeln und einem steifen Pinsel. Man kann damit ohne weiteres Nierenkanälchen, HENLEsche Schleifen und Sammelrohre freilegen und sich somit eine Vorstellung vom Aufbau eines Nephrons machen.

b. Lunge und Tracheen

Die mikroskopische Untersuchung von frischem Lungengewebe ist unergiebig, wir fixieren deshalb kleine Stückchen in absolutem Alkohol. Das Material wird gleichzeitig gehärtet und erhält dadurch eine gute, schneidbare Konsistenz. Auch auf einem Handschnitt kann man Bronchiolen und Lungenbläschen erkennen (Bild 149).

Insekten atmen anders

Die Herstellung eines Tracheenpräparats ist einfach. Beim aufpräparierten Insekt fallen die Tracheen als silbrig glänzende Schläuche auf. Mit der Lanzettnadel heben

Bild 148 (rechts). Frischpräparat von einem Nierenkörperchen.

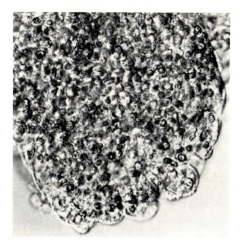

Bild 149 (unten links). Lungenbläschen (Handschnitt).

Bild 150 (unten rechts). Die Tracheen der Insekten sind mit einer Chitinspirale ausgekleidet.

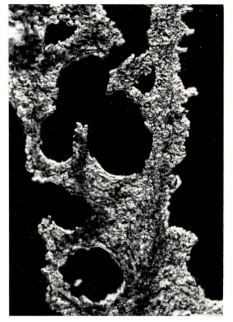
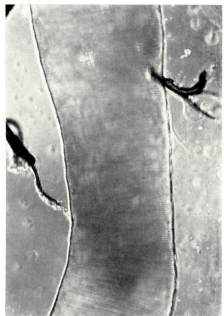

wir einen Tracheenstamm ab und versuchen dann, auch die feineren Verzweigungen mit Pinzette und Nadel freizulegen. Mit der gebogenen Schere wird ein Stück herausgeschnitten und auf einen Objektträger gebracht. Man gibt Wasser dazu, legt ein Deckglas auf und beginnt mit der mikroskopischen Untersuchung. Tracheen sind Röhren, im Innern sind sie durch eine ring- oder spiralförmige Chitinschicht ausgekleidet (Bild 150). Die Außenluft wird durch die Tracheen direkt an das sauerstoffbedürftige Gewebe geleitet. Ausgangspunkt sind Körperöffnungen (Stigmen), im Innern des Körpers enden die Tracheen in dünnen, blindgeschlossenen Verästelungen. An dieser Stelle erfolgt der Gasaustausch durch Diffusion — die Atmung der Insekten ist also unabhängig vom Blutkreislauf.

c. Mikroskopische Untersuchungen von Blut

Strömendes Blut

Den Blutstrom in Kapillaren kann man besonders schön bei Kaulquappen, Krötenlarven und Forellenlarven beobachten, auch der Millionenfisch Guppy ist ein geeignetes Objekt. Für die mikroskopische Untersuchung werden die Tiere narkotisiert: Kaulquappen in verdünntem Chloroformwasser und Fische in $1^0/_0$iger Urethan-Lösung *. Man legt den Körper des Tieres in die Mulde eines Hohlschliffobjektträgers, gibt auf die Schwanzflosse Wasser und legt ein Deckglas auf. Unter dem Mikroskop suchen wir in der Region der Schwanzflosse nach einem übersichtlichen Gefäßgebiet. In den relativ weiten Gefäßen strömt das Blut äußerst rasch, in den Kapillarschlingen dagegen läßt sich der Blutstrom gut verfolgen. Die Kapillaren werden übrigens nicht alle gleichmäßig durchblutet. Man kann auch beobachten, wie sich Kapillaren in ihrem Einsatz ablösen: die einen verschwinden, während andere auftauchen, die zuvor unsichtbar waren. Die Strömung in den Kapillaren erfolgt so langsam, daß wir auch bei stärkerer Vergrößerung noch die roten Blutkörperchen beobachten können (Bild 151). Nicht nur die Schwanzregion ist interessant; bei den Larven von Amphibien können wir auch verfolgen, wie die Blutkörperchen in den Außenkiemen zirkulieren (Bild 152). Junge Forellenlarven sind so transparent, daß wir unter dem Stereomikroskop Herzschlag und Blutkreislauf vorzüglich sehen.

Blutausstrich (Lieder Mikropräparat 2408 c)

Betrachten wir den Blutausstrich unter dem Mikroskop, so entdecken wir im Gesichtsfeld fast ausschließlich rote kernlose Blutkörperchen. Die runden Scheibchen sind in der Mitte etwas eingedellt, so daß sie von der Seite ein hantelförmiges Aussehen haben. Mit Hilfe eines Okularmikrometers können wir den Durchmesser einiger roter Blutkörperchen bestimmen. Die weißen Blutkörperchen (Leukozyten) sind nur vereinzelt vorhanden, sie heben sich aber durch ihre Größe und den gefärbten Zellkern deutlich ab. Beim Durchmustern des Präparats stellt man fest, daß es bei den weißen Blutkörperchen verschiedene Typen mit unterschiedlich gefärbtem Zellkern gibt. Im lebenden Zustand bewegen sich Leukozyten auf amöboide Weise fort, sie können Bakterien und Fremdkörper umfließen und dadurch aufnehmen. Dieser Prozeß wird als Phagocytose bezeichnet. In seinem Stabheuschrecken-Praktikum beschreibt BÄSSLER einen Versuch zur Phagocytose.

Blutgruppen

Material:

Die Testseren Anti A, Anti B sind vom Asid-Institut, 8 München-Lohhof, Feldstr. 1 a zu beziehen. Von einer Klinik bekommt man menschliches Blut der Blutgruppen A, B, 0 und AB in Röhrchen, die zur Kreuzprobe bestimmt sind.
Auf die linke Hälfte eines Objektträgers setzt man einen Tropfen Anti A und auf die rechte Hälfte einen Tropfen Anti B ab (Beschriften).
Neben jeden Serumtropfen einen kleinen Tropfen menschlichen Blutes geben, anschließend mit verschiedenen Glasstäben jeweils Blut- und Serumtropfen vermischen.

---

* Besser und schonender ist die Narkose mit MS 222, einem speziell für wasserlebende Tiere entwickelten Narkosemittel (Firma Sandoz, Bezug z. B. durch Kosmos-Service, Stuttgart). Für Fische und Kaulquappen verwendet man eine Lösung von 1 : 5000 in Leitungswasser. Lösung ist nicht haltbar!

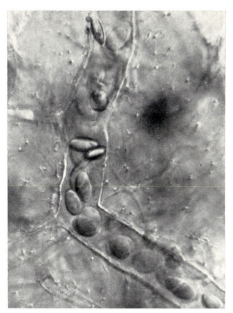

Bild 151 (oben links). Strömendes Blut in einer Schwanzflossen-Kapillare (Erläuterung im Text).

Bild 152 (oben rechts). In den Außenkiemen einer Kaulquappe sieht man die Blutkörperchen zirkulieren.

Bild 153 (unten rechts). Agglutination der roten Blutkörperchen (Erläuterung im Text).

Ablesen, ob eine Agglutination stattgefunden hat. Man erkennt dies schon mit bloßem Auge, überprüft wird dann mit dem Mikroskop. Man sieht deutlich die Verballung der roten Blutkörperchen (Bild 153).

Auswertung:

Anti A-Serum ballt Blutkörperchen der Gruppe A, Anti B-Serum agglutiniert Blutkörperchen der Gruppe B. Blutkörperchen der Gruppe AB werden von beiden Seren verballt, bei der Blutgruppe 0 dagegen kommt es nirgends zu einer Agglutination. Wie lassen sich diese Vorgänge erklären?

Erklärung:

Die Agglutination wird durch das Vorhandensein zweier Komponenten verursacht. Einmal sind es die Antigene, die sich als spezifische Stoffe in der Membran der roten Blutkörperchen befinden, zum andern sind es als Antikörper spezifische Proteine im Serum. Über die Verteilung von Antigenen und Antikörpern im menschlichen Blut informiert Tabelle 7. Durch eine spezifische Antigen-Antikörper-Reaktion werden die Blutkörperchen über Eiweißbrücken miteinander verbunden und somit agglutiniert.

Tabelle 7: Verteilung von Antigen und Antikörper im menschlichen Blut

Rote Blutkörperchen	Blutserum
Antigen A (Blutgruppe A)	Antikörper B
Antigen B (Blutgruppe B)	Antikörper A
Antigen A und B (Blutgruppe AB)	—
— (Blutgruppe 0)	Antikörper A und B

d. Mikroskopische Untersuchung von Dauerpräparaten

Durch das Studium einiger ausgesuchter Dauerpräparate können wir uns einen Überblick über die Histologie verschaffen. Nach Möglichkeit sollten Sie das mikroskopische Bild auch zeichnen und beschriften. Eine ausgezeichnete Literaturhilfe ist BARGMANN: „Histologie und mikroskopische Anatomie des Menschen." 120 farbige Mikroaufnahmen mit genauen Erläuterungen bringt das sehr preiswerte Buch: FIEDLER/LIEDER, „Taschenatlas der Histologie" (KOSMOS-Verlag).
Vorschlag nach LIEDER-Katalog:

      Haut vom Menschen, quer (2547 d)
      Zunge von Kaninchen mit Geschmacksknospen (724 e)
      Inneres Ohr mit Cochlea, längs (2544 e)
      Dünndarm, quer (2412 c)
      Schilddrüse, quer (2517 d)
      Bauchspeicheldrüse, quer (2412 c)
      Eierstock, quer (2418 d)
      Hoden, quer (2419 d).

XV. Fortpflanzung und Entwicklung

Mit mikroskopischen Untersuchungen zu diesem Themenkreis könnte man allein ein Buch füllen. Wir müssen uns deshalb hier auf einige Beispiele beschränken, die ohne großen Aufwand durchführbar sind. Die Neigung, Fachausdrücke zu prägen, macht sich in der Genetik und Entwicklungsphysiologie besonders bemerkbar. Es erscheint deshalb sinnvoll, eine Tabelle voranzustellen, in der die Fachausdrücke erklärt werden. Im nachfolgenden Text sind dann diese Begriffe mit einem * versehen.

Tabelle 8: Erläuterung der Begriffe, die im Text mit * gekennzeichnet sind

Aberrationen	Abweichung vom Normaltyp
Autosomen	die Summe aller Körperchromosomen, ohne Geschlechtschromosomen
Chromatiden	die beiden Spalthälften eines Chromosoms
Chromosomen	*chroma:* Farbe, *soma:* Körper; Strukturen von individueller Gestalt, die in bestimmten Kernphasen sichtbar werden
Chromomeren	*meros:* Teil; anfärbbare Teilchen, die auf den Chromosomen in konstanter Form angeordnet sind
Chromosomen-puff	to puff: blähen; zeitweilig aufgelockerter Bereich eines Riesenchromosoms
Centromer (Kinetochor)	Ansatzstelle für die Spindelfaser
diploid	zweifach, die Chromosomen treten hier paarweise auf
Homologe	die beiden Partner eines Chromosomenpaares
haploid	einfach, die Geschlechtszellen besitzen in der Regel nur einen einfachen Chromosomensatz
Initialzellen	Zellen, aus denen sich durch Teilung und Differenzierung Gewebe und Organe entwickeln
Karyogramm	Darstellung aller Chromosomenpaare in Form von Gruppen
Meiose	Reifeteilung: zwei aufeinanderfolgende Zellteilungen, die zu haploiden Geschlechtszellen führen
Mitose	*mitos:* Faden, normale Zellteilung
Modifikationen	Umweltbedingte Abänderung von Form oder Leistung, die nicht erblich ist
Klon	Gesamtheit aller Nachkommen, die durch ungeschlechtliche Vermehrung aus einem Tier oder aus einer Pflanze hervorgehen
Polyploidie	Besitz des mehrfachen Chromosomensatzes
tetraploid	vierfacher Chromosomensatz
Zygote	befruchtete Eizelle

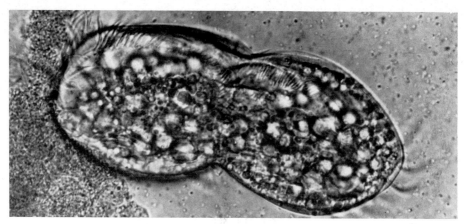
Bild 154. Zellteilung bei *Euplotes*.

1. Zellteilung bei Einzellern

Bedarf:
Frische Euplotes-Kultur, Mikroskop, Mikroskopierkästchen, Orcein-Essigsäure (2 g Orcein in 100 ml 45%iger Essigsäure lösen, mit Rückflußkühler 15 min lang leicht kochen, abkühlen lassen und filtrieren); Meerwasser 3,5%ig; Okularmikrometer, Formol, Zeichengerät und Zeichenblock.

Zwei bis drei Tage nach dem Anlegen einer frischen *Euplotes*-Kultur entnehmen wir mit einer feinen Pipette mehrere Tiere zur Herstellung eines mikroskopischen Präparats. Mit großer Sicherheit findet man unter dem Mikroskop Exemplare, die in der Mitte eine Einkerbung aufweisen. Meist befinden sie sich in der Nähe von Nahrungspartikelchen (Bild 154). In diesem Teilungsstadium verharrt der Einzeller nur wenige Minuten, dann schnürt er sich durch, so daß aus dem Muttertier zwei kleinere, runde Tochterzellen entstehen. Bei einzelligen Organismen ist die Zellteilung identisch mit einer ungeschlechtlichen Vermehrung, sie führt zu einer Vermehrung der Individuenzahl.

Uns interessiert auch der Kernapparat von *Euplotes*. Zur Färbung gibt man auf einen Objektträger reichlich gebrauchsfertige Orcein-Essigsäure-Lösung und fügt mit der Pipette mehrere Euploten hinzu. Dabei sollte nach Möglichkeit nur eine kleine Meerwasser-Menge übertragen werden. Schon nach fünf Minuten ist die Kernfärbung beendet. *Euplotes* besitzt wie alle Wimpertierchen zwei Zellkerne: den U-förmigen Großkern, an dessen Mitte in einer kleinen Einbuchtung der Kleinkern liegt. Manche Exemplare enthalten zwei Kleinkerne, diese Tiere standen offensichtlich kurz vor der Teilung. Der Querteilung des Zelleibes geht nämlich eine Teilung der Kleinkerne voraus.

Modifikationen * innerhalb einer Klonkultur *

Zunächst bringen wir in ein Blockschälchen mit Meerwasser einige wenige Euploten und versuchen dann, unter der Lupe — noch besser unter dem Binokular — mit der Pipette ein einziges Tier herauszufangen. Das ist ein Geduldspiel, aber wenn es glückt, können wir von *einem* Einzeller eine sogenannte Klonkultur herstellen. Die Euploten, die in dem neuen Kulturgefäß durch ständige Zellteilung hervorgegangen sind, haben alle das gleiche Erbgut wie ihr Ahnherr. Die Frage ist, ob diese genetisch identischen Tiere auch alle gleich groß sind oder ob die Körpergröße von Umweltfaktoren abhängig ist.

Aufgabe 22:
Pipettieren Sie aus einer sieben Tage alten *Euplotes*-Klonkultur einige Tiere heraus, geben Sie diese auf einen Objektträger und fixieren Sie sie dort durch Zugabe von einem Tropfen Formol. Nach Auflegen des Deckglases können Sie mit Hilfe des Okularmikrometers die Körperlänge von etwa 20 bis 50 fixierten Euploten ermitteln. Stellen Sie nun die Häufigkeit der verschiedenen Größenstufen graphisch dar:
X-Achse Größenstufen
Y-Achse Häufigkeit der Individuen.

2. Der Vegetationskegel von Elodea

Bedarf:
Elodea-Triebe (Wasserpest), Stereomikroskop, Mikroskop, Mikroskopier-Kästchen, Wasser.

Von einem *Elodea*-Trieb schneidet man etwa 1 cm unterhalb der Stammspitze die Endknospe ab und entfernt von dieser alle größeren Blätter. Nun präparieren wir unter dem Stereomikroskop (ersatzweise Lupe) mit Pinzette und Lanzettnadel auch noch die zarteren Blättchen ab, so daß schließlich die helle Knospenspitze frei liegt. Wir übertragen diese auf einen Objektträger, geben reichlich Wasser hinzu und legen

Bild 155. Vegetationskegel der Wasserpest.   Bild 156. Initialzellen am Vegetationspunkt.

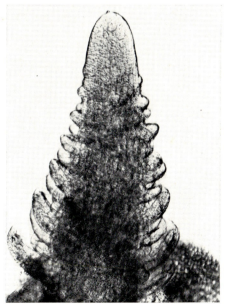
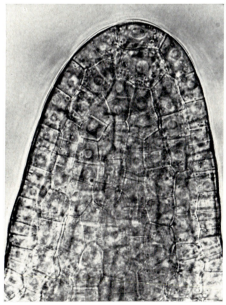

ein Deckglas mit Vaseline-Füßchen auf. Die Knospenspitze stellt einen Vegetationskegel dar; bei schwacher mikroskopischer Vergrößerung sehen wir, daß die seitlichen Höcker mit wachsender Entfernung von der Scheitelspitze an Größe zunehmen (Bild 155). Es handelt sich hierbei um die Blattanlagen; die älteren Blattanlagen überdecken schützend die jüngeren Blatthöcker und den Scheitel des Vegetationskegels. Das räumliche Gebilde ist für eine stärkere mikroskopische Vergrößerung nicht besonders geeignet. Wir müssen deshalb mit Hilfe der Mikrometerschraube die verschiedenen Ebenen des Vegetationskegels durchmustern. Wir erkennen dann, daß eine einfache Zellschicht als Epidermis den Vegetationskegel umschließt. Unter der Epidermis am oberen Scheitelende befindet sich ein Komplex von Initialzellen *, hier liegt der eigentliche Vegetationspunkt (Bild 156). Diese Zellen sind im Gegensatz zum Dauergewebe embryonal geblieben; d. h. diese Zellen haben ihre Teilungsaktivität nicht eingebüßt. Durch Teilungen der Initialzellen wächst der Vegetationskegel und somit die ganze Pflanze.

3. Ablauf der Mitose bei Pflanze und Tier

Bedarf:
Mikroskop, Mikroskopierkästchen, Wurzeln der Küchenzwiebel, Bechergläser, Leitungswasser, Molchlarven, Karmin-Essigsäure (5 g Karminpulver im Kochkolben in 100 ml 45%-iger Essigsäure lösen, nach Aufsetzen eines Rückflußkühlers 30 min schwach sieden. Nach Erkalten die Lösung filtrieren), Butanbrenner.

Für Dauerpräparat:
Streichholz, Petrischalen, Porzellanschälchen, Färbegläser, Alkohol, Eisessig, destilliertes Wasser, Meßzylinder, Isopropanol, Euparal, am Tag zuvor Feulgen-Reagens herstellen: 1 g Diamantfuchsin mit 200 ml siedendem destillierten Wasser überschütten und etwas abkühlen lassen, dann filtrieren und 20 ml 1 n HCl dazugeben. Nach Abkühlung fügt man 1 g NaHSO$_3$ (Natriumbisulfit) hinzu. Die Lösung ist dann gebrauchsfertig, wenn sie sich entfärbt hat.

Mitosestadien in Wurzelspitzenzellen

a. Drei bis vier Tage vor Kursbeginn einige Küchenzwiebeln so auf Bechergläser mit Leitungswasser setzen, daß sich die Zwiebelbasis dicht über der Wasseroberfläche befindet. Bei Zimmertemperatur treibt die Zwiebel Wurzeln aus, von den Wurzelspitzen schneiden wir die äußersten 3 bis 5 mm ab und halbieren die Stücke der Länge nach *.

b. Schnellfärbung mit Karminessigsäure

Die Wurzelspitzen auf den Objektträger in einen Tropfen Karmin-Essigsäure übertragen und Deckglas auflegen. Vorsichtig bei kleiner Flamme so lange erwärmen, bis von dem Gewebe kleine Bläschen abperlen, dann die Erwärmung noch 30 sec lang fortsetzen. Eventuell verdunstete Karmin-Essigsäure durch neue ersetzen. Zum Quetschen legt man das Wurzelspitzenpräparat zwischen ein gefaltetes Filtrierpapier auf den Tisch und drückt mit dem Daumen senkrecht auf das Deckglas, das dabei seitlich

---

* In Lebensmittelhandlungen gekaufte Zwiebeln treiben oft keine Wurzeln, weil sie mit Keimhemmungsmitteln behandelt sind. Abhilfe: Brutzwiebeln aus der Samenhandlung verwenden.

nicht verschoben werden darf. Für die mikroskopische Untersuchung läßt man noch einen Tropfen Karminessigsäure unter das Deckglas fließen.

c. Kernfärbung nach Feulgen (Dauerpräparat)

Wurzelspitzen 30 min in Alkohol-Eisessig fixieren und danach 6 min lang bei 60° C (Wärmeschrank) im Porzellanschälchen mit 1 n HCl halten. Anschließend 20 min im Färbegläschen mit Feulgen-Reagens, bis die Wurzelspitzen tief violett erscheinen. Zum Differenzieren überträgt man 3 min in 45%ige Essigsäure und stellt dann wie oben beschrieben Quetschpräparate her. Diese legen wir mit dem Deckglas nach unten auf zwei Streichhölzer, die sich in einer mit 70%igem Alkohol gefüllten Petrischale befinden. Nach einiger Zeit fällt das Deckglas von selbst ab. Wir führen nun den Objektträger über 96%igen Alkohol in Isopropanol, geben auf die feuchte Präparatstelle einen Tropfen Euparal, legen ein sauberes Deckglas auf und lassen das Präparat an der Luft trocknen.

d. Auswertung der Präparate

Bei richtiger Präparation sind die Zellen isoliert oder in einer gleichmäßig dünnen Schicht ausgebreitet. Bei starker Vergrößerung — z. B. Ölimmersionsobjektiv des Fernsehmikroskops — sind in Zellen kurz hinter der eigentlichen Wurzelspitze Stadien der Kernteilung zu sehen. Man erkennt Chromosomen. Beim Durchmustern des Präparats ist zu erkennen, daß der Kern verschiedene Phasen durchläuft. Dabei sind die Chromosomen entweder sichtbar (Bild 157), oder aber sie verlieren ihre deutliche

Bild 157. Bei der Zellteilung werden die Chromosomen sichtbar.

Bild 158. Mitosestadien in den Zellen der Wurzelspitze. Interphase: Die Chromosomen sind nicht sichtbar. — Prophase: Es werden fädige Strukturen sichtbar. Die Kernmembran zerfällt. — Metaphase: Anordnung der längsgespaltenen Chromosomen in der Äquatorialebene. — Anaphase: Die Chromatiden trennen sich und wandern an die Pole. — Telophase: Durchteilung des Plasmas. Aufbau der Kernmembran. — Interphase.

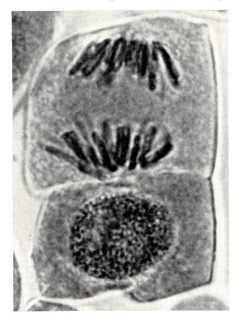
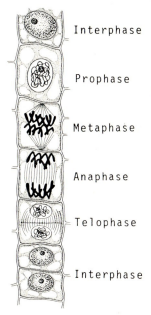

Gestalt, so daß nur noch ein Kerngerüst vorliegt. Zur Veranschaulichung des kontinuierlich ablaufenden Mitose-Vorgangs hebt man einige charakteristische Phasen besonders hervor.

Aufgabe 23:
Versuchen Sie mit Hilfe von Bild 158 die einzelnen Mitosestadien zu identifizieren, die in Ihrem Wurzelspitzenpräparat zu sehen sind.

Mitosestadien in der Schwanzspitze von Molchlarven

Von Molch- oder Salamanderlarven schneidet man 3 mm der Schwanzspitze ab, dieses Gewebe wird regeneriert. Das Material wird in einem Gemisch von Alkohol und Eisessig (3 : 1) fixiert und dann der Länge nach mit einer scharfen Rasierklinge halbiert. Wir bringen nun die Schwanzspitzenhälften in ein Färbegläschen mit Orcein-Essigsäure und erwärmen. Man stellt ein Quetschpräparat her und sucht unter dem Mikroskop nach Mitosestadien. Zum genauen Studium wählen wir die stärkste mikroskopische Vergrößerung (Bild 159).
Die Mitose verläuft in pflanzlichen und tierischen Zellen ganz ähnlich: durch Ausbildung von Chromatiden * und deren reguläre Verteilung entstehen zwei identische Zellkerne, durch Durchschnürung des Cytoplasmas zwischen den beiden Kernen bilden sich zwei Tochterzellen.

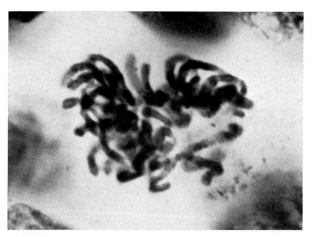

Bild 159 (links). Mitose im Tierreich.

Bild 160 (rechts). Die Speicheldrüse der Chironomidenlarve enthält große Zellkerne.

Bild 161 (rechts außen). Riesenchromosomen.

4. Präparation von Riesenchromosomen

Bedarf:
Mikroskop, Mikroskopierkästchen, Okularmikrometer, Chironomidenlarven, schwarze Unterlage, Karmin-Essigsäure, Butanbrenner.

Für Dauerpräparat:
Bechergläser, Gemisch von Alkohol und Eisessig (3 : 1), Orcein-Essigsäure, Isopropanol, Euparal.

Man legt den Objektträger mit einer Chironomidenlarve auf eine schwarze Unterlage. Wir fassen mit der Pinzette die Larve am Kopf und trennen die ersten Segmente des Tieres mit einer scharfen Rasierklinge ab. Drückt man nun mit der Lanzettnadel hinter dem Kopf leicht auf das vordere Segment, dann treten die Speicheldrüsen als wasserhelle Bläschen hervor. Um ganz sicherzugehen, daß wir auch die Speicheldrüsen erfassen, kann man den gesamten Inhalt der vorderen Hälfte mit der Rasierklinge ausstreifen. Zur Orientierung untersuchen wir das Speicheldrüsengewebe unter dem Mikroskop, und zwar rasch, weil es schnell austrocknet. Bei schwacher Vergrößerung sehen wir schon, daß diese Zellen extrem große Zellkerne aufweisen (Bild 160). Nach einer Färbung treten auch die Chromosomen deutlich hervor.

Schnellmethode:
Man gibt auf die Speicheldrüse einen Tropfen Karmin-Essigsäure und läßt die Farblösung einige Minuten einwirken. Dann legen wir ein Deckglas auf und drücken mit dem Daumen leicht darauf. Anschließend wird das Präparat bei kleiner Flamme leicht erhitzt, bis sich gerade Bläschen bilden.

Dauerpräparat:
Man fixiert das isolierte Speicheldrüsengewebe 15 min in Alkohol und Eisessig (3 : 1), wäscht es kurz aus und bringt es dann 30 min oder länger in Orcein-Essigsäure. Die gefärbte Speicheldrüse breitet man auf dem Objektträger aus, legt ein Deckglas auf und quetscht leicht. Das Präparat wird kurz in ein Becherglas mit Isopropanol gestellt

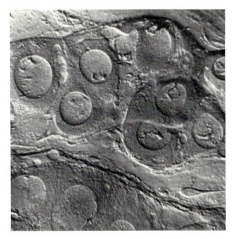

(Deckglas nach unten hängend), bis das Deckglas abschwimmt. Dann bringt man den Objektträger für drei Minuten in ein zweites Gefäß mit Isopropanol, gibt daraufhin einen Tropfen Euparal auf das Präparat und legt ein Deckglas auf.

Auswertung der Präparate

Die Zellkerne enthalten Riesenchromosomen, die durch den Quetschvorgang zum Teil aus dem Kern herausgedrückt werden und dann vereinzelt im Gewebe liegen. Die Riesenchromosomen besitzen ein deutlich färbbares Querscheibenmuster (Bild 161). Ein Riesenchromosom stellt ein Bündel von Chromatiden dar, die durch vielfache Verdoppelung entstanden sind, jedoch anschließend nicht getrennt wurden. Die Chromomeren* der einzelnen Chromatiden liegen alle auf der gleichen Höhe, dadurch entsteht insgesamt der Eindruck von Querscheibchen. Wir können mit dem

Okularmikrometer die Breite einzelner Riesenchromosomen ausmessen. Dabei stellt man fest, daß die Riesenchromosomen in bestimmten Abständen wulstförmige Aufblähungen aufweisen. Diese „puffs" * werden im Wechsel an verschiedenen Chromosomenstellen ausgebildet und auch wieder abgebaut. In der molekularen Genetik spielen die Chromosomen-puffs eine große Rolle.

5. Lehrerversuch: das Zellteilungsgift Colchicin

Bedarf:
Mikroskop, Mikroskopierkästchen, Küchenzwiebel, die auf Leitungswasser Wurzeln getrieben hat; Bechergläser, 250 mg Colchicin (SERVA 17431, starkes Gift!), Petrischale, destilliertes Wasser, Karmin-Essigsäure, Butanbrenner.

Küchenzwiebel zunächst zwei bis drei Tage auf Leitungswasser setzen. Sind Wurzeln ausgetrieben, wird die Zwiebel so auf ein Gefäß mit 0,05%iger Colchicinlösung gesetzt, daß die Wurzeln völlig in die Lösung eintauchen.
Herstellung der Colchicinlösung: den gesamten Inhalt der 250 mg Colchicin-Ampulle in 500 ml destilliertem Wasser lösen.
Nach 24 Stunden schneiden wir einige Wurzelspitzen ab und stellen davon, wie auf Seite 194 angegeben, Quetschpräparate her. Zur Erholung setzt man auch einige colchicinbehandelte Zwiebeln auf Leitungswasser zurück.

Auswertung der Präparate:

Die colchicinbehandelten Zellen weisen erheblich mehr Mitosen auf als normale Wurzelspitzenzellen; allerdings treten nur ganz bestimmte Stadien auf, wie Bild 162 deutlich zeigt. Neben Prophasen findet man zahlreiche Metaphasen, dagegen keine Ana- oder Telophasen. Colchicin ist nämlich ein Mitosegift, das die Spindelfasern zerstört, so daß der Mitoseablauf in der Metaphase blockiert wird. Das Colchicin bewirkt auch eine Formveränderung der Chromosomen: Sie werden kürzer und breiter. Betrachten wir die Chromosomen bei stärkster mikroskopischer Vergrößerung, dann präsentieren sie sich als vierarmige Gebilde. Die beiden Chromatiden eines jeden Chromosoms hängen nur noch am Centromer zusammen.
In Zellen von Wurzelspitzen, die nach der Colchicinbehandlung auf Leitungswasser zurückgebracht wurden, entdecken wir in Quetschpräparaten tetraploide* Kerne. Mit dem Mitosegift Colchicin kann man also Polyploidie* hervorrufen. Bei der Pflanzenzüchtung wird die Colchicinbehandlung häufig angewandt: Die Polyploidie führt zu einer Vergrößerung des Zellvolumens.

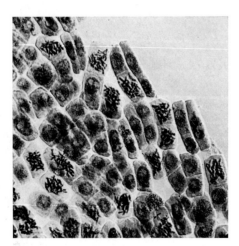

Bild 162. Colchicinbehandelte Zellen aus der Wurzelspitze.

6. Die Chromosomen des Menschen

Bedarf:
Transparentpapier, Bleistift.

Seit dem Jahr 1956 weiß man, daß die Zahl der menschlichen Chromosomen 46 beträgt und nicht, wie bislang angenommen, 48. Die Präparation menschlicher Chromosomen kann unter Umständen als Lehrerversuch durchgeführt werden; das notwendige Chromosomenbesteck der Behringwerke Marburg ist nicht teuer. Die Präparationstechnik beruht auf folgendem Prinzip:
Die Lymphocyten des menschlichen Bluts — es genügen 0,2 ml! — werden in einem Kulturmedium zu Teilungen angeregt. Nach 72 Stunden gibt man Colchicin dazu, dadurch wird der Mitosevorgang in der Metaphase blockiert. Die Behandlung der Gewebekultur mit einer hypotonischen Lösung (vgl. S. 87) bringt die roten Blutkörperchen zum Platzen und bedingt ein optimales Ausspreiten der Metaphasenplatten auf dem Objektträger. Nach einer Färbung der Chromosomen sucht man unter dem Mikroskop eine Metaphasenplatte auf, bei der die einzelnen Chromosomen deutlich getrennt liegen. Von einer solchen Metaphasenplatte stellt man ein Mikrofoto her und davon dann als Vergrößerung ein Papierbild (Bild 163). Die Chromosomen sind mit Colchicin behandelt, also vergiftet. Die beiden Chromatiden eines Chromosoms bleiben am Centromer miteinander verbunden, deshalb erscheinen die Chromosomen in X- oder V-Form.

Auswertung:

Die Chromosomen sind verschieden groß; ferner bestehen Unterschiede im Längenverhältnis der beiden Chromosomenarme. Man ordnet nun die Chromosomenpaare in bestimmte Gruppen ein und stellt somit ein Karyogramm* her (Bild 164). Wir wollen uns jetzt mit den menschlichen Chromosomen eingehender beschäftigen und legen deshalb auf die ungeordneten Chromosomen von Bild 163 ein Transparentpapier auf und zeichnen die einzelnen Chromosomen genau ab. Dann verschiebt man das Transparentpapier so lange über dem Karyogramm von Bild 164, bis wir einzelne Chromosomen identifizieren und kennzeichnen können; z. B. als A_1, A_2, A_3...
Anschließend ermitteln wir auf die gleiche Weise den homologen* Partner, denn die Autosomen* treten in Körperzellen immer paarweise auf. In weiblichen Körperzellen ist das X-Chromosom doppelt vorhanden, der Mann besitzt die Geschlechtschromosomen XY.
Die Chromosomenanalyse ist für die Medizin und Gerichtsmedizin von einiger Bedeutung. Bei Zellteilungen sind auch Defekte möglich, sie dokumentieren sich einmal als numerische Aberrationen*, indem die Chromosomenzahl vom Normaltyp mit 46 Chromosomen abweicht.

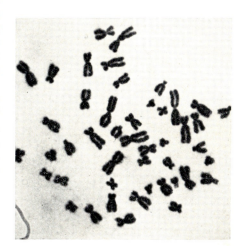

Bild 163. Chromosomen des Menschen.

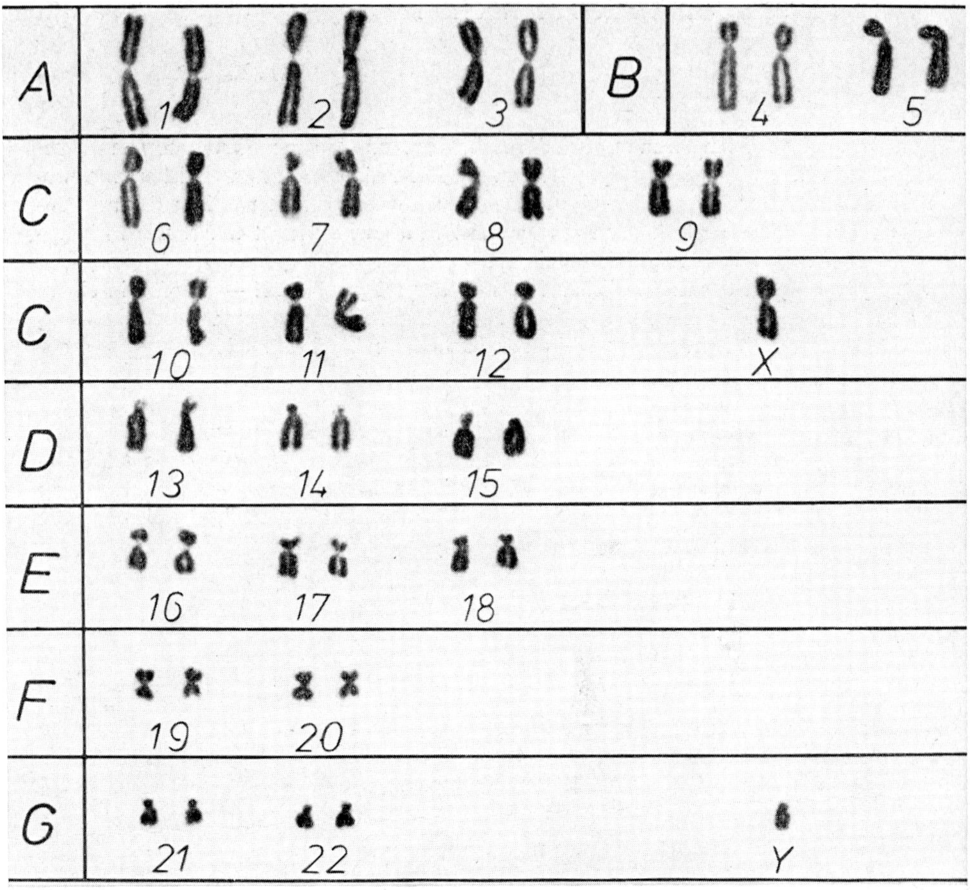

Bild 164. Karyogramm der menschlichen Chromosomen. Aus Göltenboth, Mikrokosmos

Es können aber auch strukturelle Aberrationen auftauchen, d. h. mikroskopisch sichtbare Abweichungen in der Struktur einzelner Chromosomen. Informieren Sie sich in Ihrem Biologiebuch, welche Krankheitsbilder des Menschen durch numerische und strukturelle Chromosomenaberrationen bedingt sind.

7. Farne: Pflanzen ohne Blüten

Vom Wurmfarn schneidet man in der Sommerzeit ein kleines Stück des Blattwedels ab und betrachtet die Unterseite unter dem Stereomikroskop. Heben wir mit einer Pinzette die grauen Schleierchen vorsichtig ab, dann sieht man die Sporenkapselhäufchen wie in Bild 165. Nach kurzer Zeit können wir in den Häufchen eigenartige Bewegungen beobachten. Die Wärme der Mikroskopierleuchte bewirkt, daß die Sporenkapseln zunächst langsame, rollende Bewegungen ausführen und dann blitzschnell hin- und hergeschleudert werden. Schließlich ist die Glasplatte des Stereo-

Bild 165. An der Unterseite eines Farnwedels finden sich Häufchen von Sporenkapseln.

mikroskops von Sporen übersät. Wir stellen von einigen Sporenkapseln ein Präparat her und mikroskopieren. An der Sporenkapsel — sie sitzt auf einem ausgesprochen dünnen Stielchen — fallen die Zellen des Kapselrings besonders auf. Die inneren und seitlichen Zellwände sind stark verdickt, während die Außenwand dünnwandig ist.

Kulturversuch mit Farnsporen in Nährlösung

Bedarf:

Mikroskop, Stereomikroskop, Mikroskopierkästchen, Erlenmeyer-Kolben, Watte. Stammlösung 10fach konzentriert: Man löst in 1 l destilliertem Wasser: 1 g KH_2PO_4 (Kaliumdihydrogenphosphat), 1 g $CaCl_2$ (Calciumchlorid), 3 g $MgSO_4$ (Magnesiumsulfat), 1 g NaCl (Kochsalz), 0,1 g $FeCl_3$ (Eisen(III)chlorid), 10 g NH_4NO_3 (Ammoniumnitrat).

Für die Kulturversuche verdünnt man in einem Erlenmeyer-Kolben 1 Teil der Stammlösung mit 9 Teilen destilliertem Wasser. Wir streifen von der Unterseite eines Wurmfarnwedels die reifen Sporen in das Kulturgefäß, dichten es mit Watte ab und stellen das Gefäß am Nordfenster auf.

Beobachtungen:

Nach 2—3 Wochen:

Im Kulturgefäß hat sich auf der Oberfläche der Nährlösung ein grüner Belag gebildet. Die mikroskopische Untersuchung zeigt, daß aus den Sporen Zellen ausgewachsen sind; diese besitzen Chloroplasten und sind fadenförmig angeordnet (Bild 166). Am unteren Pol befindet sich als hohler Schlauch das Rhizoid, das der Verankerung und Wasserversorgung dient.

Nach 4—6 Wochen:

Das fadenförmige Gebilde hat sich durch Teilungen der Scheitelzelle in einen flächen-

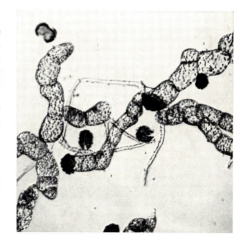

Bild 166. Keimende Farnsporen.

förmigen Organismus verwandelt, der ebenfalls aus einer Zellage aufgebaut ist. Beleuchtet man diese grüne Fläche mit einer starken Leuchte (z. B. Kinoleuchte) senkrecht von oben, dann nehmen die Chloroplasten eine Lichtschutzstellung ein — sie sammeln sich entlang den Zellwänden an.

Nach 6—8 Wochen:
Das flächenhafte Gebilde hat sich zu einem herzförmigen Vorkeim (Prothallium) differenziert. Die Rhizoide sind auf der Unterseite des Prothalliums angeordnet.

Aus der Region der Rhizoide stanzen wir mit der Lanzettnadel ein kleines Stück heraus und fertigen davon ein Präparat an. Unter dem Mikroskop findet man zwischen den Ansatzstellen der Rhizoide kugelförmig vorgewölbte Gebilde (Mikrometerschraube bedienen). Das sind die Antheridien; d. h. die männlichen Geschlechtszellenbehälter des Vorkeims. Die weiblichen Geschlechtsorgane (Archegonien) befinden sich ebenfalls auf der Unterseite des Vorkeims. Sie sind unterhalb der Einkerbung am vorderen Pol in das Gewebe eingesenkt, so daß nach außen nur noch kurze zylinderförmige Gebilde hervorragen. Für die Befruchtung der Eizelle im Archegonium durch die Spermatozoiden ist — wie bei allen Niederen Pflanzen — eine Wasserbrücke erforderlich.

Der Generationswechsel

Bedarf:
Prothallien der Mauerraute — man findet sie mit großer Sicherheit im Boden von Ritzen und Nischen einer Mauer, die von der Mauerraute besiedelt ist. Pinzette, Diaprojektor, Dia-Deckglas, Deckgläschen, Vaseline.

Mit einer Pinzette entnimmt man aus der Bodenprobe ein Prothallium, wäscht dieses kurz in Leitungswasser aus, legt es dann aber nicht auf einen Objektträger, sondern in einen Wassertropfen auf ein Dia-Deckglas. Nun deckt man mit einem vaselineumrandeten Deckgläschen ab. Das Präparat wird als Dia projiziert.
Bild 167 veranschaulicht den Generationswechsel: Aus dem haploiden Vorkeim wächst als selbständige Generation die diploide junge Farnpflanze heraus, die sich aus der Zygote * entwickelt hat. Es handelt sich hierbei um zwei verschieden organisierte Pflanzen, wir können ohne weiteres mit der Pinzette das Prothallium von der Farnpflanze abstreifen.

Bild 167. Ein Farnprothallium als Dia.

8. Fortpflanzung bei Blütenpflanzen

Untersuchung von Schlüsselblume-Blüten

Bedarf:
Blüten der Schlüsselblume, Mikroskop, Mikroskopierkästchen, Okularmikrometer.

Von mehreren Schlüsselblumen zupfen wir zwei Blütenblätter ab, so daß man einen Einblick in die Blütenröhre erhält. Wir stellen fest: Es gibt zwei Blütentypen, die sich durch die Griffellänge und die Stellung der Staubbeutel voneinander unterscheiden (Bild 168). Dieses Phänomen der Heterostylie hat DARWIN als Einrichtung zur Verhinderung der Selbstbestäubung richtig gedeutet. Wir können noch weitere Hinweise sammeln, die für eine Fremdbestäubung bei der Schlüsselblume sprechen. Zunächst nehmen wir einer kurzgriffeligen Blüte einen reifen Staubbeutel ab, streuen die Pollen auf einen Objektträger und bestimmen unter dem Mikroskop mit Hilfe des Okularmikrometers die durchschnittliche Größe der Pollenkörner. Anschließend fertigen wir vom Blütenstaub einer langgriffeligen Blüte ein Trockenpräparat an und bestimmen auch hier die Durchschnittsgröße der Pollen. Das Ergebnis zeigt, daß die Pollen der beiden Blütentypen verschieden groß sind. Der Größenunterschied läßt sich auch einfach demonstrieren, indem man die Pollen beider Blütentypen auf

Bild 168. Heterostylie bei Schlüsselblumen (Erläuterung im Text).

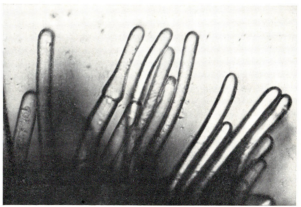

Bild 169. Narbenpapillen.

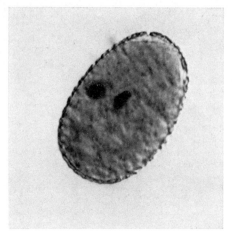

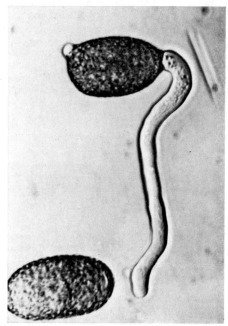

Bild 170 (oben). Vegetativer und generativer Zellkern eines Pollenkorns.

Bild 171 (rechts). Pollenschlauch.

einem Objektträger mischt und mikroskopiert. Abschließend betrachten wir jeweils die Narbenoberfläche unter dem Mikroskop. Man schneidet mit der Rasierklinge eine Scheibe in Längsrichtung der Narbe ab und untersucht in Wasser. Die Narbe des kurzgriffeligen Typs besitzt nur minimale Papillenzellen, die so eng aneinandergereiht sind, daß die eigenen großen Pollenkörner gar nicht in die Zwischenräume hineinpassen. Dagegen ist beim langgriffeligen Typ die Narbenoberfläche mit großen Papillenzellen besetzt, die so weit auseinanderstehen (Bild 169), daß die fremden großen Pollenkörner aufgenommen werden können.

Wachstum von Pollenschläuchen

Bedarf:
Blühende Topfpflanze vom Fleißigen Lieschen (*Impatiens sultani*), 10%ige Traubenzuckerlösung, Erlenmeyerkolben, Mikroskop, Mikroskopierkästchen, Petrischale, Streichhölzer, Filtrierpapier, Okularmikrometer, Zeichenblock und Zeichengeräte.

Zunächst studieren wir den Blütenbau: Die „fleischigen" Staubblätter liegen eng über dem Fruchtblatt zusammen. Die Narbe ist in fünf Lappen aufgegliedert, sie fühlt sich durch abgesonderte Sekrete klebrig an. Im Versuch ahmen wir diese Sekrete durch eine 10%ige Traubenzuckerlösung nach.

Vorbereitung:
30 bis 60 Minuten vor Kursbeginn auf einen Objektträger einen großen Tropfen 10%ige Traubenzuckerlösung bringen und die reifen, lilafarbenen Pollen des geplatzten Staubbeutels einer *Impatiens*-Blüte einstreuen. Objektträger in feuchte Kammer legen: Deckel und Boden einer Petrischale mit feuchtem Filtrierpapier auskleiden, Objektträger auf zwei Hölzchen legen, mit Deckel verschließen.

Dann stellen wir ein frisches Präparat her, versehen dabei die vier Deckglas-Ecken mit Vaseline, so daß wir während der mikroskopischen Untersuchung ständig 10%ige Traubenzuckerlösung als Untersuchungsflüssigkeit zugeben können. Unsere Beobachtungen halten wir in verschiedenen Zeichnungen fest, die wir im zeitlichen Abstand von 10 Minuten herstellen.

Bau des Pollens

Die Pollen der Blütenpflanzen weisen artspezifische Formen und Oberflächenskulpturen auf. Ihre Außenwände (Exine) sind äußerst widerstandsfähig; so bleiben z. B. in Mooren die Pollen über Jahrtausende konserviert, so daß man mit Hilfe der Pollenanalyse Rückschlüsse auf die Vegetationen vergangener Epochen ziehen kann. Die Pollen von *Impatiens* besitzen vier Keimporen, das sind Aussparungen in der Exine. Aus den Keimporen kann der Pollenschlauch herauswachsen. Jedes Pollenkorn besitzt zwei Kerne; die Kernfärbung in Bild 170 zeigt den runden vegetativen Kern und daneben den ellipsenförmigen generativen Kern.

Wachstumsgeschwindigkeit

Wie schnell der Pollenschlauch wächst, hängt von der Temperatur, dem Reifungsgrad (nicht alle Pollen keimen) und der Jahreszeit ab. In der Regel werden wir nach 20 Minuten den Pollenschlauch so sehen wie in Bild 171; er ist dann etwa dreimal so lang wie das Pollenkorn selbst.
Mit dem Okularmikrometer können wir das Wachstum der Pollenschlauchspitze messend verfolgen. Für diesen Zweck entnehmen wir aus der feuchten Kammer das vorbereitete Präparat. Im Pollenschlauch ist übrigens die Plasmaströmung schön zu beobachten. Teilweise sind in der feuchten Kammer die Pollenschläuche enorm lang gewachsen. Das ist nicht überraschend, denn schließlich muß der Pollenschlauch unter natürlichen Bedingungen durch die Narbe und das Griffelgewebe zu den Samenanlagen im Fruchtknoten durchwachsen.

Befruchtung

Die vegetative Zelle wird beim Wachstum des Pollenschlauchs verbraucht, die generative Zelle teilt sich im Pollenschlauch in zwei haploide Spermazellen, so daß für die Befruchtung zwei Spermakerne zur Verfügung stehen. Die Pollenschlauchspitze dringt in die Samenanlage ein — durch Verschmelzung des Spermakerns mit dem Kern der Eizelle kommt es zur Befruchtung. Der andere Spermakern befruchtet den Embryosackkern. Bei bedecktsamigen Blütenpflanzen findet also eine Doppelbefruchtung statt. Schlagen Sie nun in Ihrem Biologiebuch nach, wie dort der Sachverhalt geschildert ist.

9. Befruchtung und Embryonalentwicklung im Tierreich

Die Geschlechtszellen dürfen nur einen haploiden * Chromosomensatz aufweisen, die Reduzierung erfolgt durch besondere Zellteilungen, die Meiose *.
Im Jahre 1677 entdeckte I. Ham die Spermien, er bezeichnete sie als „Samentierchen". Wollen wir Spermien unter dem Mikroskop betrachten, kann man Stierspermien aus einer Rinderbesamungsstation besorgen. Von einem Spermatropfen stellen wir ein

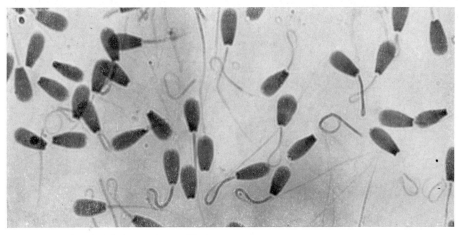

Bild 172. Spermien des Rindes, stark vergrößert.

Ausstrichpräparat her. Die Spermien sind klein und sehr beweglich; bei starker Vergrößerung kann man den Bau eines Spermiums erkennen (Bild 172).

Die Eier verschiedener Tierarten sind seit alters her bekannt, dagegen wurde die menschliche Eizelle erst 1827 entdeckt. Im Jahre 1875 betrachtete O. Hertwig erstmals den Befruchtungsvorgang unter dem Mikroskop, als er Eizellen und Spermien des Seeigels gemischt hatte. Dieser Versuch ist so eindrucksvoll, daß wir ihn auch in der Schule durchführen wollen.

Befruchtung und Embryonalentwicklung des Seeigeleies

Material:
Lebende Seeigel können vom 1. bis 15. Juli von der Biologischen Anstalt Helgoland bezogen werden. Das fixierte Material „Entwicklungsreihe vom Seeigel" bekommt man ganzjährig.

Bild 173. Befruchtetes Seeigelei.   Bild 174. Zweizellstadium.

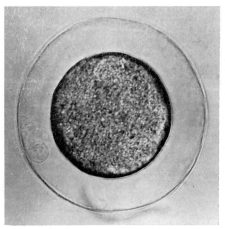 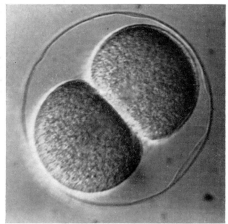

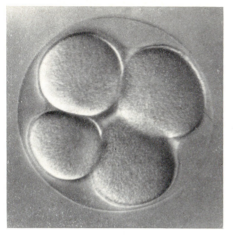 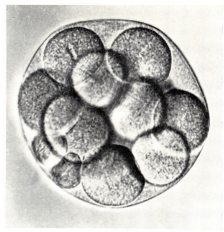

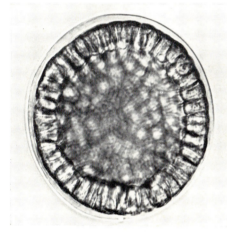 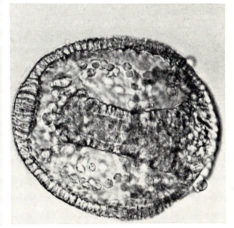

Bild 175 (oben links). Vierzellstadium.
Bild 177 (unten links). Blastula.

Bild 176 (oben rechts). 32-Zellstadium.
Bild 178 (unten rechts). Gastrula.

Bedarf:
Mikroskop, Mikroskopierkästchen, Glasbecken und Glasschalen, Seewasser, mehrere Pipetten, Zeichenblock und Zeichengeräte.

Vorbereitung:
Man stellt zwei Glasbecken mit Seewasser bereit, in diese werden die nach Geschlechtern getrennten Tiere eingesetzt. Wir stellen mehrere feine Pipetten her; um Verwechslungen zu vermeiden, benützt man jede Pipette nur einmal.

Dauer der Beobachtung:
Nach jeweils 30—40 Minuten haben sich neue Furchungsstadien entwickelt; wir sollten deshalb für die mikroskopischen Studien mehrere Stunden zur Verfügung haben. Auch am folgenden Tag sollten wir das Praktikum fortsetzen können.

Durchführung:
Die mitgelieferte Anleitung beschreibt, wie man Spermien und Eier der Seeigel erhält. Auf einen Objektträger setzen wir zwei kleine, deutlich getrennte Seewassertropfen nebeneinander. In den einen Tropfen gibt man eine kleine Menge Eier, in den anderen mit einer frischen Pipette die Spermien. Das Präparat wird ohne Deckglas unter dem Mikroskop betrachtet. Die Größenunterschiede zwischen Samen- und Eizellen sind enorm. Das Ei enthält viel Cytoplasma, da es für die Ernährung des Keimes sorgen muß.

Befruchtung:
Mit einem Glasröhrchen verbindet man die beiden Tropfen durch eine Brücke aus Seewasser, legt ein Deckglas auf und beobachtet rasch unter dem Mikroskop. Die Eizellen sondern spezifische Stoffe ins Wasser ab, die Spermien werden dadurch aktiviert und angelockt. Die Spermien besitzen an ihrer Kopfspitze bestimmte Enzyme, mit deren Hilfe sie die Eimembran auflösen können. Nach dem Eindringen eines Spermiums hebt sich von der Eizelle eine Befruchtungsmembran ab (Bild 173). Durch diese Barriere werden weitere Spermien am Eindringen gehindert. Etwa 10 Minuten später ist im Cytoplasma eine strahlenförmige Figur, die Teilungsspindel, zu erkennen. Daraus kann man schließen, daß die beiden Zellkerne zum Furchungskern verschmolzen sind. Damit wir für weitere Untersuchungen Material zur Verfügung haben, bringt man die restlichen, unbefruchteten Eier in eine Glasschale mit Seewasser und gibt mit der Pipette Spermien hinzu. Im Abstand von 20—30 Minuten entnehmen wir aus dieser Schale kleine Proben für die mikroskopische Untersuchung. Wir zeichnen die beobachteten Furchungsstadien.

Zweizellstadium (Bild 174):
Von Pol zu Pol schneidet sich eine Furchungsrinne ein; durch eine Mitose gehen aus der Zygote zwei Tochterzellen hervor. Mit diesen beiden Furchungszellen (Blastomeren) ist die Embryonalentwicklung eingeleitet.

Vierzellstadium (Bild 175):
Die zweite Furche steht senkrecht zur ersten. Die Furchungszellen verlieren dadurch in der Keimmitte den Zusammenhang.

Entwicklung bis zur Morula:
Im dritten Teilungsschritt entsteht das Achtzellenstadium, hier durchläuft die Furche den Äquator des Eies, so daß zwei Zellkränze entstehen: am oberen (animalen) Pol je vier Zellen und am unteren (vegetativen) Pol je vier. Der vierte Teilungsschritt zerlegt die Zellen des animalen Pols in acht gleich große Furchungszellen, die Zellen des vegetativen Pols dagegen schnüren vier große Zellen und vier kleine ab. Diese kleinen Zellen — die Mikromeren — schnüren auch beim nächsten Teilungsschritt, der zum 32-Zellen-Stadium führt (Bild 176), deutlich kleinere Zellen ab. Durch weitere Furchungen wächst die Zahl der Blastomeren. Insgesamt ist der Keim jedoch nicht gewachsen. Schließlich entsteht eine Zellkugel, die in ihrem Aussehen an eine Maulbeere erinnert. Dieses Stadium wird deshalb als Morula bezeichnet.

Blastula (Bild 177):
Etwa 6—7 Stunden nach der Befruchtung hat der Keim das Blastula-Stadium erreicht. Durch Verschiebung und aktive Ortsveränderungen der Blastomeren entsteht aus dem massiven Zellhaufen eine Hohlkugel, die im Innern eine Furchungshöhle besitzt und deren Wand nur aus einer Zellschicht besteht. Der Keim bildet Cilien aus; zunächst rotiert er noch innerhalb der Eihülle, dann verläßt er sie und entwickelt sich, frei im Wasser schwimmend, weiter.

Gastrula (Bild 178):
Nach 24 Stunden hat der Keim das Gastrula-Stadium eingenommen. Die Mikromeren am

vegetativen Pol haben sich aus dem Zellverband gelöst und sind in die Furchungshöhle hineingewandert. Dann werden die übrigen Zellen des vegetativen Pols in die Furchungshöhle eingestülpt, sie ordnen sich im Innern der Blase zum Urdarm an; die Öffnung nach außen bezeichnet man als Urmund. Durch diese Einstülpung des Urdarms ist ein becherförmiges Gebilde entstanden: die Gastrula. Der Keim weist mit Ektoderm und Entoderm zwei Keimblätter auf.

Pluteus:
Zwei Tage nach der Befruchtung ist die Gestaltsumwandlung zur typischen Seeigellarve — dem Pluteus — vollzogen. Die Larven sind echte Planktonorganismen, die durch ihre Schwebefortsätze dem Leben im Meer angepaßt sind. Mit etwas Glück gelingt es uns, die Larven einige Tage am Leben zu erhalten. Man bringt sie in ein Glasbecken mit Seewasser und füttert sie mit *Euplotes*. Beim Pluteus entsteht gegenüber dem Urmund der endgültige Mund, während der Urmund zum After wird. Diese Entwicklungseigenart haben Stachelhäuter und Wirbeltiere gemeinsam.

Lösungen der Aufgaben

Für Zeichen- oder reine Beobachtungsaufgaben werden die Lösungen nicht angegeben.

1. a. 1, 2, 7, 10.
   b. in der Regel: nein.
   c. 0,5 mm : 3 = 0,166 mm könnte man deutlich erkennen.
2. a. —.
   b. ein praktischer Grund: die Leuchte ist dann immer zentriert.
3. a. von den Chloroplasten.
   b. durch einen Farbstoff, z. B. Methylengrün-Essigsäure.
   c. mit Hilfe der Mikrometerschraube.
   d. sechseckig; die Fläche wird dadurch optimal ausgenützt.
4. —.
5. Pflanzenzelle: Zellwand, Zellkern, Kernmembran, Cytoplasma, Zellsaftraum, Chloroplasten.
   Epithelzelle: Cytoplasma, Zellkern, Kernmembran.
6. a. Durch das strömende Plasma wird auch der Zellkern verlagert.
   b. Die Form verändert sich, das Gewicht bleibt konstant.
7. a. n.A. 0,10; α: 5°44′; 2α = 11°28′.
   b. n.A. 0,25; α: 14°29′; 2α = 28°58′.
   c. n.A. 0,55; α: 33°22′; 2α = 66°44′.
   d. n.A. 0,85; α: 58°13′; 2α = 116°26′.
8. Beispiel: für das Ölimmersionsobjektiv 100/n.A. 1,25 gilt:

$$d = \frac{\lambda}{2 \text{ n.A.}} \qquad d = \frac{0{,}55 \text{ μm}}{2{,}50} \qquad d = 0{,}22 \text{ μm}.$$

9. Objektive mit kleiner Eigenvergrößerung können mit stärker vergrößernden Okularen kombiniert werden, im Gegensatz zu Objektiven mit hoher Eigenvergrößerung.
10. Die Lichtzufuhr durch den Kondensor (der Beleuchtungswinkel) muß dem jeweilig benützten Mikroskopobjektiv angepaßt werden.
11. Durchschnittswerte: Länge 80 μm; Breite 55 μm; Zellkernlänge 8 μm.
12. Durchschnittswerte: in 10 Sekunden etwa 90 μm.
13. —.
14. Nach 45 Minuten zeigen die Lösungen folgende Anstiege: 1-molar auf 60 mm.
    $^{1}/_{2}$-molar auf 30 mm.
    $^{1}/_{4}$-molar auf 15 mm.
15. —.
16. —.
17. Die Kurve hat eine langsame Anfangsphase, steigt dann steil und geradlinig und verläuft dann konstant oder leicht abnehmend.

18. Temperaturabhängigkeit: Kühlschrank, Zimmertemperatur, 30° C, 40° C, Kochen der Urease-Suspension.
    Enzymkonzentration: 1 g in 100 ml aqua dest. aufschwemmen, dann 1 : 10, 1 : 100, 1 : 1000 und 1 : 10 000 verdünnen.
19. —.
20. —.
21 a. bis 200 pro Minute.
22. Die Verteilung ergibt eine Gaußkurve: die Mittelwerte treten am häufigsten auf.
23. —.

Bezugsquellen für Lebendmaterial

1. Biologische Anstalt Helgoland
   Abt. Materialversorgung
   2192 Helgoland
   Postfach 148
2. Fischereizuchtanstalten
   (Adresse im Telefon-Branchenverzeichnis ermitteln)
   Forellen: Eier, Larven, Jungfische
3. Fa. Horstmann & Co
   2200 Elmshorn
   Postfach 540
   Champignonzucht in der Tüte
4. Pflanzenphysiologisches Institut der Universität Göttingen, Sammlung von Algenkulturen
   3400 Göttingen
   Nikolausberger Weg 18
   Algenkulturen
5. Fa. Phywe
   3400 Göttingen
   Postfach 665
   Drosophila-Stämme
6. Institut für Bildungsplanung und Studieninformation
   Abt. I, Ref. 1
   7000 Stuttgart 50
   Pragstraße 17
   Schulen in Baden-Württemberg können hier Zuchtansätze von *Euglena, Euplotes,* Pantoffeltierchen, *Hydra* und *Anguillula* kaufen.
7. Fa. Schmidt
   8541 Greding/Bayern
   ganzjährig lebende Flußkrebse
8. Fa. R. Stein
   8882 Lauingen/Donau
   Postfach 74
   Weinbergschnecken, Frösche, Regenwürmer, Mehlkäfer
9. Zoohandlungen
   (Adresse aus dem Telefonbuch ermitteln)
   Wasserflöhe, Rote Mückenlarven (Chironomidenlarven), Weiße Mückenlarven (*Corethra*-Larven), Tubifex, *Artemia*-Eier
10. Fa. BioLab
    5300 Bonn
    Landgrabenweg 65
    Algen: *Euglena, Chlorella;* Protozoen: z. B. Amöben, Pantoffeltierchen, *Euplotes*

Literaturauswahl

BARGMANN, W.: Histologie und mikroskopische Anatomie des Menschen. Stuttgart 1967.
BÄSSLER, U.: Das Stabheuschrecken-Praktikum. Stuttgart 1965.

BAUMEISTER, W.: Planktonkunde für Jedermann. Stuttgart 1967.
BOGEN, H. J.: Knaurs Buch der modernen Biologie. München, Zürich 1967.
BOTSCH, W.: Morsealphabet des Lebens. Stuttgart 1971.
BOURTEMBOURG, P.: Von der Schimmelspore zum Penicillin. Braunschweig 1968.
BRAUNER, L. und F. BUKATSCH: Das kleine pflanzenphysiologische Praktikum. Stuttgart 1964.
BRAUNER, L. und W. RAU: Versuche zur Bewegungsphysiologie der Pflanzen. Berlin, Heidelberg, New York 1966.
BRESCH, C.: Klassische und molekulare Genetik. Berlin, Heidelberg, New York 1965.
BUCK, H.: Gewässerkundliche Grundlagen der Wassergütewirtschaft. Landesstelle für Gewässerkunde, Stuttgart 1970.
BURCK, H. C.: Histologische Technik. Stuttgart 1969.
DARLINGTON, C. D. und L. F. LACOUR: Methoden der Chromosomenuntersuchung. Stuttgart 1962.
DAWID, W.: Experimentelle Mikrobiologie. Heidelberg 1969.
DITTRICH, H.: Bakterien, Hefen, Schimmelpilze. Stuttgart 1966.
DONNER, J.: Rädertiere. Stuttgart 1972.
ENGELHARDT, W.: Was lebt in Tümpel, Bach und Weiher? Stuttgart 1971.
FIEDLER, K. und J. LIEDER: Taschenatlas der Histologie. Stuttgart 1973.
FOLLMANN, G.: Flechten. Stuttgart 1968.
FOTT, B.: Algenkunde. Jena 1971.
GERLACH, D.: Botanische Mikrotechnik. Stuttgart 1969.
GRELL, K.: Protozoologie. Berlin, Göttingen, Heidelberg 1956.
GRÜNEWALD, H.: Schaltplan des Geistes. Eine Einführung in das Nervensystem. Reinbek 1971.
HAUG, H.: Leitfaden der mikroskopischen Technik. Stuttgart 1959.
HIENZ, H.: Chromosomenfibel. Stuttgart 1971.
HOOKE, R.: Micrographia. New York 1961.
KAESTNER, A.: Lehrbuch der speziellen Zoologie. Teil I: Wirbellose. Jena und Stuttgart 1964.
KARLSON, P.: Kurzes Lehrbuch der Biochemie. Stuttgart 1970.
KLEE, O.: Kleines Praktikum der Wasser- und Abwasseruntersuchung. Stuttgart 1972.
KLOTTER, H.: Grünalgen. Stuttgart 1970.
KRAUTER, D.: Mikroskopie im Alltag. Stuttgart 1971.
KRUCZERA, K.: Zur Struktur des Menschenhaares. Aus der Forschung der Wella International, Darmstadt 1971.
KÜKENTHAL, W. und E. MATTHES: Leitfaden für das Zoologische Praktikum. Stuttgart 1970.
LIEBMANN, H.: Handbuch der Frischwasser- und Abwasser-Biologie. München 1962.
MATTHES, D. und F. WENZEL: Wimpertiere. Stuttgart 1966.
MAYER, M.: Kultur und Präparation von Protozoen. Stuttgart 1970.
MEYL, A.: Fadenwürmer. Stuttgart 1961.
MICHEL, K.: Die Grundzüge der Theorie des Mikroskops. Stuttgart 1964.
MOHR, H.: Lehrbuch der Pflanzenphysiologie. Berlin, Heidelberg, New York 1971.
MOHR, H. und P. SITTE: Molekulare Grundlagen der Entwicklung. München 1971.
MÖLLRING, F. K.: Mikroskopieren von Anfang an. Carl Zeiss, Oberkochen.
NULTSCH, W.: Allgemeine Botanik. Stuttgart 1970.
NULTSCH, W. und A. GRAHLE: Mikroskopisch-Botanisches Praktikum für Anfänger. Stuttgart 1968.

OSCHE, G.: Die Welt der Parasiten. Berlin, Heidelberg, New York 1966.
ROMEIS, B.: Mikroskopische Technik. München 1968.
RUTHMANN, A.: Methoden der Zellforschung. Stuttgart 1966.
SCHLIEPER, C.: Praktikum der Zoophysiologie. Stuttgart 1965.
SCHLÖSSER, K.: Experimentelle Genetik. Heidelberg 1971.
SCHLÜTER, W.: Mikroskopie für Lehrer und Naturfreunde. Berlin 1955.
SCHMIDT, H.: Handbuch der praktischen und experimentellen Schulbiologie. Köln 1971.
SCHWOERBEL, J.: Einführung in die Limnologie. Stuttgart 1971.
SCHWOERBEL, J.: Methoden der Hydrobiologie. Stuttgart 1966.
SITTE, P.: Bau und Feinbau der Pflanzenzelle. Stuttgart 1965.
STEHLI, G. und D. KRAUTER: Mikroskopie für Jedermann. Stuttgart 1971.
STEINER, G.: Das zoologische Laboratorium. Stuttgart 1963.
STEUBING, L. und Ch. KUNZE: Pflanzenökologische Experimente zur Umweltverschmutzung. Heidelberg 1972.
STRASBURGER, E.: Lehrbuch der Botanik. Stuttgart 1971.
STRASBURGER-KOERNICKE: Das kleine botanische Praktikum für Anfänger. Stuttgart 1970.
STREBLE, H. und D. KRAUTER: Das Leben im Wassertropfen. Mikroflora und Mikrofauna des Süßwassers. Stuttgart 1973.
STRUGGER, S.: Praktikum der Zell- und Gewebephysiologie der Pflanze. Berlin, Göttingen, Heidelberg 1949.
SWANSON, C.: Cytologie und Cytogenetik. Stuttgart 1960.
WALTER, P.: Gewässerbiologie und Gewässerschutz. Eidgen. Departement des Innern, Bern 1970.
WATSON, J.: Die Doppel-Helix. Reinbek 1969.
WESENBERG-LUND, C.: Biologie der Süßwassertiere. Wien 1939.
Wissen im Überblick: Das Leben. Freiburg 1971.

Zeitschriften

Biologie in der Schule. Volk und Wissen Volkseigener Verlag, Berlin.
Biologie in unserer Zeit. Verlag Chemie GmbH, Weinheim.
Der Biologieunterricht. Ernst Klett Verlag, Stuttgart.
Kosmos. Franckh'sche Verlagshandlung, Stuttgart.
Mikrokosmos. Franckh'sche Verlagshandlung, Stuttgart.
Naturwissenschaften im Unterricht. Aulis Verlag Deubner, Köln.
Naturwissenschaftliche Rundschau. Wissenschaftliche Verlagsgesellschaft, Stuttgart.
Praxis der Naturwissenschaften, Teil II: Biologie. Aulis Verlag Deubner, Köln.
Umschau in Wissenschaft und Technik. Umschau Verlag Breidenstein KG, Frankfurt a. M.

Sachregister

Abdruckmethode 134
Aberrationen der Linsen 27
Aberrationen der Chromosomen 191, 199
Abwasser 141, 152 f.
Achromate 28
aerob 140
Agepe 49
Agglutination 189 f.
Akkommodation 9 f.
Algen 164, 168
α-mesosaprob 145, 147, 150 ff., 157
Ammoniak 141, 145
Ammonium 142
Amöbe 40, 53, 57
Amphibien 188
Amylase 128 f.
anaerob 140, 156
Analysator 131
Anaphase 195, 198
Anguillula silusiae 170 f.
Antheridien 202
Antibiotica 124
Antigene 190
Antikörper 190
Arbeitsplatz 21
Archegonien 202
Artemia salina 56, 165, 172 ff.
Aspergillus 122 f.
Auflösung 44
Auflösungsgrenze 60 f.
Auflösungsvermögen, menschliches Auge 10 f.
Auslösestift 167
Ausstrichpräparat 38
Autosomen 191, 199
Aquarienfilter 157

Bakterien 40, 122, 139 f., 152, 155 ff., 159, 169
Baumwollhaar 75
Befruchtung 205, 208
Belebtschlamm 155, 157
Beleuchtung 44
β-mesosaprob 145, 148, 151 f.
Bildfeldwölbung 68
Biologie-Fachräume 54
Bindegewebe 183
biologische Abwasserreinigung 155
biologischer Rasen 144
biologische Selbstreinigung 152
biologisches Gleichgewicht 139
Blastula 207 f.
Blende 22
Blut 188
Blutgruppen 188
Bouinsche Lösung 179
Brennessel 118
Brennhaare 118

Cellulose 74 f.
Centromer 191, 198 f.
Champignon 120 f.
chemische Abwasserreinigung 155
chemische Reize 161
Chironomidenlarven 144, 174 f., 196
Chlamydomonas 164
Chlorohydra 168

Chlorophyll 114 f., 138
Chloroplasten 32, 81 f., 84 f., 107, 114, 201
Christrose 113
Chromatiden 191, 195 ff., 198 f.
Chromatogramm 114
Chromomeren 191
Chromoplasten 115
Chromosomen 47, 191, 195, 198 ff.
Chromosomenanalyse 199
Chromosomenpuff 191
Cilien 208
Colchicin 198 f.
Colpidium colpoda 156
Corethra-Larven 174, 176
Cystolithen 117
Cytoplasma 31, 40, 196, 208

Daphnia 172
Dauerpräparat 182, 190, 195, 197
Destruenten 138
Detritus 40
Diatomeen 61 f.
Differenzieren 104, 186
diploid 191, 202
DNA-Darstellung 77
Doppelfärbung 102

Einbettung 180
Eisensulfid 142, 144
Ektoderm 166 f., 209
elektrische Reize 162
Elodea 193
Embryonalentwicklung 206 ff.
Entoderm 166 f., 209
Entwässern 180
Enzym 127, 139, 169
Epidermis 98, 105, 113, 116, 194
Epithelgewebe 182
Erregungsleitung 109 f.
Essigälchen 170
Euglena 53, 56, 80, 110 ff.
Euplotes 53, 57, 87 f., 165, 192
Eutrophierung 140 f., 155
Exine 205
Exuvie 182

Färbung 29, 103, 161, 180 f.
Fäulnis 142
Fäulnisfähigkeit 142
Farne 200 f.
Farnprothallien 57, 202
Faulturm 55
Ferment 127
Fernsehmikroskop 46, 64 f., 112, 195
feuchte Kammer 204 f.
Fibrillen 159, 181, 183
Fixierung 103, 163, 179
Flechten 168
Fleißiges Lieschen 56, 98, 102, 117, 204
Fließgewässer 143
Flimmerepithel 182 ff.
Forellenlarven 188
Formol 179
Furchung 207 f.

Ganglion 172, 176
Gastrula 207 f.

Gefäßteil 102
Geißel 113
Generationswechsel 202
Gesamthärte 143
Gesamtvergrößerung 22
Gesichtsfeld 69
Gewässerbiologie 136
Gewässerverschmutzung 153
Giftstoffe 153
Glockentierchen 156 f.
Glutathion-SH 166
Glyzerin 89
Grenzplasmolyse 95 f.
Grobstoffe 141
Grobtrieb 22
Großkern 159, 161, 192
Grünlilie 98
Gummibaum 116
Guppys 56, 188

Hahnenfuß 101
halbdurchlässige Membran 85 f.
Handschnitt-Technik 99
haploid 191, 202, 205
Harnstoff 127
Hefegärung 126
Hefepilze 125 f.
Heterostylie 203
Heuaufguß 159
Histologie 179 ff., 190
Hohlschliff-Objektträger 126, 128, 188
Homologe 191, 199
Hydra 56, 165 ff.
Hydropoten 116
hypertonische Lösung 90, 94
Hyphen 120 f., 123, 124, 168
hypotonische Lösung 87, 199

Indikatororganismen 145
Initialzellen 191, 193 f.
Interferenzkontrast 45
Interphase 195
Interzellularen 107, 110

Kaliumpermanganat 142
Kambium 104
Kapillaren 188
Kapuzinerkresse 115
Karminessigsäure 194 ff.
Karotte 115
Karyogramm 191, 199 f.
Kaulquappe 188 f.
Kaumagen 31
Kernfärbung 195
Kernkörperchen 31
Kläranlage 141, 152, 154
Kleinkern 159, 161, 192
Klon 191 ff.
Knochen 184
Knöllchenbakterien 168
Köhlersche Beleuchtung 44, 112
Köpfchenschimmel 122
Kohlenhydrate 72
Komplexauge 171
Kondensor 21, 23, 60
Kondensorblende 23, 44, 61, 65 f., 81, 113
Konkavplasmolyse 92
Konstantandraht 11
Konsumenten 138

Konvexplasmolyse 92
Kopfhaar 134 f.
Korkgewebe 35
KOSMOS-Arbeitskasten 102 f., 181
Kreuztisch 43, 48
Kristalle 117, 130
Krötenlarven 188
Küchenzwiebel 194, 198
Kürbis 107

Leberzellen 37 f.
Leder 183
Lehrermikroskop 43
Leitbündel 97, 101, 114
Leuchtfeldblende 44
Leukozyten 188 f.
Lichtfilter 49, 51
Lindenzweig 104
Lipide 75
Ligusterbeeren 90
Luftkanal 116
Lugolsche Jodlösung 73
Lunge 186
Lupe 12 f.
Lycopin 115
Lymphocyten 199

Mais 101
Malpighigefäße 176
Mauerraute 202
mechanische Klärung 154
Meiose 191
Metaphase 195, 198 f.
Methan 140, 156
Methylenblau 39, 125, 168, 186
Mikrobiologischer Test 80
Mikroblitzgerät 51
Mikrofotografie 49
Mikrokinematografie 52, 133
MIKROMANN 136
Mikromeren 208
Mikrometerschraube 24, 121, 126, 134, 163, 186, 194, 202
Mikrometerwerte 67 f.
Mikroprojektion 46, 56
MIKRO PROMAR 48, 130
Mikroskop-Adapter 49
Mikroskopzubehör 15
Mikrospuren 135
Mikrotomschnitt 180
Mikrovorsatz 48
Mimose 54, 108 f.
Mitose 191, 194 ff., 198 f.
Mittellamelle 30
Modifikationen 191 f.
Molchlarven 194
Moosblättchen 32
Morula 208
Mückenlarven 174 ff.
Mundfeld 161
Mundschleimhaut 39, 68
Muskelgewebe 185

Nahrungsbläschen 161
Nauplien 173 f.
Nervenzellen 185 f.
Nesselkapsel 166 f.
Nesselzellen 166
Niedervoltleuchte 49
Niere 186
Nitrat 142
Nitrit 142
Nucleinsäuren 76, 79
numerische Apertur 58, 61, 63

Objektiv 21, 26, 43, 58, 63, 65, 68
Objektmikrometer 66
Öffnungswinkel 58 f.
Ökologie 136
Ölimmersion 59, 164
Ösophagus 171
Okular 25, 68 f.

Okularmikrometer 11, 66, 68, 82, 188, 192, 198, 203, 205
oligosaprob 145, 149, 151 f.
Orcein-Essigsäure 39, 161, 192, 196 f.
Osmose 85 f., 110, 161

Palisadenschicht 113 f., 117
Panseninhalt 169
Pantoffeltierchen 87 f., 159 ff.
Papillen 203 f.
Parasitismus 169
Penicillium 122, 124
Pflanzenblatt 113
Phagocytose 188
Phasenkontrast 42, 45, 113
Phasenkontrast-Aufnahme 163
Philodina 178
Phosphatfällung 156
pH-Wert 141
Pilze 119
Pipette 18, 159
Planarien 56
Plankton 138
Planktonnetz 136
Plasmabrücken 163
Plasmaströmung 53, 81 f., 205
Plasmodesmen 107 f.
Plasmolyse 88 f., 90, 92, 106
Plasmolytikum 90 f., 106
Pleurosigma angulatum 62
Pluteus 209
Polarisationsmikroskop 73, 102, 131, 133
Pollen 203 f.
Pollenanalyse 205
Pollenschlauch 53, 204 f.
Polyglykol 180
Polyploidie 191, 198
polysaprobe Zone 145 f., 150
Produzenten 138
Projektionsnische 55
Prophase 195, 198
Proteine 71, 79
Protoplast 89 f., 92, 95

Querstreifung 184, 185
Quetschpräparat 186, 196, 198

Rädertiere 177 f.
Rasierklinge 99, 105, 110
Rasiermesser 99, 113
Reizschwelle 108
Rhizoid 201 f.
Rhoeo discolor 90 f., 94
Riesenchromosomen 196 ff.
Rizinuspflanze 76
Roggenhalm 97
rote Blutkörperchen 188 f., 199
Rüben 115

Salamanderlarven 196
Salinenkrebschen 172 ff.
Saprobiensystem 143
Sauerstoff-Nachweis 142
Sauginfusor 157
Schafwolle 134
Schimmelpilze 122
Schließzellen 105 f.
Schlammaufbereitung 156
Schlüsselblume 203 f.
Schwanzspitze 196
Schwefelkristalle 133
Schwefelwasserstoff 141 f., 145
Schwertlilie 98
Seeigelei 54, 206
Seerose 116
Sehfeldblende 66
Sehfeldzahl 69
Sehne 183
Sekretbehälter 117
Sekundärwand 75
Sehwinkel 9, 12
Siebteil 102, 107

Spaltöffnung 105, 107
Speicheldrüse 196 f.
Spermatozoiden 202
Spermien 205 ff.
Sphaerotilus natans 144
Spiegelreflexkamera 49
Spirogyra 33 f.
Sporen 121, 200 f.
Sproß 100
Stärke 35, 72 f., 128
Staubfadenhaare 82 f.
Stechmückenlarven 174
Stentor coeruleus 158
Stereomikroskop 97, 104, 118, 120, 136, 160, 165, 171, 176, 181, 188, 193, 200 ff.
SUBSTRAL 160
Sudan III 76
Symbiose 168

Taubnessel 97
Teilungsspindel 208
Telophase 195, 198
Temperaturbestimmung 141
Tentakel 165
tetraploid 191, 198
Thioharnstoff 128
Thymuszellen 77 ff.
Tomate 115
Tracheen 174 f., 186 f.
Tradescantia 53, 56, 82, 90, 105
Trichocysten 163
Trichodina 167
Trinkwasser 153
Trompetentierchen 57, 158 ff.
Tropfkörper 155, 157
Tubifex 57, 144
Tubus 43
Turgor 86, 96, 106, 110

Umweltschutz 154
Urease 127 f.
Urmund 209

Vakuole 84, 86 f., 92, 161
Vallisneria spiralis 82
Vegetationskegel 193 f.
Vergrößerung 13, 63
Verursachungsprinzip 153
Verwesung 140 f.
Vitamine 79
Volvox 163
Vorfluter 145, 153
Vorkeim 202

Wasseranalyse 143
Wasserblüte 140
Wasserfloh 171 f.
Wassergüte 136, 141
Wasserpest 53, 81, 193
Weitwinkelokular 46
Wimpern 159, 161
Wimpertierchen 156, 159, 169, 192
Wurzel 98, 116
Wurzelhaare 98
Wurzelspitzenzellen 194

Xylol 60

Zebrina pendula 91 f.
Zelle 29, 36
Zellkern 29 f., 34, 39, 41, 67, 84, 115, 204
Zellsaft 30, 107, 110
Zellteilung 192 f.
Zellwand 30, 36, 110
Zentralzylinder 98
Zimmerlinde 54
Zuchtraum 56
Zuckmückenlarve 175
Zwiebelhäutchen 19, 29 f., 67
Zygote 191

215

Fachliteratur für den Mikroskopiker

Das Leben im Wassertropfen
Mikroflora und Mikrofauna des Süßwassers. Ein Bestimmungsbuch mit 1700 Abbildungen.
Dr. Heinz S t r e b l e und
Dr. Dieter K r a u t e r

Der Kosmos-Naturführer ermöglicht mit Hilfe eines übersichtlichen Schlüssels, knapper, präziser Beschreibungen und 1700 nach der Natur gezeichneten Abbildungen die Bestimmung der mikroskopisch kleinen Pflanzen und Tiere der Süßgewässer: Flagellaten, Algen, Wurzelfüßer, Wimpertiere, Rädertiere, Fadenwürmer, Oligochaeten u. a.
2. Auflage. 352 Seiten mit 1700 Zeichnungen sowie 25 Fotos. Reihe „Kosmos-Naturführer".

Mikroskopie für Jedermann
Dr. Georg S t e h l i

In den dreißig Jahren seit dem Erscheinen der ersten Auflage ist die „Mikroskopie für Jedermann" anerkannt und bewährt als Grundlage für das Arbeiten mit dem Mikroskop und als Einführung in das Reich des Kleinen und Kleinsten. In der Neubearbeitung von Dr. Dieter Krauter beschreibt das Buch, neben den alten bewährten Methoden, auch moderne Schnellverfahren und ist in allen Teilen dem neuesten Stand der Mikrotechnik angepaßt. 22. Auflage. 102 Seiten mit 119 Abbildungen.

Mikroskopie im Alltag
Dr. Dieter K r a u t e r

Aufbauend auf den Kenntnissen und Fertigkeiten, die Dr. G. Stehli in dem Buch „Mikroskopie für Jedermann" lehrt, sind für den Liebhaber-Mikroskopiker, für die Bedürfnisse der Schulmikroskopie und der Fachausbildung Untersuchungen ausgewählt an Objekten des Alltags, die für jedermann wichtig sind und die der Mikroskopiker leicht beschaffen kann. Im Vordergrund steht die praktische Bedeutung des beschriebenen und abgebildeten Untersuchungsgutes. Ein besonderes Kapitel über die mikroskopische Technik ermöglicht es auch dem Ungeübten, sich in die Methodik einzuarbeiten.
8. Auflage. 129 Seiten mit 121 Zeichnungen und einer Ausklapptafel zur Bestimmung von Textilfasern.

Einführung in die Kleinlebewelt

Die Schriften dieser Reihe wollen dem Liebhaberbiologen, dem Studenten und Lehrer helfen, die einzelnen Gruppen der mikroskopisch kleinen Lebewesen kennenzulernen, die Formen einzuordnen, die Familien und Gattungen zu bestimmen und etwas von ihrer Lebensweise und ihrem Körperbau zu erfahren. Sie berichten über Biologie und System der jeweils behandelten Tier- oder Pflanzengruppe und leiten auch zur Kultur und Präparation an.

KOSMOS-Service

Mikroskope, Mikroskopiergeräte, Artikel für das Mikro-Labor, Chemikalien, Reagenzien erhalten Sie von KOSMOS-Service

Mikrokosmos

Zeitschrift für angewandte Mikroskopie, Mikrobiologie Mikrochemie und mikroskopische Technik

MIKROKOSMOS ist die Informations- und Beratungsstelle für alle, die mit dem Mikroskop arbeiten. Die Zeitschrift erscheint monatlich und berichtet in Wort und Bild über interessante Beobachtungen, sie gibt Anleitungen zu aufschlußreichen Untersuchungen im Bereich der allgemeinen Biologie, der Histologie, der Bakteriologie und Planktonkunde. Sie veröffentlicht in Originalarbeiten Untersuchungsergebnisse und Erfahrungsberichte und unterrichtet über die Entwicklung und praktische Anwendung der modernen mikroskopischen Technik.
12 Monatshefte. Sonderpreis für Schüler und Studenten. Bitte kostenloses Probeheft sowie den Prospekt N 25.00 beim Verlag anfordern.

KOSMOS-Verlag, Franckh'sche Verlagshandlung
7 Stuttgart 1, Postfach 640